AS SETE MARAVILHAS DO MUNDO ANTIGO

Título original:
As Sete Maravilhas do Mundo Antigo

© 2009, Centro de Estudos Clássicos e Humanísticos da Faculdade de Letras
da Universidade de Coimbra e Edições 70, Lda.

Capa: FBA
Ilustração de capa: © Corbis / VMI

Depósito Legal n.º 289650/09

Biblioteca Nacional de Portugal – Catalogação na Publicação

FERREIRA, J. Ribeiro, 1941-   , e outro

As sete maravilhas do mundo antigo / José Ribeiro Ferreira,
Luísa de Nazaré Ferreira. – (Extra colecção)
ISBN 978-972-44-1566-6

I - FERREIRA, Luísa de Nazaré, 1970-

CDU 94(3)
7

Paginação, impressão e acabamento:
GRÁFICA DE COIMBRA
para
EDIÇÕES 70, LDA.
Fevereiro de 2009

ISBN: 978-972-44-1566-6

EDIÇÕES 70, Lda.
Rua Luciano Cordeiro, 123 – 1.º Esq.º – 1069-157 Lisboa / Portugal
Telefs.: 213190240 – Fax: 213190249
e-mail: geral@edicoes70.pt

www.edicoes70.pt

Esta obra está protegida pela lei. Não pode ser reproduzida,
no todo ou em parte, qualquer que seja o modo utilizado,
incluindo fotocópia e xerocópia, sem prévia autorização do Editor.
Qualquer transgressão à lei dos Direitos de Autor será passível
de procedimento judicial.

José Ribeiro Ferreira, Luísa de Nazaré Ferreira (Orgs.)

AS SETE MARAVILHAS
DO MUNDO ANTIGO
Fontes, Fantasias e Reconstituições

Apresentação

«De cada uma das Sete Maravilhas todos conhecem decerto a fama, mas poucos as vêem com os seus próprios olhos, pois é preciso viajar até aos Persas e atravessar o Eufrates, partir para o Egipto e demorar-se junto dos Elidenses, na Hélade, ir a Halicarnasso, na Cária, navegar para Rodes e visitar Éfeso, na Iónia. Só depois de errarem pelo mundo, de se esgotarem com a fadiga da viagem é que satisfazem o desejo e, então, com o passar dos anos, o tempo de vida chega ao fim.»

Com estas palavras um autor antigo dava início a um pequeno tratado que pretendia oferecer um relato completo sobre cada uma das Sete Maravilhas aos que não podiam ter o prazer de as contemplar ao vivo. Desde o séc. XVII, o opúsculo foi atribuído ao escritor Fílon de Bizâncio (séc. III-II a.C.) e, apesar das muitas dúvidas que pesam sobre a sua autenticidade, tem sido considerado uma das fontes mais antigas sobre esta tradição. A lista em que se baseia integra as Pirâmides do Egipto, as Muralhas e os Jardins Suspensos de Babilónia, o Templo de Ártemis em Éfeso, a estátua de Zeus esculpida por Fídias para o templo de Olímpia, o túmulo de Mausolo de Halicarnasso e o Colosso de Hélios erguido na ilha de Rodes.

Nos séculos seguintes, esta lista foi resistindo a diversas propostas de alteração de autores gregos e latinos e a modificação mais substancial é a inclusão do Farol de Alexandria, o que se concretiza apenas, ao que parece, no séc. VI da nossa era, embora a construção alexandrina figurasse há muito entre as obras dignas de serem admiradas, pelo menos para Plínio, o Antigo. Os critérios de selecção em que se baseiam os autores antigos não são expressos objectivamente, mas depreende-se dos seus escritos que a magnificência e grandiosidade das obras, a ousadia da sua concepção, a mão-de-obra, os materiais e valores empregues na construção eram aspectos valorizados, além do mistério e do fascínio que despertavam. Esta ideia está implícita na própria noção de «maravilha» (do plural latino *mirabilia*), que corresponde ao substantivo grego *thauma*, «objecto digno de admiração», «coisa extraordinária», e ao verbo *thaumazo*, «olhar com admiração», «maravilhar-se». As fontes gregas usam também, como sinónimo, o substantivo *theama*, que significa propriamente «vista, espectáculo» e, em especial, «espectáculo agradável». Em suma, uma «maravilha» é uma construção humana cuja visão suscita deleite, admiração, espanto. À semelhança de outras tradições antigas, como a dos Sete Sábios da Grécia, é evidente que as admiráveis construções humanas da Antiguidade não eram apenas sete e, feitas as contas por alto, chegamos a um total de cinquenta e duas. Temos ainda de considerar as obras divinas que, na opinião dos autores cristãos, valiam muito mais do que as maravilhas construídas pelo homem.

Supõe-se que o cânone que chegou aos nossos dias, que inclui o Farol e exclui as Muralhas de Babilónia, remonta ao Renascimento e deve-se, não às fontes literárias, mas a uma série de gravuras que o artista alemão Maerten van Heemskerck (1498-1574) realizou em 1572 e que teve grande influência na difusão das Sete Maravilhas como temática artística. Algumas das suas gravuras podem ser apreciadas neste livro e, tal como quando surgiram, continuam a divulgar no nosso tempo a tradição das Sete Maravilhas.

O interesse por este tema viu-se renovado em 2007 com a eleição, a partir de Lisboa, das Sete Novas Maravilhas, no âmbito do projecto que Bernard Weber lançara na Internet sete anos antes. No entanto, tal como afirmara o autor antigo, embora todos reconheçam a fama das Sete Maravilhas, poucos são os estudos que têm tratado o assunto com a atenção merecida. A obra que agora apresentamos nasce precisamente do desejo de colmatar essa lacuna, oferecendo aos nossos alunos e aos leitores o estudo de cada uma das maravilhas do cânone, acompanhado das fontes gregas e latinas traduzidas do original. Analisa-se ainda a recepção desta tradição pelos autores cristãos, bem como o seu impacto na cultura artística do Ocidente.

Naturalmente que um projecto assim necessita de uma equipa de historiadores, arqueólogos e filólogos. Foi honra e privilégio contar com a colaboração de colegas das Universidades de Lisboa, de Coimbra e do Minho, quase todos investigadores do Centro de Estudos Clássicos e Humanísticos da Universidade de Coimbra, que apresentaram os seus trabalhos num primeiro encontro científico sobre este tema, que se realizou na cidade do Mondego a 7 de Dezembro de 2007.

Estes estudos constituem agora a primeira parte deste livro. A segunda inclui, além das listas principais de maravilhas, organizadas por ordem cronológica, e das listas de maravilhas mais citadas, um elenco de fontes gregas e latinas que não está completo, dado que algumas se perderam e optámos por não citar as que se limitavam a repetir informações de autores mais antigos. Ao longo do livro, a remissão para estes testemunhos é assinalada a negrito, de forma a que se torne clara e didáctica a relação entre a primeira e a segunda partes.

No que respeita às medidas de comprimento, tomámos como referência a obra de Von Wolfgang Trapp (1996), *Kleines Handbuch der Maße, Zahlen, Gewichte und der Zeitrechnung*. Stuttgard: Philipp Reclam jun, que indica os seguintes valores:

Medidas gregas:

> *stadion* (estádio = 600 pés) = 177,6 m (estádio ático),
> 192,3 m (estádio olímpico)
> *plethron* (pletro) = 29,6 m
> *pechys* (côvado) = 44,1cm
> *pous* (pé) = 29,6 cm (pé ático), 32,05 cm (pé olímpico)

Medidas romanas:

cubitus (cúbito) = 44,4 cm
pes (pé) = 29,6 cm

A todas as pessoas que tornaram possível a organização desta obra expressamos o nosso agradecimento, em particular às Edições 70 que acolheram a sua publicação. Esperamos que os nossos leitores apreciem esta revisita pelas realizações monumentais que foram sendo escolhidas pelos Antigos como as suas Sete Maravilhas.

JOSÉ RIBEIRO FERREIRA
LUÍSA DE NAZARÉ FERREIRA

PRIMEIRA PARTE

AS MARAVILHAS DO MUNDO ANTIGO

1. *As Pirâmides do Egipto*

LUÍS MANUEL DE ARAÚJO

As Pirâmides do Egipto

As pirâmides são os mais famosos monumentos legados pelo Egipto faraónico, a começar pelas três pirâmides erguidas no vasto planalto de Guiza, perto da actual cidade do Cairo, consideradas na Antiguidade como uma das Sete Maravilhas do mundo. Entre os cerca de cem monumentos tumulares de forma piramidal construídos no Egipto ao longo de quase mil anos destacam-se as três pirâmides de Guiza que foram erguidas para três poderosos reis da IV dinastia (c. 2600-2500 a.C.): Khufu, Khafré e Menkauré, conhecidos também pelos seus nomes em adaptação grega, respectivamente Quéops (Khéops), Quéfren (Khéfren) e Miquerinos (Mykerinos).

Mas para se compreender as origens de tão gigantescas construções é necessário recordar o reinado de Seneferu, pai de Khufu. A verdade é que Seneferu, só à sua conta, mandou erigir duas pirâmides enormes em Dahchur, a sul de Guiza, e completou uma terceira em Meidum, aparentemente da dinastia anterior. E no entanto Seneferu, que foi um dos reis que mais construções fez no antigo Egipto, pelo grande volume de materiais líticos utilizados e pela altura das suas pirâmides, e que imprimiu uma grande eficácia à máquina administrativa, é um dos menos conhecidos do país das Duas Terras (Málek 1986: 68). Mas há um facto de suma importância: alguns dos arquitectos e especialistas no trabalho da pedra que já haviam trabalhado para Seneferu iriam depois participar na empolgante obra nacional que foi a construção da Grande Pirâmide erigida para o seu filho Khufu. E a Seneferu não aludem os textos dos autores clássicos.

Khafré, sepultado na segunda maior pirâmide de Guiza, filho de Khufu, não lhe sucedeu imediatamente no trono. Pelo meio houve o efémero reinado de Djedefré, que mandou construir a sua pirâmide um pouco a norte de Guiza, em Abu Roach, onde os viajantes greco-romanos não estiveram, mas esta obra ficou por concluir, certamente devido ao curto reinado deste ignorado monarca da IV dinastia. Uma coisa parece certa para os especialistas: se a pirâmide de Djedefré tivesse sido concluída, poderia atingir uns 70 m de altura, ficando assim por metade da Grande Pirâmide (Lehner 1997: 120).

Os viajantes gregos e romanos que se deslocavam ao planalto de Guiza para observar as pirâmides visitavam também a velha cidade de Mênfis, poucos quilómetros a sul. Ora perto de Mênfis existem várias pirâmides da V e VI dinastias, mas nos textos dos escritores clássicos não há qualquer referência a elas, nem sequer ao grande complexo funerário de Sakara, onde está uma pirâmide facilmente reconhecível, composta por seis mastabas sobrepostas, formando o edifício conhecido como «pirâmide escalonada». Uma mastaba é um típico túmulo em forma de banco, feito de tijolo ou de pedra, usado durante o Império Antigo, o tempo das grandes pirâmides. Esta ausência de referências aos túmulos reais dos arredores de Mênfis poderá ter uma explicação: será que na altura eles estavam soterrados?

As fontes antigas

As fontes fundamentais para hoje podermos apreciar o que os autores clássicos pensaram sobre o Egipto são Heródoto (séc. V a.C.), Diodoro Sículo (séc. I a.C.), Estrabão (séc. I a.C.-I d.C.) e Plínio, o Antigo (séc. I d.C.), que visitaram o antigo país dos faraós (Rodrigues 2001: 276-277, 347-348, 418, 703-704).

Das descrições sobre o Egipto feitas pelos mencionados autores clássicos apenas interessam para este trabalho as passagens concernentes às pirâmides. As referências aos grandes monumentos tumulares do planalto de Guiza encontram-se em Heródoto (*Histórias* **2.124-127, 134.1**), Diodoro Sículo (*Biblioteca Histórica* **1.63--64**), Estrabão (*Geografia* **17.1.33**) e Plínio, o Antigo (*História Natural* **36.75-82**).

O mais conhecido divulgador do Egipto na Antiguidade foi sem dúvida o grego Heródoto, o «pai da história», que lá esteve em meados do séc. V a.c., numa altura em que o velho país do Nilo era governado por uma dinastia persa, formada por reis aqueménidas, e que na clássica periodização de Maneton é a XXVII dinastia (525--404 a.C.). Heródoto teria estado no Egipto durante três meses, subindo o Nilo e passando por Mênfis e Tebas, até à distante ilha de Elefantina, frente à moderna Assuão, já à entrada da Núbia. Mas será necessário ter em conta a hipótese de ele se ter inspirado no texto de um anterior viajante grego, Hecateu de Mileto, em cuja obra, a *Periegese*, hoje perdida, o Egipto vinha descrito (Rodrigues 2001: 418). Por outro lado, o texto do livro II em que Heródoto alude ao país do Nilo está pejado «de obscuridades, de enigmas, de aproximações, de incertezas, de erros ou por vezes de mal-entendidos, de histórias mais ou menos verdadeiras, de histórias mais ou menos falsas, e de outras, enfim, das quais jamais saberemos se elas são verdadeiras ou falsas» (Lacarrière 1981: 21).

Estranhamente, Heródoto mostra-se mais impressionado com a grandeza das construções de Amenemhat III (rei da XII dinastia) a sul da sua pirâmide erguida perto do lago Faium do que com as Pirâmides de Guiza (2.148), embora a estas dedique significativas passagens do seu texto. Tais edifícios, cujo plano se desconhece no essencial, ficaram conhecidos por «Labirinto», designação que atesta a complexidade da sua arquitectura, não se sabendo se eram edifícios administrativos ou um templo. Também Estrabão menciona essa grande construção de Amenemhat III, hoje praticamente desaparecida, e o egiptólogo britânico Flinders Petrie, que escavou no local em finais do séc. XIX, confirmou o impressionante tamanho das estruturas sobreviventes (Cottrell 1964: 17).

Quatrocentos anos depois de Heródoto esteve no Egipto Diodoro Sículo, escritor grego nascido na Sicília, que se inspirou em escritores anteriores para a sua descrição do país. Entre os textos consultados conta-se o de Heródoto, além dos de Hecateu de Abdera (séc. IV-III a.C.) e de Agatárquides de Cnidos (séc. III-II a.C.), entre outros. Dos muitos livros que compunham a sua *Biblioteca Histórica* alguns perderam-se, mas os dados relativos ao Egipto constam no livro I que felizmente chegou até nós. Diodoro, que parece ter subido o Nilo até Mênfis, permaneceu em Alexandria durante uns quatro anos, o tempo suficiente para recolher os dados que apresenta relativos a vários aspectos do Egipto, então na agitada fase final do domínio ptolemaico e já praticamente submetido a Roma (Rodrigues 2001: 276-277).

Outro escritor de origem grega, o geógrafo Estrabão, foi ao Egipto em 25 a.C., acompanhando o prefeito Élio Galo, nomeado por Octávio Augusto para manter a ordem na nova província romana anexada depois do suicídio de Marco António e da rainha Cleópatra. Estrabão, que residiu cinco anos em Alexandria, subiu o rio Nilo até à Núbia, tendo estado na bela ilha de Fila, onde certamente se extasiou com o templo da deusa Ísis (hoje a ilha de Fila está submersa, em consequência da construção da grande barragem de Assuão, tendo as antigas construções sido transferidas para a vizinha ilha de Agilkia). As suas descrições geográficas inspiram-se em autores anteriores como Hecateu de Mileto, que já havia inspirado Heródoto. Do muito que escreveu restou-nos a sua *Geografia*, em dezassete livros, sendo o livro XVII parcialmente dedicado ao Egipto, com breves referências às pirâmides (Rodrigues 2001: 347-348).

Depois dos três escritores gregos referidos, merece destaque o notável Plínio, o Antigo, um aristocrata e alto funcionário romano do séc. I, que redigiu uma *História Natural*, em trinta e sete livros, dedicados no ano 77 ao futuro imperador Tito, seu amigo. Nos livros V e VI consta uma descrição do Egipto, lendo-se uma breve alusão às pirâmides no penúltimo livro, o XXXVI (Rodrigues 2001: 703-704).

Entretanto, Fílon de Bizâncio, escrevendo numa data que hoje se desconhece, pôde apreciar o revestimento liso da Grande

Pirâmide e reconheceu que as pirâmides jamais podiam ter sido erguidas num mundo como o seu – em suma, nunca poderiam construir-se com aquela envergadura e meticulosidade durante a Antiguidade Clássica (Jordan 2003: 152).

Os antecedentes das pirâmides

Para a compreensão da finalidade da construção piramidal convém recuar até à Época Pré-Dinástica, onde afinal todo o processo ideológico e técnico se iniciou. Os primeiros túmulos reais eram feitos de tijolo, com vestígios de utilização de traves de madeira de cedro na sua cobertura original, tendo sido erigidos para alguns soberanos da chamada «dinastia 0», nas vizinhanças dos túmulos dos reis da I dinastia. Apresentavam uma forma rectangular ou quadrangular como se atesta em Abido e em Sakara, e eram cobertas com um monte de terra sugerindo a colina primordial onde toda a vida tinha começado. Ainda hoje se debate acerca do local onde teriam sido tumulados os reis da I dinastia, dado que eles, aparentemente, têm duas sepulturas, uma em Abido, outra em Sakara. As mais recentes investigações sobre os túmulos dos monarcas da I dinastia apontam para a existência de sepulturas em Abido, sendo as construções de Sakara consideradas como mastabas de altos funcionários, representantes dos reis no Baixo Egipto (Lehner 1997: 75-81). No entanto, a tese de que as grandes mastabas de Sakara são túmulos reais e que os vasos com as vísceras dos monarcas eram guardados em Abido continua a ser sedutora e até bastante plausível (Daumas 1965: 55-56). Porém, nenhum viajante grego alude aos primeiros túmulos reais e, naturalmente, nem sequer se questionaram acerca das origens dos túmulos em forma de pirâmide.

Seja como for, essas construções de tijolo apresentam paredes com reentrâncias, num estilo designado por fachada palatina, que mais tarde se reproduzirá em pedra no muro grande envolvente do complexo do Hórus Netjerirkhet Djoser em Sakara (Lauer 1988).

No seu interior existe uma cripta coberta a imitar a colina primordial. A pirâmide de linhas perfeitas desenvolveu-se a partir das mastabas iniciais, sendo a mais antiga a que foi feita para o Hórus Netjerirkhet Djoser, conhecida pelo nome de «pirâmide escalonada», embora na verdade não se trate de uma pirâmide no sentido geométrico do termo, mas sim seis mastabas sobrepostas, criando assim a famosa pirâmide com seis degraus. A mastaba inicial era de forma quadrada, passando depois a ser rectangular, bem como as outras que sobre ela se foram erguendo, até se atingir cerca de 60 m de altura. A outra novidade que apresentava em relação às anteriores mastabas era o facto de ser feita de pedra na sua maior parte.

O túmulo real e a sua implantação demonstram que a nova pirâmide feita para Netjerirkhet Djoser era apenas uma parte de um complexo mais vasto. A leste foram erigidas construções evocando o Alto Egipto (Casa do Sul) e o Baixo Egipto (Casa do Norte), com vários pátios, entre os quais o pátio onde se ia miticamente realizar a cerimónia do Heb-Sed para o renascimento do monarca. Na face sul dessa «pirâmide escalonada» foi aberto um amplo pátio com um grande altar adossado à pirâmide e dois monumentos semicirculares de pedra, conhecidos por «estelas de fronteira», ficando no seu extremo sul uma construção conhecida por «túmulo do Sul» (o túmulo para o *ka*, isto é, a força vital que garantia a vida terrena e a vida eterna), o cenotáfio evocativo da região sagrada de Abido. Todo este complexo era rodeado por uma alta muralha com a forma da já referida fachada palatina, hoje muito destruída, a qual tinha apenas uma porta que dava para o grande pátio depois de se passar por um vestíbulo com colunas integradas na parede (Aldred 1980: 45-54, Edwards 1980: 53-89). Mas a todo este vasto complexo funerário não aludem os textos dos viajantes greco-romanos.

Ainda na III dinastia o Hórus Sekhemkhet, sucessor de Netjerirkhet Djoser, preparou para si um grande monumento que ficou incompleto, devido certamente ao seu curto tempo de reinado (cerca de seis anos). Mas, a avaliar pelas dimensões da base e o ângulo de inclinação, se a obra fosse concluída a pirâmide ficaria com sete andares e alcançaria os 70 m de altura, ficando por isso maior que a anterior de Djoser. Segue-se a IV dinastia, iniciada com Seneferu, que em Meidum faz construir uma grande pirâmide cuja execução se processou por várias fases: começou por ser um monumento com sete andares, depois projectou-se um aumento para oito (que nunca foi concluído), após o que, alguns anos mais tarde, se procurou transformar todo o conjunto numa verdadeira pirâmide, no ano 28 ou 29 de Seneferu (Lehner 1997: 97-99). Aos blocos dispostos obliquamente na base das duas fases anteriores correspondiam os blocos na posição horizontal da nova fase. O próprio complexo envolvente alterou a antiga disposição dos complexos da III dinastia, com uma capela virada a leste e um caminho lajeado que conduzia a um edifício situado junto a um canal do rio Nilo, embora os vestígios sejam pouco claros. Também a este impressionante monumento erguido em Meidum, que hoje está muito destruído, não aludem os escritores greco-romanos.

Em Dahchur, cerca de 40 km a norte de Meidum, Seneferu ordenou a construção de mais duas pirâmides: uma é conhecida pela designação de «pirâmide romboidal» devido à sua forma específica e invulgar, a outra tem o nome de «pirâmide vermelha» e está situada alguns metros a norte. A «pirâmide romboidal» começou a ser construída com uma inclinação de 60° (quando as pirâmides posteriores têm uma média de 52°-53°), mas problemas de ordem estrutural obrigaram logo no início a uma emenda para 55°. Mesmo assim a estabilidade do monumento não oferecia segurança e sensivelmente a meio os seus construtores optaram por mudar o ângulo para 43°. Outra particularidade é possuir duas entradas, uma virada a norte (como era usual), outra a oeste. O tecto da câmara funerária é decrescente, feito em falsa abóbada, solução que pela primeira vez apareceu em Meidum e que no futuro irá ter vários desenvolvimentos. Esta «pirâmide vermelha» tem uma inclinação de 43° (tal como a parte superior da anterior «pirâmide romboidal»), beneficiando os seus construtores da experiência das duas primeiras fases do monumento abandonado de Meidum e da outra pirâmide de Dahchur. O poderoso e grande construtor que foi Seneferu acabou por ficar sepultado na «pirâmide vermelha» (Stadelmann 1991: 27). Tal como acontece em relação às grandes construções feitas em Sakara e Meidum, importantes para se compreender o gigantesco projecto das pirâmides de Guiza, também em relação a Dahchur não há qualquer referência nas descrições dos autores gregos e romanos que estiveram no Egipto.

As pirâmides de Guiza

É no planalto de Guiza que se erguem as três pirâmides visitadas pelos autores greco-romanos. Aparentemente, eles não estiveram junto das outras pirâmides que se encontram nas proximidades, como a de Abu Roach, a norte do planalto, e as de Sakara, a sul, para além das outras que antes foram mencionadas. No entanto Plínio, o Antigo, refere-se à zona de Abusir, onde existem pirâmides da V dinastia, mais modestas que as de Guiza: de facto, o escritor romano menciona a aldeia de Busiris (Abusir), junto das pirâmides, cujos habitantes, segundo ele, trepavam aos monumentos a pedido dos turistas (**36.76**) – uma cena que ainda era possível ver-se em meados do séc. XIX, quando Eça de Queirós visitou o Egipto, mas que hoje é totalmente proibido.

O sentimento dos viajantes da Antiguidade que viam as pirâmides não deve por certo ser muito diferente daquele que hoje experimentam os visitantes do local. É que, e afinal, a ideia de quem elaborou a velha lista das Sete Maravilhas era apresentar «sete curiosidades» dignas de serem visitadas, em suma, «suficientemente maravilhosas para, acima de tudo, suscitarem estupefacção. Genericamente, a selecção foi ditada pela escala arquitectónica e/ou pela excelência da sua concepção e execução. As Pirâmides do Egipto exibiam ambas as coisas – uma escala sem paralelo e um evidente super-requintado dispêndio de esforços na sua construção» (Jordan 2003: 13).

Quando Khufu subiu ao trono estavam reunidas as condições técnicas, políticas e sociais para o arquitecto Hemiunu, familiar do monarca, erguer a Grande Pirâmide. O monumento foi implantado depois de estudos astronómicos meticulosos e um trabalho prévio de alisamento do planalto. Foram utilizados grandes blocos de granito para a estrutura interna e blocos de calcário no resto da construção. A parte interna da pirâmide revela que o plano de construção inicial foi, pelo menos, alterado duas vezes.

A entrada para o interior da pirâmide, aberta no tempo do califa abássida Al-Mamun (séc. IX), situa-se abaixo da entrada original e dá acesso a uma passagem descendente, baixa e estreita com cerca de 1,20 m de altura e 1,10 m de largura, que desce por um corredor com cerca de 100 m, o qual se prolonga horizontalmente por mais 9 m até desembocar na câmara funerária inacabada do plano inicial de construção. Localizada uns 31 m abaixo do solo, tem uma altura de 3,5 m, uma largura de 8 m e um comprimento de 14 m. A cerca de um terço do início da passagem descendente, começa o esguio corredor ascendente, que se prolonga por 38 m. Bifurcando-se mais acima, dá acesso a uma passagem horizontal com 1,10 m de altura, 1,75 m de largura e 35 m de comprimento que leva à chamada «câmara da rainha», igualmente inacabada e colocada no interior da pirâmide, a uns 120 m do seu vértice (com cerca de 6 m de altura, 5,30 m de largura e 5,80 m de comprimento). A grande e espectacular galeria ascendente tem o seu início na bifurcação da passagem antes referida e prolonga-se por cerca de 47 m, com os seus 8,70 m de altura e 2 m de largura. Por ela se chega a um pequeno vestíbulo seguido de uma antecâmara que dá acesso à câmara funerária, cujas dimensões também são impressionantes: 5,80 m de altura, 5,20 m de largura e 10,50 m de comprimento. Está situada a 95 m abaixo do vértice da pirâmide, e não exactamente posicionada ao centro, pesando algumas das pedras colossais do seu tecto 9 toneladas. No seu interior está ainda o sarcófago de granito de Khufu, já sem a tampa e sem qualquer inscrição ou decoração, feito de granito rosado de Assuão, tal como os blocos da câmara funerária.

O que impressiona, e já tinha extasiado os viajantes antigos, são as dimensões esmagadoras. Na Grande Pirâmide foram colocados originalmente dois milhões e meio de blocos de pedra calcária e, em certas partes do monumento, pedra granítica. A média de peso por bloco é de duas toneladas, mas alguns deles, especialmente os da base e de zonas estruturais internas, atingem quinze toneladas (Cottrell 1964: 20).

Faziam parte do complexo funerário de Khufu, envolvido por um muro, um templo adossado à pirâmide e virado para leste (do qual subsistem lajes de basalto), ligado a um templo de acolhimento no vale (também chamado templo baixo) por um caminho lajeado, poços para guardar barcas de madeira de cedro (uma das quais foi reconstruída), e uma pirâmide satélite destinada ao *ka*. Junto à face virada para leste foram erguidas três pirâmides para as esposas de Khufu, e rodeando o complexo pelos lados leste, sul e oeste estão as mastabas feitas para alguns membros da família real e altos funcionários (Lehner 1997: 108-119).

A Khufu sucedeu Djedefré, e a este, após oito anos de reinado, curto tempo que justifica o abandono dos trabalhos da sua pirâmide em Abu Roach, subiu ao trono um outro filho de Khufu chamado Khafré que voltou para o planalto de Guiza. A pirâmide erguida para ele é a segunda em tamanho, mas foi erigida num local situado 10 m mais acima que a Grande Pirâmide de seu pai. As suas faces têm um ângulo de inclinação em relação à base de cerca de 53°, facto que, por ilusão de óptica, aliada à inexistência do *pyramidion* cimeiro da pirâmide de seu pai, a torna um pouco maior que a Grande Pirâmide, embora na verdade ela fosse 3 m mais baixa. Foi construída com blocos de granito e de calcário com uma média de 2,5 toneladas, atingindo alguns dos blocos da sua cobertura exterior cerca de 7 toneladas. Com duas entradas (ambas viradas a norte), a sua estrutura interna revela que o plano inicial de construção foi alterado pelo menos uma vez. A entrada baixa está colocada fora da pirâmide e ao nível do solo, dando acesso a uma passagem descendente que desemboca no corredor que leva à câmara funerária, a qual mede 14,15 m de comprimento, 5 m de largura e 6,80 m de altura.

Adossado à face leste da pirâmide foi construído o templo funerário do qual partia o caminho lajeado até ao templo do vale.

Junto do lado sul encontra-se uma pequena pirâmide subsidiária que, tal como noutros casos, seria destinada ao *ka*. No complexo funerário de Khafré não existem as pequenas pirâmides das rainhas, uma excepção que confirma a regra geral. Para leste fica o templo do vale, uma admirável construção onde, pela primeira vez, se usaram pilares quadrangulares monolíticos como elementos arquitectónicos estruturais para suporte de um sistema arquitravado, onde assentavam as lajes de cobertura. Neste templo, de onde parte um caminho lajeado até ao templo funerário, foram utilizados na sua construção blocos de calcário, de granito rosado e de calcite branca, conjugando em harmonia as cores destes materiais, sendo os pilares e as paredes feitas de blocos de granito rosado com um pavimento de calcite.

Ao lado fica a Esfinge, cuja cabeça humana representa o faraó usando o toucado real *nemsit* (que os Gregos chamarão *nemés*), que foi esculpida num esporão de rocha natural. Em frente da Esfinge, à qual só Plínio, o Antigo, alude (36.77), e à direita do templo do vale de Khafré foi erigido um templo dedicado ao culto solar, como se pode deduzir pela existência de dois santuários, um para o Sol nascente e outro para o Sol poente. A Esfinge, com 73 m de comprimento e 20 m de altura, foi alvo de trabalhos de restauro na Época Baixa (664-332 a.C.) e na Época Greco-Romana. Ela parece ser uma imagem de Khafré ou, como outros defendem, de seu pai Khufu – em todo o caso, representa o divino rei egípcio em pose inequívoca de poder incomensurável, numa imagem viva (*chesep--ankh*), que seria depois reinterpretada pelos Gregos como uma figura impérvia e insondável, plena de mistério (Lehner 1997: 127-132).

Em comparação com os dois complexos funerários vizinhos, o de Menkauré parece bem modesto. Como o templo do vale estava por concluir no momento da morte do monarca foi o seu sucessor Chepseskaf que teve de o terminar utilizando tijolos. Existem ainda vestígios do caminho lajeado que dava acesso ao templo funerário adossado à face leste da pirâmide, localizando-se junto da face sul as três pirâmides das suas rainhas, tendo duas delas ficado pela fase escalonada sem revestimento liso. A pirâmide de Menkauré tinha inicialmente uma base com 105 m de lado, numa área de cerca de 11 025 m² e um ângulo de inclinação das faces em relação à base de 51°. Para além de grandes diferenças na organização do seu espaço interno, ela apresenta ainda outra novidade em relação às suas vizinhas: tem um revestimento exterior feito de blocos de granito, que, no entanto, ficou inacabado. O plano de construção desta pirâmide sofreu várias alterações e, pelo corte do monumento, fica-se com a ideia de ter sido construída uma pirâmide em cima de outra mais pequena. A entrada localiza-se na face norte a uns 4 m do solo e dá acesso a uma passagem descendente que segue até uma câmara de paredes decoradas com relevo apainelado. Depois o corredor prolonga-se na horizontal até um grande compartimento designado por antecâmara medindo 14,2 m de comprimento, 3,84 m de largura e 4,87 m de altura, de onde se acede, por um corredor descendente, à câmara do sarcófago de tecto encurvado, que mede 6,59 m de comprimento, 2,62 m de largura e 3,43 m de altura.

Tal como na pirâmide de Khufu, também nas de Khafré e de Menkauré foram utilizados blocos obtidos no próprio local e outros vindos da margem contrária, em Mokkatam, junto da cidade do Cairo. Durante a Segunda Guerra Mundial algumas áreas mais recônditas das pedreiras de Mokkatam foram usadas pelo exército britânico para armazenamento de material de guerra, e lá foram encontrados fragmentos de cordas, aparentemente usadas pelos operários egípcios para manobrar os pesados blocos que iam sendo arrancados à montanha. Vários fragmentos de cordas deram posteriormente entrada no British Museum (Cottrell 1964: 15).

Uma substancial diferença em relação aos tempos da Antiguidade é que hoje o cenário no planalto não é o mesmo que há dois mil anos atrás. Agora nenhuma das três pirâmides de Guiza tem o seu revestimento original, com as suas pedras bem polidas de cobertura brilhando ao sol, num espectáculo deslumbrante que os viajantes clássicos em parte ainda testemunharam. Diodoro da Sicília faz uma referência à cobertura da Grande Pirâmide, ainda intacta no seu tempo, embora registe que lhe faltava o típico *pyramidion* cimeiro. Também já não existem hoje os templos funerários virados para leste, para o nascer do sol, e o caminho lajeado processional que estabelecia a ligação entre o templo funerário, ou templo alto, e o templo de acolhimento, ou templo baixo, junto a um braço do Nilo. Os escritores antigos puderam admirar a Esfinge talvez ainda parcialmente pintada, mas, a avaliar pelas suas reduzidas descrições, não se aperceberam da correcta implantação no terreno do amplo conjunto piramidal, com as três pirâmides dispostas em estudadas posições relativas e com as faces rigorosamente viradas para os pontos cardeais (Goedicke 1995: 31-50).

Também não alcançaram o significado político e ideológico das construções e nem se aperceberam do rigor da sua planificação interna, em especial na maior, a que é conhecida por Grande Pirâmide. Tudo aquilo era uma «maravilha», mas escapou-lhes o verdadeiro método usado na construção e a impressionante logística que, de uma forma ordenada, regrada e meticulosa, fez movimentar milhares de operários que deslocaram quantidades enormes de pedras com brutal tonelagem, para as colocar nos sítios certos, em função de uma prévia e cuidadosa observação astronómica. Para os cultos viajantes clássicos, impregnados naturalmente por uma outra visão do mundo, aquilo só podia ter sido obra de uma amorfa multidão de escravos suando e gemendo sob as chicotadas de um poder despótico e mentecapto. Pode dizer-se, em suma, que eles não alcançaram o fundamental – é que afinal «a verdadeira maravilha das pirâmides residiu na planta e na logística que presidiu à sua execução» (Jordan 2003: 155).

As impressões dos clássicos

Os Egípcios, que Heródoto considerava o povo com a melhor saúde do mundo a seguir aos Líbios, por causa do ritmo das suas estações do ano (2.77), estavam já numa fase decadente da sua civilização no séc. V a.C., na altura em que o «pai da história» visitou o país do Nilo. Tanto ele como os outros autores clássicos que demandaram o vasto planalto de Guiza ficaram impressionados com as pirâmides, e Plínio, o Antigo, atesta que elas «encheram o universo com a sua fama» – embora também comente que são «uma ostentação inútil e louca da riqueza dos reis» (**36.76**). Quanto ao nome dado aos monumentos, ele inspira-se no nome de um bolo cónico de origem grega (*pyramis*).

Estrabão gostou da visão espectacular, mas não se alonga em qualificativos, só diz que as pirâmides são «notáveis» (**17.1.33**). Diodoro, por seu lado, sublinha a majestade das construções e relata que «pelas suas dimensões e a qualidade da sua arquitectura, elas esmagam o espectador de espanto e de admiração», lembrando que a Grande Pirâmide de Khufu se incluía nas Sete Maravilhas do mundo (**1.63.2-3**). Estranhamente, Estrabão diz que a «maravilha» do sítio é a pirâmide de Khafré, a segunda em envergadura, talvez por estar então melhor conservada. Em todo o caso, Estrabão atribui às duas pirâmides maiores do planalto medidas idênticas, o que não corresponde à verdade. Aparentemente, não é hoje muito claro se é o conjunto das três pirâmides de Guiza a merecer dos letrados e viajantes greco-romanos o título de «maravilha» ou se é apenas a Grande Pirâmide. Mas como elas valem sobretudo pelo seu posicionamento relativo no planalto e pelo alinhamento que é perceptível, seja de que ângulo as grandes massas se admirem, é bem provável que fosse todo o conjunto monumental a justificar o epíteto de maravilhoso.

O nome do planalto a que hoje chamamos Guiza, seguindo a prosódia do árabe falado no Cairo (em árabe clássico é Gizé, um nome que ainda por vezes se lê em textos mais antigos), é omitido pelos escritores e viajantes antigos, porque o famoso sítio então não tinha nome. A mais evidente referência para aludirem ao planalto é a velha cidade de Mênfis (Ieneb-hedj em egípcio), que fica a cerca de vinte quilómetros para sul, e que na Época Greco-Romana continuava a desfrutar de grande prestígio cultural, se bem que entretanto tenha perdido a sua importância política. De facto, Mênfis foi suplantada por Alexandria, fundada em 331 a.C. por Alexandre Magno.

Quanto às medidas das três pirâmides, os autores clássicos não estão de acordo entre si. Nota-se entretanto o desejo de fornecer aos seus leitores números perceptíveis que levassem, ao menos, a acentuar o gigantismo das obras (Grand-Clément 1999: 58). Aqui se deixam os números que se respigam nos seus textos:

KHUFU (Khéops) – 230 m (de lado) × 146,50 m (de altura)

	Medidas indicadas	Medidas em metros
Heródoto	8 pletros × 8 pletros	236,8 m × 236,8 m
Estrabão	1 estádio × mais de 1 estádio	177,6/192,3 m × mais de 177,6/192,3 m
Diodoro	7 pletros × 6 pletros	207,2 m × 177,6 m
Plínio, o Antigo	783 pés × 725 pés	231,76 m × 214,60 m

KHAFRÉ (Khéfren) – 215,25 m (de lado) × 143,50 m (de altura)

	Medidas indicadas	Medidas em metros
Heródoto	... × 8 pletros menos 40 pés	224,96 m
Estrabão	1 estádio × mais de 1 estádio	177,6/192,3 m × mais de 177,6/192,3 m
Diodoro	1 estádio × ...	177,6/192,3 m × ...
Plínio, o Antigo	750 pés × ...	222 m × ...

MENKAURÉ (Mykerinos) – 105 m (de lado) × 65,50 m (de altura)

	Medidas indicadas	Medidas em metros
Heródoto	3 pletros menos 20 pés × ...	82,88 m × ...
Estrabão	«muito mais pequena»	...
Diodoro	3 pletros × ...	88,8 m × ...
Plínio, o Antigo	363 pés × ...	107,44 m × ...

Como se vê, Heródoto atribui à Grande Pirâmide altura e largura semelhantes, enquanto Estrabão a considera mais alta que larga. Ambos se equivocaram. Em Plínio, o Antigo, colhe-se a propósito uma informação interessante: diz o autor romano que Tales tinha descoberto uma maneira eficaz de medir as pirâmides aproveitando o momento em que a sombra das construções no solo igualava o seu tamanho (**36.82**). Como o «pai da história» garante que ele próprio tirou as medidas às pirâmides, será que utilizou o método de Tales? O que se nota, entre outras imprecisões, é que os escritores atribuem à Grande Pirâmide uma altura muito superior à realidade, sendo de notar que Diodoro e Plínio mencionam a inexistência de blocos cimeiros no vértice (designado em grego como *pyramidion*) do túmulo de Khufu (Grand-Clément 1999: 58-59).

Sobre os materiais usados na construção há também divergências nas fontes antigas: Heródoto regista que as pedras utilizadas na construção vieram de «pedreiras que estão na montanha arábica» (**2.124**); Diodoro diz que se trata de uma «pedra dura, muito difícil de trabalhar, mas que dura eternamente» e que ela «vem da Arábia» (**1.63.5**). Na verdade grande parte dos blocos de calcário vieram da margem contrária do Nilo, a margem dita «arábica», em especial das pedreiras de Mokkatam e Tura, situadas perto do Cairo. Eles assinalam no entanto a diferença de materiais ao mencionarem também a «pedra da Etiópia» (Heródoto) ou «de Tebas» (Diodoro), isto é, o belo granito vindo de Assuão (que os Gregos chamarão Siena), ou Abu (que os Gregos chamarão Elefantina), que, note-se, ficava a uns oitocentos quilómetros a sul de Guiza, seguindo os blocos de pedra em grandes barcaças. Trata-se de uma muito apreciada qualidade de granito que pode ter tonalidades mais escuras (granito negro) ou mais rosadas (granito vermelho), sendo os blocos usados em zonas internas das construções piramidais ou, no caso da pirâmide de Menkauré, para revestimento externo. Julga-se que este terceiro edifício de Guiza foi coberto por blocos de granito até cerca de metade da sua altura, cerca de trinta metros, alguns dos quais ainda lá subsistem, encontrando-se outros espalhados pelas imediações do complexo funerário. Heródoto e Estrabão confirmam que o revestimento até metade da construção é de «pedra da Etiópia», Diodoro precisa que tal acontece até à décima quinta camada de blocos, e Plínio, o Antigo, exagera dizendo que todo o revestimento é granítico. Acrescente-se que Heródoto descreve a base da pirâmide de Khafré, ou seja, a primeira camada de blocos, como sendo de «pedra da Etiópia de diversas cores», o que é de facto verdade, pois os construtores optaram por dar solidez à base com blocos de granito rosa e negro (Grand-Clément 1999: 59).

Os autores clássicos descrevem sobretudo o aspecto exterior, pouco referindo os aspectos internos. Quem mais se alonga é Heródoto, mas apenas para gerar confusão: diz ele que no interior da Grande Pirâmide havia uma «ilha», estando pois o corpo do rei rodeado por água vinda do Nilo por um canal (**2.124**). É uma aberrante descrição que não merece qualquer crédito, e talvez se deva a um erro do viajante grego, já algo perturbado com as díspares informações dos seus guias, ao confundir com o cenotáfio osírico de Seti I em Abido, onde havia água a envolver o núcleo central do edifício. Plínio, o Antigo, por seu lado, assevera que dentro da pirâmide existia um poço profundo com 86 côvados (**36.81**), o que não é verdade.

Acerca dos construtores dos gigantescos túmulos de Guiza, cujos nomes eram desconhecidos para os visitantes greco-romanos, interessou-lhes mais as suas relações com o povo por eles «explorado». É que tais monumentos só podiam ser obra de reis dementes, que teriam reinado no Egipto há «mais de 3400 anos» segundo Diodoro (**1.63.5**) – o erro foi de cerca de mil anos.

O perverso monarcaególatra idealizado por Heródoto a ordenar a construção da Grande Pirâmide era o símbolo da malvadez: tinha prostituído a própria filha para que ela tivesse a sua pirâmide, devendo cada cliente contribuir com uma pedra (**2.126**). Plínio, o Antigo, também faz eco deste disparate e mostra-se chocado pela pequena pirâmide da princesa ter sido erigida com o recurso a «meios imorais». Mas nem sempre o «pai da história» acredita no que lhe dizem os seus obtusos informadores, pois desconfia de outra estória néscia: disseram-lhe também que Menkauré tinha violado uma filha, após o que a mãe da princesa mandou cortar as mãos às damas que tinham facilitado o acto. Como «prova» disso mostraram-lhe estátuas sem mãos – e Heródoto reconhece que as pessoas diziam coisas sem sentido, porque estátuas sem mãos já ele as tinha visto antes, atendendo a que as tinham perdido ao longo do tempo (2.131).

Vários textos clássicos estabelecem uma relação entre uma das três pequenas pirâmides erguidas para as esposas de Khufu, situadas no lado sul da Grande Pirâmide, e a «indecorosa» filha do monarca. Por outro lado, a pirâmide de Menkauré é atribuída a uma rainha chamada Nitócris ou a uma cortesã, uma tal Rodópis. A confusão, no caso da filha de Khufu, terá a ver com o facto de existir uma referência, datada da XXVI dinastia saíta (séc. VII-VI a.C.), que assegura que o rei Khufu mandou erigir uma pequena pirâmide para uma das suas filhas, a princesa Henutsen. Quanto à atribuição da pirâmide de Menkauré a Nitócris (em egípcio Neitikert), poderá ter origem no facto de o templo funerário pertencente à mais pequena das três pirâmides de Guiza, que ficou por acabar quando Menkauré faleceu, ter sido objecto de restauro durante a VI dinastia, altura em que reinou Neitikert. Para a cortesã Rodópis há diversas variantes: para uns esta dama teria construído para si uma pirâmide, para outros teriam sido os seus visitantes do seu tálamo, agradecendo os favores concedidos, outra versão sustenta que foi uma oferta de um rei com quem ela casara (Zivie-Coche 1972: 116-137).

Os métodos utilizados na construção são hoje, no essencial, bem conhecidos (Fakhri 1961, Edwards 1980, Arnold 1982, Lauer 1988, Stadelmann 1991), mas para os viajantes da Antiguidade isso era um total mistério (o que para muita gente ainda se mantém). Heródoto alude a máquinas feitas de madeira a içar as pedras para as camadas que se iam elevando, sugerindo pois um complexo sistema de roldanas suficientemente fortes para levantarem os pesados blocos, aludindo ainda a instrumentos de ferro para o aparelhamento dos blocos (**2.124**). Ora a roldana só foi conhecida no Egipto na Época Greco-Romana, enquanto o ferro era desconhecido no Império Antigo quando foram erguidas as pirâmides. Diodoro refuta a explicação de Heródoto e propõe a solução do uso de rampas com tijolos feitos de argila (matéria abundante nas margens do Nilo), as quais se iam elevando à medida que as camadas de assentamento dos blocos também subiam (**1.63.6**). Plínio, o Antigo, também concorda com esta solução prática, que é de facto a mais plausível em função dos recursos da época. O que hoje se discute é que tipo de rampa teria sido usado: ou a rampa axial ou as várias modalidades helicoidais em torno do edifício em construção (Goyon 1978: 405-413, Araújo 2003: 32-39).

Os autores clássicos aludem à vocação funerária e religiosa das pirâmides, sem no entanto enfatizarem muito esta questão. Preocupou-os mais saber como tinham sido construídas para depois zurzirem nos reis cruéis e megalómanos que tinham exigido e incentivado tanto esforço apenas para terem um túmulo descomunal. O que esses reis egípcios queriam era, em suma, «deixar um monumento», como conclui Heródoto (**2.126**). Vindos de um mundo feito à medida do homem e do cidadão eles quiseram saber quem os tinha feito e em que condições se tinha realizado o trabalho, procurando, por outro lado, dessacralizar os monumentos (Grand-Clément 1999: 62). A preocupação em conhecer os detalhes da obra levou Heródoto a registar uma informação colhida no local: «Ficou anotado na pirâmide, em caracteres egípcios, o que custou para fornecer aos operários os rábanos, cebolas e alhos; se bem me lembro do que disse o intérprete que me fez a leitura da inscrição, a soma ascendia a 1600 talentos» (2.125.6). É deveras estranho a existência de tal lista na pirâmide. O que se terá passado é que a pessoa que fez a leitura (um sacerdote?) deve ter traduzido, de forma bastante livre, um texto típico de uma estela funerária onde o defunto solicitava aos deuses os bens necessários para a sua alimentação no Além. De facto existem milhares de inscrições em túmulos privados da zona (nas mastabas e não nas pirâmides!), onde se solicita pão, cerveja, carne de boi e de aves, roupas, baixela, incenso, leite, vinho e outros produtos, mas não os géneros hortícolas acima referidos.

A verdade é que os trabalhadores das pirâmides, e que também erguiam outros túmulos para o funcionalismo, além de santuários, celeiros, armazéns, diques, canais e outras «obras públicas», eram alimentados e acantonados em locais apropriados durante os trabalhos, sobretudo na época das cheias.

Da ideologia do Império Antigo decorria um benefício socio-económico que, em contrapartida, o fortificava sob a forma de emprego sazonal para uma força de trabalho enorme, originariamente recrutada para abrir valas de irrigação, construção de diques e proceder às sementeiras de forma a aproveitar o melhor possível as cheias anuais do rio Nilo. Era uma forma inteligente de manter ocupada esta força de trabalho fora da época utilizando-a na construção desses túmulos, vistos, por este prisma, como «expressões de solidariedade estatal» (Jordan 2003: 153). O sistema implicava também a construção de celeiros e armazéns, para que todo o cereal fosse cuidadosamente registado e guardado, para que pudesse ser distribuído na devida ocasião – e os primeiros beneficiários deste eficaz procedimento eram o monarca divino e a sua corte, os altos funcionários e todos os que mantinham a eficaz máquina produtiva a trabalhar: arquitectos, mestres de obra, capatazes e sacerdotes, cuja eficácia na gestão de recursos ficou patente. Na verdade, o Império Antigo legou à posteridade dois grandes monumentos: a pirâmide e a máquina administrativa que de forma meticulosa regia a população trabalhadora.

Uma coisa é certa: durante os meses de Junho a Outubro, quando as margens do rio se alteravam devido à cheia nilótica, a água cobria vastas extensões de terra. Assim sendo, os camponeses, que eram a maioria da população, ficavam sem o seu habitual e precípuo local de trabalho. O que fazer a milhares e milhares de homens impedidos de laborar? – Esta terá sido a premente questão que se colocou à administração do país das Duas Terras. E aqui está o cerne do problema socioeconómico, o qual só se alcança em plenitude quando se compreende o tipo de regime do Egipto faraónico, o que os Gregos e Romanos jamais perceberam.

Conclusões

Depois da conquista de Alexandre (332 a.C.) e integração do Egipto no espaço mediterrânico e helenístico, os viajantes gregos de regresso ao seu país, ao contar a sua experiência vivida no país do Nilo, não deixavam de referir as pirâmides de Guiza. A partir de 30 a.C. o Egipto tornou-se numa província romana e, tal como hoje, ia-se então lá em demanda turística ou em serviço. No itinerário de viagem incluía-se a visita à região de Guiza para ver as pirâmides e a Esfinge, Mênfis e o Serapeum, entre outros locais. No Egipto estiveram os imperadores Adriano (117-138) e Septímio Severo (193--211), dando desta forma exemplo aos seus concidadãos para apreciarem os monumentos de uma antiga civilização que eles não compreenderam totalmente.

Os viajantes greco-romanos jamais poderiam alcançar o verdadeiro carácter do Egipto do tempo das pirâmides, o Império Antigo (2650-2180 a.C.), e os relatos do loquaz Heródoto e de outros são disso testemunha. De resto, os próprios egípcios do tempo de Heródoto, vivendo sob o domínio de uma dinastia persa, induziram o «pai da história» em erro e contaram-lhe estórias mirabolantes. Pertencendo a sociedades com um forte esteio esclavagista, os escritores clássicos viram no antigo Egipto um mundo exótico, misterioso e diferente – uma das semelhanças estaria na utilização de grandes massas de escravos, fenómeno que em boa verdade jamais ocorreu no Império Antigo. Como bem lembra Paul Jordan, no tempo das pirâmides do Império Antigo «podemos razoavelmente duvidar que tenham sido utilizados escravos». É que entretanto, e «no sentido formal e legal em que passou a existir à medida que a civilização foi avançando nos tempos posteriores, a escravatura não foi parte importante no cenário do Império Antigo. Podemos concluir que no Egipto, durante o Império Antigo, existiu um certo tipo de escravatura de espírito, capaz de levar o povo comum a aceitar um género de trabalho tão pesado em benefício dos seus governantes, executando obras que a nós nos parecem ditadas unicamente pela vaidade» (Jordan 2003: 152-153).

As pirâmides estão ligadas a propósitos de ordem religiosa e mágico-litúrgica, onde avultam deuses ligados à ressurreição, como Ré e Osíris, com a petrificação do culto solar e a preservação do rei osirificado; de ordem socioeconómica, com trabalho para milhares de operários desocupados; e político-ideológica, com o empenhamento numa obra capaz de gerar uma consciência de identidade nacional. Só um regime em que no topo estava um rei de origem divina, servido por uma administração eficaz e actuante, com uma terra abundante em produtos, podia movimentar aquelas enormes massas de trabalhadores com uma finalidade objectiva e que todos entendiam, desde o mais exímio arquitecto ao mais humilde dos operários: a construção de uma pirâmide (Deaton 1988: 193-200). O segredo, se o há, esteve no aproveitamento racional dos recursos humanos e naturais da nação, numa longa tradição no trabalho da pedra, qual delas a mais dura, que já vinha desde a Pré-história (os homens que domesticaram o Nilo também domesticaram a pedra), numa direcção coordenada, na existência de um rei divino e, enfim, na aplicação no quotidiano da sublime noção de *maet* – palavra egípcia de amplo espectro humanista que significa verdade, justiça, equilíbrio, ordem, harmonia, solidariedade (Araújo 2001: 693-697).

2. As Maravilhas de Babilónia

NUNO SIMÕES RODRIGUES

As Maravilhas de Babilónia

Para os Gregos, Babilónia significava primeiro que tudo um lugar distante, de fronteira e algo desconhecido, uma cidade bárbara e ao mesmo tempo exótica. Já Alceu se referia à capital dos Caldeus como «os confins da terra» (fr. 350 Lobel-Page) [1]. No séc. VI a.C., porém, a pujança de Babilónia dava razões para que outros povos, ainda que dela razoavelmente distantes, a considerassem uma cidade especial.

Em termos mítico-literários, Babilónia foi fundada por Sargão de Acad. Sabemos que este soberano governou na Mesopotâmia durante o III° milénio a.C., mais especificamente no séc. XXIV a.C., o que coincide com a informação arqueológica mesopotâmica que situa nesse tempo a fundação da cidade (André-Salvini 2001: 26). Desde logo, Babilónia parece ter-se afirmado como um centro religioso de referência na região, lançando assim as bases para a sua identificação como «Cidade Santa». Mas, em termos históricos, apenas no Período Amorita, no séc. XVIII a.C., já sob Hamurabi, terá Babilónia emergido politicamente, enquanto potência hegemónica [2]. Desde então, a

---

[1] Antiménidas, irmão de Alceu, foi mercenário ao serviço do exército babilónico, como «aliado dos Babilónios», tal como refere Estrabão (13.2.3). É ainda Alceu quem se refere à «sagrada Babilónia» (fr. 48 Lobel-Page). Vide ainda Page 1955: 223-224, Quinn 1961: 19-20 e Braun 1982: 21-24, que se refere à batalha de Ascalão, em 604 a.C.

[2] Os Amoritas eram originários da Síria, sendo, portanto, de extracto semítico. Com Hamurabi, Babilónia tornou-se numa capital literária e cultural, ao mesmo tempo que centro filosófico e teológico.

cidade do Eufrates nunca mais foi esquecida, ainda que tenha passado por momentos menos pujantes, como os que viveu sob os Hititas, no início do séc. XVI a.C., e sob o assírio Senaqueribe, já no séc. VII a.C. (André-Salvini 2001: 34-36).

Mas grande parte da fama que tomou conta de Babilónia radica no chamado Período Neo-Babilónico ou Caldaico, o qual teve uma duração relativamente curta (de 626 a 539 a.C.), mas suficiente para marcar o apogeu daquela civilização. Dentro deste período é de assinalar o protagonismo de Nabucodonosor II (605--562 a.C.), que corresponde a mais de quatro décadas de uma governação forte e pró-imperialista, que deu os seus frutos em termos de afirmação da importância da cidade e do território. Há que não esquecer que este rei expandiu o espaço babilónico, trazendo o poder caldaico até ao Mediterrâneo oriental, dominando das fronteiras da Pérsia à Síria-Palestina e ao Egipto. Um dos seus feitos mais marcantes foi, aliás, a conquista bietápica de Jerusalém e a destruição do Templo, em 597 e 586 a.C., que teve como consequência mais imediata o exílio hebraico em Babilónia.

Além de ter sido um militar eficaz, Nabucodonosor II foi também um governante que soube mostrar o seu poder através de obras, que se reflectiram na valorização do carácter urbano de Babilónia. Há também que ter em conta que a preocupação em defender o seu território e capital o levaram a investir nesse domínio, em particular na construção de muralhas que permitissem uma defesa competente do perímetro urbano. Talvez seja por isso que uma das representações fulcrais de Nabucodonosor se faça na imagem do «rei construtor». E talvez por isso também essa seja uma das principais imagens de Babilónia, tanto na perspectiva bíblica como na dos autores greco-latinos[3].

Graças ao estudo comparativo dos dados arqueológicos, dos documentos topográficos e dos textos de fundação dos reis neo-

---

[3] Sobre a imagem de Babilónia na Bíblia, vide *Gn* 11.9; *2Rs* 24.1.20, 25.1-22; *2Cr* 36.13-20; *Ez* 17.15; *Is* 44.27, 45.1-2; *Jr* 27.11-14, 37.7-10, 50.38, 51.30-32, 52.1-29; *Dn* 2.1; sobre a imagem em Heródoto, vide Rodrigues 2005: 47-70, 2007: 159-186 e bibliografia aí citada, em particular MacGinnis 1986.

babilónicos, é possível reconstituir grande parte da cidade do tempo de Nabucodonosor II. Depois de assegurado o «império» territorial, os reis deste período, em particular o soberano referido, encetaram um programa de construção e de reconstrução de edifícios, de monumentos civis e religiosos, e de estruturas urbanas, para que a cidade fosse digna da sua nova função no equilíbrio político da época, que se traduzia nas várias expressões culturais. Uma das vias que permitiu esse programa foi a aplicação de um sistema de tributos sobre as populações submetidas. Esta foi uma solução política que correspondeu também a uma ideologia pró-teocrática, em que o soberano de Babilónia surgia como um verdadeiro *dominus mundi* e em que a cidade era a sua máxima expressão. Não tanto como no Egipto, contudo, onde o Faraó era de facto um deus. Em Babilónia, o chefe era vigário do deus.

Segundo a arqueologia, no tempo de Nabucodonosor II, Babilónia era uma cidade efectivamente grande: tinha quase mil hectares de superfície. No seu interior, a cidadela tinha cerca de 500 hectares e seria habitada por quase 100 000 habitantes (André-Salvini 2001: 46). Estes são números verdadeiramente impressionantes para uma estrutura urbana do séc. VI a.C. A cidadela era delimitada por uma muralha interna e dividida em dez bairros, autonomamente designados e identificados por um sistema de cadastro de propriedade urbana, tal como no-lo revelam as fontes da época[4]. O rio Eufrates, que atravessava a cidade, servia de fronteira natural entre alguns desses espaços. A origem de algumas das unidades territoriais remontava a Hamurabi e ao Período Amorita. Como seria de esperar, o espaço no interior da cidadela era mais densamente povoado do que o que ficava fora da delimitação feita pela muralha interna. Nesta outra área, com uma taxa de povoamento inferior, havia também terra cultivada, que funcionava como aro rural que permitia o sustento económico da cidade.

---

[4] Sobre essas fontes, designadamente o *Tintir*, que fornece a lista e o nome dos vários bairros, bem como os pontos de referência da sua delimitação, vide André-Salvini 2001: 47.

De acordo ainda com as informações materiais, em Babilónia parece ter havido uma política urbanística pré-definida, o que corresponde a um desenvolvimento sócio-económico considerável. As provas estão nas largas avenidas que conduziam às oito portas da cidade, sendo as mais importantes as processionais, dedicadas aos deuses Marduque e Nabu. Estas duas alamedas atravessavam a cidade, seguindo um eixo no sentido norte-sul. As mesmas eram acompanhadas por ruas e vielas paralelas, que repetiam aquela orientação, e cortadas perpendicularmente por outras, que uniam a cidade no sentido este-oeste. Os espaços entre estas ruas eram preenchidos essencialmente por casas particulares, feitas de tijolos de argila cozida ao sol e em que se percebem igualmente zonas de comércio. Relativamente a esses espaços, no séc. v a.C., Heródoto referia o seguinte: «De um lado e outro lado, junto do rio, a muralha faz ângulo com um muro em tijolo cozido, que se estende ao longo de cada margem» (**1.180.2**).

Mas a área interior da cidade evidenciava-se e era sobretudo conhecida pelos grandes complexos monumentais que os diversos governantes edificaram. Nabucodonosor II, em particular, restaurou e construiu três deles: as já referidas muralhas, que reforçaram a protecção do perímetro urbano; o conjunto dos palácios reais, conhecidos como «Palácio Norte», «Palácio Sul» (que talvez incluísse um museu) e «Palácio de Verão» ([5]); e o santuário do deus Marduque, no centro da cidade, na margem oriental do Eufrates, que incluía o templo de Esaguil e a zigurate ou torre de degraus, conhecida como Etemenanqui ([6]). O acesso a este último espaço fazia-se através de uma das alamedas processionais, que passava sob a célebre Porta de Ishtar.

([5]) O Palácio Sul, no interior da cidadela, onde mais tarde, em 323 a.C., veio a morrer Alexandre da Macedónia; o Palácio Norte ou o Grande Palácio, junto às muralhas interiores, ainda que de fora delas; e o Palácio de Verão, dentro do perímetro rodeado pela muralha externa, mas afastado da interna. Sobre a descrição dos palácios, vide Diodoro Sículo **2.7-10**. Sobre o museu no Palácio Sul, vide Finkel 1988: 52.

([6]) A zigurate, estrutura antiga em Babilónia, terá originado a representação bíblica da Torre de Babel.

Efectivamente, a ciência arqueológica mostrou que as muralhas traduzem um esforço humano, económico e tecnológico digno de ser assinalado, dado o seu carácter inusitado. As escavações feitas pelas equipas alemãs no território, no início do século passado, chegaram à conclusão de que as paredes exteriores, entrecortadas por numerosas torres colocadas a uma distância de 52 m umas das outras, se estendiam por 5 km, de norte a sul, e quase a mesma distância, de leste a oeste, perfazendo uma área próxima dos 25 km², ao longo dos quais se abriam sulcos para a passagem das águas do Eufrates. A construção desta muralha foi relatada nos anais de Nabucodonosor. Um dos objectivos desta construção teria sido o de proteger o Palácio Norte ou de Verão, erguido perto de onde era plausível que viessem ataques. A muralha era constituída por três paredes separadas, que incluíam um fosso: o muro mais interno media 7,12 m de espessura e era feito de tijolos secos ao sol; depois, a 12 m, havia o muro do meio, com 7,80 m de espessura; e finalmente havia um terceiro muro de 3,25 m de espessura. Juntava-se então o fosso, com 50 m de largura e cheio de água. O conjunto de muralha ultrapassava, portanto, os 30 m de parede, a que se juntava o fosso. Mas as muralhas de Babilónia prolongavam-se além da cidade propriamente dita, avançando para outros espaços urbanos, como Kish e Sipar, numa distância que ultrapassava os 60 km. Aí, o chão, terraplanado, era inundado pelas águas do Tigre e do Eufrates, na estação das cheias, dando primeiro origem a um lago e depois a um pântano rodeado de muralhas e, consequentemente, protegido pelas mesmas. O próprio pântano passava a ser utilizado como recurso de defesa da cidade (cf. Xenofonte, *Anábase* 2.14.12, Amiano Marcelino 23.6).

Havia, depois, as muralhas internas, que definiam a cidadela e que, para alguns autores, deram efectivamente fama à cidade e o direito a ser incluída entre as maravilhas do mundo antigo. Esta muralha interior remontaria ao Período Paleo-Babilónico, tendo sido posteriormente reconstruída, na forma rectangular que tinha ainda no tempo de Nabucodonosor II. O espaço por ela delimitado ocupava 2 km, de norte a sul, e 3 km de este a oeste, perfazendo uma área de 6 km^2. A muralha em si consistia em duas paredes principais, divinizadas como Imgur-Enlil e Nimit-Enlil, reforçadas por torres. Era nesta estrutura que estavam oito portas, sendo que cinco delas tinham nomes de deuses babilónicos: Ishtar, Marduque, Shamash, Adad e Enlil. Havia ainda duas dedicadas a Zababa e a Urash, antigos centros religiosos da região. E a oitava era nomeada a «Porta do Rei». Os nomes sagrados das portas de Babilónia estavam relacionados com o papel que tinham da defesa da cidade. No caso de Ishtar, deusa da guerra, tratava-se da porta mais susceptível de ser atacada e, consequentemente, dedicada à divindade que melhor a podia proteger. Essa era, também por isso, a principal porta da cidade, como denuncia a sua decoração, aliás bem conhecida. Depois de várias vicissitudes, coube precisamente a Nabucodonosor II conferir a última forma a estas estruturas. A parede interior tinha 6,5 m de espessura e a exterior tinha 3,5 m. Uma distância de cerca de 7 m separava ambas. No caso da porta de Ishtar, foi reconstruída várias vezes nesse período, tornando-se um dos símbolos do poder e da magnificência de Babilónia. Imagens como as do dragão de Marduque e do touro de Adad, representados nessa estrutura, sobre os tijolos de lápis-lazúli, contribuem para exprimir tais concepções, apesar da sua primeira função, a apotropaica e protectora[7]. Além destas fortificações, o rei caldeu construiu ainda dois bastiões, externos à muralha interior, que tinham como função proteger o Palácio Norte, também extra-muros. Por sua vez, os palácios construídos por Nabucodonosor eram, em si mesmos, cidadelas, que funcionavam como sistemas defensivos complementares da cidade. Eram aquilo a que B. André-Salvini (2001: 74) chama de emblemas do poder de Nabucodonosor, que na verdade nunca chegaram a ser usados, uma vez que Babilónia nunca foi ameaçada durante esse período. Os palácios mais antigos são-nos desconhecidos, apesar de sabermos que remontam ao Período Paleo-Babilónico, mas, como assinalámos, Nabucodonosor II construiu, ou reconstruiu, três deles. Na perspectiva da polí-

---

[7] Uma das características da arquitectura do tempo de Nabucodonosor é precisamente o uso deste tipo de revestimento. Vide Finkel 1988: 39.

tica deste rei, o palácio tinha uma função essencial: exprimir a imagem de poder régio e garantir a estabilidade da realeza, visto que era a residência real mas também o centro político, jurídico e económico. Estas reflexões recordam ainda que esta era uma sociedade que se estruturava em torno dos palácios, assim como dos templos.

Terá sido este o conjunto monumental que acabou por ser mitificado, contribuindo para o que se designou «Maravilhas de Babilónia». Já o profeta Jeremias (*Jr* 51) se referia às muralhas de Babilónia como uma fortificação assombrosa. Mas o eco do impacte causado nos que as viam chegou aos autores gregos. Heródoto descreve-as com algum pormenor, apesar de exagerar nos dados que fornece, o que deverá traduzir uma visão grandiosa por parte dos Gregos (**1.178-181.1** [8]; 3.159). As «cem portas brônzeas», por exemplo, devem ser consideravelmente reduzidas, até porque as portas significavam pontos fracos numa muralha e, consequentemente, sem grande sentido de existência (**1.179**). Talvez se trate de uma evocação do epíteto homérico para a Tebas egípcia, ali usado de forma retórica. Coube, porém, a Diodoro Sículo, depois de Alexandre e talvez influenciado por Ctésias de Cnidos (séc. V-IV a.C.) e Clitarco de Alexandria (séc. IV-III a.C.), a atribuição da construção das muralhas interiores à lendária Semíramis, bem como algumas das obras relacionadas com os palácios (**2.7-8**). O testemunho de Beroso, autor da transição do séc. IV para o III a.C., transmitido através de Flávio Josefo e tido como fonte fidedigna, dá igualmente notícia da sumptuosidade destas edificações (*Contra Ápion* **1.139**). Mas é em Fílon de Bizâncio (**5**) e em Estrabão (**16.1.5**) que as muralhas de Babilónia surgem como uma das Maravilhas do mundo [9].

---

(8) Vide a análise deste passo por M. F. Silva, in Ferreira e Silva 1994: 177-181.

(9) Alguns dos dados aqui apresentados sugerem o recurso a simbolismos que poderão justificar as cifras tão elevadas. O mesmo não acontece com os Jardins, que Diodoro Sículo atribui a outro rei, de origem síria (**2.10.1**). Quanto a Estrabão, tem sido salientado que existe confusão relativamente à muralha descrita e às dimensões aí atribuídas.

Outra das características da arquitectura e da engenharia em Babilónia definia-se pelas estruturas hidráulicas. Com efeito, uma das riquezas mesopotâmicas era de facto a água, suprida pelos seus dois principais rios: o Tigre e o Eufrates. Este era o que banhava Babilónia, construída nas suas margens. Eram as cheias dos dois rios que garantiam a fertilidade às terras da região e possibilitavam a subsistência na mesma (Rodrigues 2005). Como tal, o abastecimento hidráulico, bem como a distribuição dos recursos hídricos, revestiu-se ali de importância capital. Estes foram, por isso, também, parte fundamental do programa de obras dos reis neo-babilónicos, designadamente de Nabucodonosor II [10].

Mas as «Maravilhas de Babilónia» incluíram também o que os autores clássicos designam por «Jardins Suspensos». O que eram os Jardins Suspensos? Ao que parece, esta designação estará relacionada com as estruturas palatinas. Mas o tema, essencialmente literário, remonta ao tempo de Alexandre, pelo que é uma tradição bastante posterior à da sua suposta existência. Heródoto, por exemplo, ignora-os no seu relato. Aparentemente, a informação mais credível é a que provém de Beroso, que se refere às plantações em terraço, do tipo socalco, localizadas no palácio de Nabucodonosor e feitas pelo próprio. Mas esta alusão, como a de Ctésias de Cnidos, data vários anos depois da alegada edificação (Romer et Romer 1996: 158). Para os autores clássicos, o que ali constituía um *theama*, ou algo digno de ser visto, era a arquitectura complexa e elaborada, as estruturas assentes em colunas, pilares e abóbadas, derivadas de uma engenharia sofisticada e complexa, que tinha ainda como factor suplementar a distribuição dos recursos hídricos do Eufrates, pelos vários níveis sobrepostos. Os diversos autores greco-latinos,

---

[10] Como nota André-Salvini 2001: 67, «Tous ces travaux hydrauliques, auxquels s'ajoutent les défenses extérieures avancées de Babylone, entourées d'eau, forment une part importante du programme de construction des rois néo--babyloniens pour donner à la ville l'aspect monumental digne de son nouveau pouvoir, mais aussi parce que l'Euphrate est une voie de communication idéale, pour convoyer vers Babylone toutes les marchandises venant des territoires conquis, notamment de la cote méditerranéenne.»

de Beroso e Diodoro a Estrabão e Quinto Cúrcio passando por Fílon, localizam-nos ora no Palácio Norte, ora nos vários edifícios palatinos, ora nas margens do rio. Para alguns assiriólogos, designadamente R. Koldewey, a terem existido, estas estruturas deveriam estar no quarteirão dos palácios, muito provavelmente junto aos aposentos dos soberanos, dado que se tratava de jardins reais (apud André-Salvini 2001: 89). Efectivamente, as fontes do tempo de Nabucodonosor II afirmam que o rei edificou grandes terraços, aquando da construção do seu novo palácio, num sistema eventualmente semelhante ao que dava forma à zigurate (Estrabão **16.1.5**)([11]). Talvez esta informação corresponda aos lendários jardins, não existindo, todavia, nenhuma referência concreta a tais estruturas, ainda que outros documentos assinalem espaços ajardinados. Apesar disso, a arqueologia descobriu vestígios que tornam a hipótese verosímil. Na verdade, não é de desprezar a pertinência da existência de um espaço dessa natureza e a possibilidade de ter como função a oferta de uma área de ócio e frescura ao rei e à corte, particularmente aprazível no território em causa, nas estações de calor, com vegetação vária, como árvores de frutos e plantas odoríferas e medicinais, e água corrente, através de complexos sistemas hidráulicos. Esse tipo de estrutura era, aliás, conhecido na Assíria e na Pérsia([12]), pelo que os jardins de Babilónia se inseririam num quadro familiar de construções. A ser em terraço, a sua concepção teria dado a percepção de um oásis suspenso, formulando a ideia de *theama*, particularmente acentuada num

---

([11]) Vide ainda Romer et Romer 1996: 156. Outros recusam esta ideia, com base no argumento das dificuldades de irrigação que tal estrutura colocava. Como nota Finkel 1988: 51, «it can be ruled out that the ziggurat at Babylon was ever covered with greenery. For those who would discount the Hanging Gardens as the stuff of myth, however, the ziggurat can be seen as the solid reality behind the work of poets.»

([12]) Sabemos da existência de jardins nos aposentos reais de Tiglat-Pileser I em Nínive (séc. XII-XI a.C.), nos de Assurnasirpal II em Nimrud (séc. IX a.C.), nos de Assurbanípal também em Nínive (séc. VII a.C.), bem como nos de Marduque-Aplaidina na própria Babilónia (séc. VIII a.C.). Vide Finkel 1988: 47, Wiseman 1984, Caramelo 2002: 85-92.

ambiente de deserto. Terá sido algo desse tipo a deslumbrar os autores clássicos? E seria mesmo assim? Não estaremos perante uma imagem demasiado «romântica» e idealista da capital meso-potâmica? Até que ponto correspondem tais descrições à reali-dade? [13]

Efectivamente, há objecções. Fílon de Bizâncio terá elaborado a lista das Maravilhas do mundo apenas no séc. III a.C., colocando os Jardins de Babilónia no início da mesma (**1**). Distinguiu-os, con-tudo, das Muralhas da mesma cidade (**5**). Alguns estudiosos crêem que a descrição de Fílon de Bizâncio é sobretudo retórica, pura cria-ção verbal e literária, que dá forma a uma metáfora [14]. Segundo outras leituras, complementares desta perspectiva, a informação arqueológica disponível é muito díspar da descrita pelos textos [15] e a ideia de «suspenso» não proviria senão de uma síntese da tradi-ção do jardim persa com a imagem de uma Grécia montanhosa e escarpada e exibindo-se como que num anfiteatro de socalcos. Tais conclusões dever-se-ão ao facto de a arqueologia não ter provado inequivocamente a existência dos jardins, tal como os textos cunei-formes coevos, que se mantêm até hoje em silêncio quanto a este tema. Se os Jardins Suspensos representavam a inovação tecnoló-gica a que Fílon alude, como explicar tamanha omissão? Partindo da mesma perspectiva, sem o texto de Fílon, ninguém teria sido sequer capaz de imaginar, com base apenas nos vestígios materiais, os míticos Jardins Suspensos. Como tal, o lugar destes será no imaginário e não no mundo real. Como terá então nascido a sua

---

[13] Note-se como, em termos de concepções urbanísticas, quão avançada estava já Babilónia relativamente a outras cidades, como a Roma republicana, por exemplo.

[14] Assim pensam, e.g., Romer et Romer 1996: 150-151, que, todavia, não descartam totalmente a hipótese de terem existido jardins em Babilónia, pomares e parques cinegéticos, ainda que não suspensos, como os da tradição.

[15] As conclusões propostas por R. Koldewey, por exemplo, não só foram relativizadas como negadas por alguns investigadores contemporâneos. Vide Wiseman 1983: 137-144, Wiseman 1985, Finkel 1988: 52, Romer et Romer 1996: 152-153. Apesar de tudo, a ideia pegou e ainda hoje o sítio escavado pelo pro-fessor alemão é identificado com os «Jardins Suspensos».

ideia? Esta poderá corresponder a uma velha utopia, que se materializa em diversos textos antigos, em que o jardim é um espaço omnipresente, desde os que se encontram na poesia suméria e acádica aos da Pérsia, passando pelo Éden bíblico, pelas descrições homéricas de Ogígia e de Esquéria (*Odisseia* 5.63-74, 7.112-132), pela alusão hesiódica ao pomar das Hespérides (*Teogonia* 215-216), pelos ambientes romanescos do livro de *Ester* e pelas alusões de Xenofonte ao *paradeisos/pairidaeza* persa (*Económico* 4.21-24). Como foi já salientado, talvez seja precisamente Beroso a dar-nos a chave para esta leitura, ao apresentar uma imagem de Nabucodonosor concretizando um ritual de fundação, i.e., a plantação do jardim traduzirá uma tipologia de Sargão (Flávio Josefo, *Antiguidades Judaicas* 10.219-228) [16]. Tratar-se-á, portanto, de uma representação da fecundidade, a antítese do deserto em contexto do mesmo. Talvez até as próprias descrições assírias devam algo a este mesmo universo. Há ainda que não esquecer os autores helenísticos que recuperaram pequenas descrições de textos anteriores, que reelaboraram com especulações que se predispõem ao espectáculo, ao *theama*. Além disso, muitos desses mesmos autores jamais haviam estado em Babilónia.

Ainda assim, e tendo em conta as duas posições acerca desta problemática, há hoje uma tendência para um equilíbrio que se manifesta na precaução das conclusões, considerando: a crítica às propostas feitas por R. Koldewey, no início do século passado, e a fragilidade dos *argumenta e silentio* dos textos acádicos e de Heródoto (Finkel 1988: 54-55); a informação plausível de Beroso, que tem como argumentos favoráveis o facto de o autor ter conhecimentos dos textos acádicos originais e de, apesar de eventuais simbolismos ritualistas, atribuir a Nabucodonosor a construção dos jardins [17]; o uso do jardim entre os Assírios; e, finalmente, as soluções propostas por outros assiriólogos, como D. J. Wiseman que, já

---

[16] Este é, aliás, um *topos* mitológico oriental.

[17] Como nota Finkel 1988: 43, é plausível, por exemplo, o casamento de Nabucodonosor II com uma princesa da Média.

nos finais do séc. XX, localiza os Jardins Suspensos numa outra área da cidade, com fortes possibilidades de aí terem existido. Deste modo, não negando a probabilidade do exagero retórico nas fontes literárias e considerando as omissões, não se exclui por completo a hipótese de os Jardins de Babilónia terem existido, ainda que o seu fausto não fosse tão grande quanto o descreveram gregos e romanos [18].

Nas listas mais antigas, a cidade mesopotâmica era citada por dois motivos: pelas Muralhas e pelos Jardins. Babilónia terá, assim, reunido consensos na Antiguidade de modo a ser incluída no cânone das Maravilhas do mundo. Aqueles foram elementos que contribuíram também para a expansão da sua imagem e simbologia, que perdurou de diversas formas na cultura ocidental: na associação à terra dos dois rios, no simbolismo do exílio, da deportação e do poder tirânico (como se lê nos *Salmos* e nos livros de *Jeremias*, *Isaías* e *Daniel*), na ideia alegórica de religiosidade falsa (do tema da Torre de Babel ao *Apocalipse de S. João*), mas também nos mitos gregos em torno de Nino, nos romances gregos perdidos (de *Nino e Semíramis* às *Babilónicas* de Jâmblico), no modo como se assumiu, enfim, enquanto forma críptica de designar a própria Roma, tal como sugerem os textos de Simão Pedro da Galileia (*1Pe* 5.13) [19]. A reputação de Babilónia terá sido fundamental para a reprodução de uma identidade marcante no pensamento ocidental, que associa o exótico oriental à imagética do poder e do religioso, e vice-versa. Haverá melhor prova disso que a ópera *Nabuco* de G. Verdi e do que as sucessivas tentativas de reconstituição utópica da cidade, em particular dos seus jardins? Este conjunto de factores contribuiu para que, sendo de todos os *theamata* os menos conhecidos, os Jardins Suspensos da Babilónia acabassem

---

[18] Há quem considere a possibilidade de esses jardins terem consistido num parque circunscrito, onde actividades cinegéticas se misturavam com a criação botânica; vide Finkel 1988: 55-58. Como nota este mesmo autor, a evidência literária é demasiada para ser desconsiderada e reduzida a criação poética.

[19] Uma discussão desta problemática pode ser lida em Rodrigues 2007: 666-667.

por, eventual e popularmente, ser os mais célebres. Um filão do imaginário europeu que levou também a que, quando se mencionam as Sete Maravilhas do mundo, estes estivessem sempre presentes, num cânone nem sempre igual.

3. O *Artemísion* de Éfeso

JOSÉ RIBEIRO FERREIRA

O Artemísion de Éfeso

Éfeso, a mágica cidade, cheia de íntimos apelos. Pronunciam os lábios o seu nome, e logo o pensamento desfila pelo baú das memórias acumuladas. Daí que hoje os turistas e visitantes acorram aos milhares.

Sede primeiro de uma povoação micénica, Éfeso foi depois cidade fundada pelas chamadas Migrações gregas e sua ocupação da zona costeira da Ásia Menor, formando as três regiões designadas, de norte para sul, de Eólia, Iónia e Dória – colonização que estava realizada já no séc. x a.C.

A Éfeso arcaica estendia-se entre o estuário do Caístro e a encosta ocidental do monte Píon – hoje Panayir Dagi –, onde deveria estar situada a acrópole. A cidade – que teria sido fundada segundo as prescrições do Oráculo de Delfos, ao profetizar que o lugar apropriado seria revelado por um peixe e por um javali selvagem – cresceu; a um núcleo inicial, amuralhado, outros se juntaram. Daí que Heródoto fale já em «cidade antiga».

Segundo Estrabão, Creso teria conquistado Éfeso e colocado nela uma guarnição lídia (14.1.21); para Eliano, deu-lhe autonomia plena, depois de expulsar o tirano local, Píndaro (*Varia Historia* 3.26).

A localização mudou diversas vezes devido ao contínuo assoreamento do porto e ao consequente afastamento das águas. Hoje as ruínas do antigo porto encontram-se a dez quilómetros da costa.

O desenvolvimento económico, urbanístico e social de Éfeso foi poderosamente influenciado pelo culto da Ártemis Efésica e deve muito ao seu famoso templo, o Artemísion. O culto de Ártemis, deusa grega da pureza, dos animais selvagens e dos espaços exteriores, aí se deve ter misturado com o da deusa asiática Cibele, transformando-se na famosa Ártemis Efésica, a tão adorada deusa da fecundidade, representada com inúmeros seios e rodeada de leões e veados. O seu templo, o Artemísion, cresceu e aumentou a sua esfera de influência, com o andar dos anos, tornou-se o factor mais importante do desenvolvimento da cidade: funcionou como banco, aceitava dádivas, emprestava dinheiro do tesouro do templo. Os sondáveis – mas nem sempre bem perceptíveis – caminhos do cruzamento de povos, de interesses, de crenças.

Como a deusa asiática Cibele tinha a forma de *xoan* – ou seja era esculpida ou gravada sobre madeira –, a mais antiga estátua da Ártemis de Éfeso devia ser também, possivelmente, de tipo xoânico, traçada sobre madeira sem grande pormenor. Depois a representação iconográfica da Ártemis Efésica acompanhou a evolução da escultura grega. E a análise atenta das muitas estátuas que a representam – sitas no Museu de Éfeso ou em outros – dá-nos a prova de que a fusão Cibele-Ártemis obteve morada definitiva na Ásia Menor. As pernas não têm movimento, como se estivessem unidas, ou melhor, fundidas. Por outro lado, se os muitos nódulos que apresenta no peito já foram por vezes considerados seios, não deixa de ser surpreendente a semelhança com os testículos de touro, os testículos dos touros que lhe são sacrificados – interpretação que também já tem sido avançada. E esse seria outro fio a ligá-la à fertilidade da Grande Mãe. Os leões, touros e esfinges que pendem das suas vestes indicam-na como protectora dos animais. Por outro lado, os leões, que encontramos nos relevos de um e outro lado da deusa Cibele, são nestas estátuas representados nos braços ou nas mangas.

Famoso santuário dedicado à deusa de Éfeso, o Artemísion era considerado no Período Helenístico uma das Sete Maravilhas do mundo. Antípatro de Sídon considerava-a mesmo a mais bela de todas, já que, depois de nomear os Jardins Suspensos, as Pirâmides, a Estátua de Zeus, o Colosso de Rodes e o Mausoléu, observa que contemplar a mansão de Ártemis «que sobe até às nuvens» tudo suplantava e que, fora do Olimpo, Hélios nunca vira beleza tamanha (*Antologia Palatina* **9.58**). Por seu lado, Pausânias, um viajante da antiga Grécia, atento, sensível e bem informado, refere que o templo excede todos os outros pelas suas dimensões e riquezas (7.5.4) e alude à fama da deusa e do santuário, atribuindo-a à celebridade das Amazonas, que teriam erigido a estátua, à antiguidade do santuário e à «grandeza do templo que supera todas as criações da mente humana» (4.31.8). Por isso os Efésios sentiam certa relutância em deslocarem-se para mais perto da costa.

O mais antigo templo, que dataria talvez do séc. VII a.C., deve ter sido destruído pelos Cimérios, durante o seu ataque a Éfeso.

O mais conhecido é, no entanto, o chamado Templo de Creso – nome que lhe advém pelo facto de este monarca lídio ter ajudado na sua construção, em meados do séc. VI a.C., antes de ter sido derrotado por Ciro da Pérsia, em 546. Segundo a tradição, nesse templo teria depositado Heraclito, que era natural de Éfeso, o manuscrito do seu livro – assim ficava a sua obra sob a salvaguarda da deusa Ártemis.

No primeiro quartel do séc. VI a.C., os arquitectos Rhoicos e Teodoro erigiram em Samos – ilha que se situa mesmo defronte da cidade de Éfeso – um grandioso templo em honra da sua deusa protectora, Hera. Esse Heráion, em estilo iónico, ganhou muita popularidade e incitou os Efésios a empreenderem a construção de um templo a Ártemis que superasse em magnificência o da cidade rival. Entregaram essa tarefa aos arquitectos Quérsifron e seu filho Metágenes, naturais de Cnossos, Creta.

Mas, ao que parece, porque o local escolhido era pantanoso como o de Samos, foi também convidado Teodoro, um arquitecto de grande sabedoria e engenho que trabalhara no santuário rival, o Heráion de Samos.

Conceberam um templo díptero – aliás o Artemísion e o Heráion de Samos parecem ter sido os primeiros templos cercados por um períptero duplo –, cuja edificação não durou menos de 120 anos. Como foi totalmente destruído por um incêndio e as ruínas arrasadas para nova construção, apenas parcialmente se podem refazer os planos e dimensões (cf. Robertson 1943: fig. 39). De qualquer modo, como os construtores posteriores utilizaram blocos seus nos alicerces do novo templo muitos dos detalhes do edifício de Creso foram preservados.

Parece que a plataforma do estilóbato se elevava dois degraus, em vez dos usuais três do dórico. O templo, com base apenas no perímetro do estilóbato, devia medir talvez 55,1 m de largura e 109,2 m de comprimento. Todavia, como parece ter possuído um áditon, na parte de trás, teria uma maior extensão. Mediria 125 por 60 m. As paredes eram de calcário local, embora recobertas a mármore.

Ao contrário do que é tradição nos templos gregos, não estava orientado para o nascer do sol, ou seja não tinha a fachada principal voltada para oriente, mas para oeste, talvez seguindo uma prática anterior da Ásia Menor. Na frente do templo havia duas fiadas de oito colunas. Assim a colunata exterior teria oito colunas de frente, talvez nove na fachada traseira e, embora o seu número seja incerto, possivelmente vinte e uma (ou vinte e duas) nos lados. As colunas eram de mármore. Possivelmente havia mais dois renques de colunas no interior, quer no *pronaos*, quer no *naos* ou cela, que talvez formasse um átrio aberto em volta de outro templo primitivo mais antigo (Lawrence 1998: 91 e 92). O total de colunas devia ultrapassar a centena (tal como em Samos). A entrada no templo fazia-se por um pórtico com considerável número do colunas que devia causar profunda impressão no visitante.

A altura total das colunas do Artemísion, segundo Vitrúvio (3.3.12), deveria ser oito vezes o diâmetro mais baixo do fuste, exceptuada a base que era acrescentada e tinha altura equivalente a metade do diâmetro do fuste. Este apresentava caneluras em estilo dórico em número de quarenta e quatro a quarenta e oito. Os capitéis eram refinados, longos, com certos pormenores pouco elaborados e as volutas a projectarem-se como simples nervuras e decoradas com rosetas, em lugar das habituais espirais – pelo menos algumas delas. Em consequência do volume e alcance dessas volutas, o ábaco, muito baixo, é mais longo do que largo, na proporção de dois para um, e tanto ele como o equino continham vários padrões de ornamentação.

Parece ter havido um espaçamento graduado das colunas na fachada principal, de modo a realçar a entrada no templo: assim as duas colunas centrais, de eixo a eixo, distavam 8,62 m uma da outra; o par seguinte cerca de 7,4 m e os dois pares das extremidades 6,12 m. O diâmetro das colunas do par central excedia 1,72 m, mas parece ter-se reduzido, lateralmente, por esta sequência: 12,5 cm, 15 cm e 2,5 cm. Assim os espaços dos intercolúnios eram diferentes: aos 5,5 m do central seguia-se para cada lado a sucessão de 4,41 m e 4,5 m.

As colunas, inteiramente de mármore, tinham bases que assentavam em plintos quadrados altos, pelo menos algumas delas, e que eram constituídas por toro e espira, mais ou menos elaborados, por vezes com caneluras horizontais feitas ao torno, tanto um como a outra. Em algumas colunas, em especial as do *pronaos*, o tambor inferior do fuste tinha entalhe em relevo (cf. Robertson 1943: fig. 42).

O telhado do templo era de telha de mármore nos rebordos; no resto estava coberto de telha de terracota.

Este templo foi destruído no séc. IV a.C. Depois de destruição parcial por incêndio em 395 a.C. (cf. Aristóteles, *Meteorologica* 3.371a30), esse grandioso templo foi completamente arruinado por um incêndio provocado por Heróstrato (356 a.C.), um pirómano louco que dessa forma buscava notoriedade. O fim do Templo de Creso em 356 a.C. é lembrado na última estância do Canto II de *Os Lusíadas*:

> *Queimou o sagrado templo de Diana,*
> *Do sutil Tesifónio fabricado,*
> *Horóstrato, por ser da gente humana*
> *Conhecido no mundo, e nomeado.*

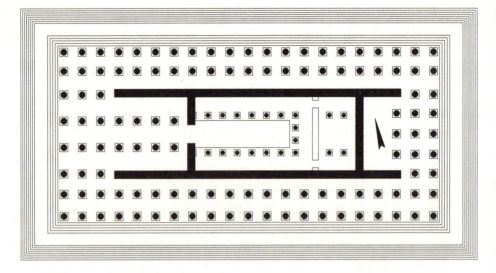

Templo de Ártemis em Éfeso. Planta do edifício construído no séc. IV a.C.

No mesmo dia em que se verificou o incêndio, diz a tradição que nasceu Alexandre Magno. Teria sido por isso, diz a lenda, que Ártemis não protegeu o seu templo, ocupada que estava com a assistência ao nascimento da criança.

Rapidamente os Efésios empreenderam a reconstrução, no mesmo local, de novo templo iónico, que se estende ao longo da segunda metade do século IV e entra na primeira do III a.C.: refere Plínio, o Antigo, que teria demorado 120 anos a ser concluído (**36.95**) – tempo que talvez se aplique melhor ao templo de Creso (Lawrence 1998: 148). E assim, sobre os alicerces do anterior e parte da superestrutura, se ergueu aos poucos outro templo grandioso, totalmente em mármore, que durou até ao final do paganismo e foi considerado uma das Sete Maravilhas do mundo.

Os arquitectos originais desse templo parecem ter sido Paiónios de Éfeso e um escravo do templo chamado Demétrio, embora haja a possibilidade de acrescento posterior de que se encarregou

Dinócrates. Aproveitados na construção os alicerces, materiais e ruínas do edifício anterior, obrigou à elevação da plataforma. Assim, passou a ter mais do que os dois degraus do templo arcaico e um plano sensivelmente igual ao do anterior, apenas com o acrescento de um opistódomo e de uma terceira fiada de colunas na parte da frente, embora seja possível que essas inovações tivessem já aparecido na restauração subsequente ao incêndio de 395 a.C. Erguido sobre uma plataforma a que se acedia por uma escadaria de treze degraus, o Artemísion era um templo períbolo, constituído por uma dupla fiada de colunas – cento e vinte e sete, ao todo – que enquadravam um peristilo e um espaço interior de 105 × 55 m.

Além das dimensões, o projecto do séc. IV a.C. mantém também a peculiaridade das colunas com relevos no *pronaos*, embora neste Artemísion tardio as figuras, maiores do que o tamanho normal de uma pessoa, além de esculpidas em relevo nas bases cilíndricas, estavam também postadas sobre pedestais quadrados – duas formas talvez usadas em locais diferentes do *pronaos* ou do templo e não juntas na mesma coluna. Plínio, o Antigo (**36.95**), referindo-se talvez ao templo do séc. IV a.C., fala em trinta e seis colunas de bases esculpidas e informa que a alturas dessas colunas era de 60 pés – ou seja, de 17,76 m.

O frontão – e parece ser novidade do último templo – apresentava três aberturas no tímpano. Possivelmente um expediente para reduzir o peso da pedra do grande vão central. É pouco provável que nessas aberturas, ou na sua frente, houvesse esculturas, como indicam algumas reconstituições (Lawrence 1998: 148).

O templo manteve as características do anterior, inclusive a disparidade do número de colunas nas duas fachadas: oito na ocidental e nove na oriental. Manteve também o pormenor das colunas esculpidas na parte inferior (dezasseis ou trinta e seis ao todo, distribuídas pelas duas primeiras filas da fachada principal).

Conta-se que, impressionado com a beleza e magnificência do santuário, quando por ali passou a caminho da Pérsia (334 a.C.), Alexandre Magno manifestou o desejo de tomar a seu cargo e de financiar a prossecução dos trabalhos e seus custos, com a condição de nele poder gravar o seu nome. De acordo com Quinto Cúrcio Rufo, no segundo livro da sua biografia de Alexandre, não teria agradado aos Efésios tal intenção e preferiram renunciar à sua oferta, mas para evitar afrontar o imperador com uma recusa, com recurso à adulação, alegaram que um deus não podia erigir um templo a outro deus (cf. Estrabão **14.1.22**). Então Alexandre estipula que os impostos que os Efésios tinham pago até aí aos Persas fossem devolvidos para financiar a construção do novo templo.

Primeira grande estrutura a ser completamente construída em mármore e o maior edifício do mundo grego antigo, o Templo de Ártemis superava o Pártenon, em superfície, quatro vezes. As centenas de milhar de peregrinos que anualmente acorriam ao santuário aumentaram de tal modo a sua riqueza que o primeiro banco do mundo parece ter surgido aí. Hoje, infelizmente, dessa magnificente estrutura que era o Templo de Ártemis Efésica apenas ruínas restam e, das cento e vinte e sete colunas que o rodeariam, apenas um fuste se mantém de pé, e em sítio alagado de água em boa parte do ano. O templo foi saqueado pelos Godos no século III, secundados depois pelos bizantinos. Podem observar-se algumas das suas colunas originais em Hagia Sophia em Istambul.

4. O *Zeus de Olímpia*

MARIA HELENA DA ROCHA PEREIRA

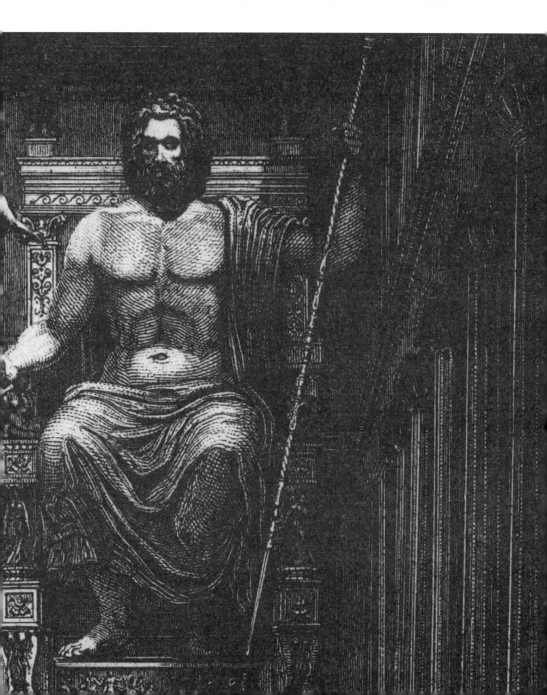

O *Zeus de Olímpia*

Quando, em 776 a.C., se realizou aquela que ficou a ser considerada a primeira Olimpíada (embora essas competições talvez tivessem principiado pouco depois de 800 a.C.), esse acontecimento quadrienal tornou-se tão importante que acabou por marcar o calendário grego, sobrepondo-se a todos os calendários locais.

De carácter religioso, embora a sua origem exacta seja ainda motivo de controvérsia, a celebração era em honra de Zeus, o deus supremo, Hércules, o herói fundador, e Pélops, o primeiro vencedor, aquele que na corrida de carros de cavalos ganhou a mão de Hipodamia, filha do até então invencível rei da Élide.

Por isso Píndaro escreveu, no começo da *II^a Ode Olímpica*, composta em honra do vencedor na corrida de cavalos em 476 a.C.:

> Hinos, senhores da lira, que herói,
> que varão celebraremos?
> Em Pisa é Zeus o senhor; os Jogos Olímpicos
> Hércules os criou,
> como primícias da luta...

Para se avaliar a importância das competições, basta lembrar que o destinatário desta ode, de que ouvimos o começo, era Terão, rei de Agrigento, e, sobretudo, que a celebração era de tal modo marcante que, quando se aproximava o mês de Agosto, a cidade-estado da Élide, onde ficava Olímpia, a antiga Pisa, mandava arautos por toda a Grécia a fim de proclamarem as tréguas sagradas, que nem no tempo das Guerras Medo-Persas se interromperam.

Deste modo continuaram a celebrar-se até que, em 393 A.D., o imperador Teodósio I proibiu a realização de sacrifícios de animais, por tais práticas serem de origem pagã. No entanto, até ao final do séc. v ainda se efectuaram as competições, até que o culto se extinguiu. Só cerca de catorze séculos depois, em 1896, o Barão de Coubertin conseguiu, como todos sabem, que os Jogos se efectuassem novamente, desta vez em Atenas, com muito mais provas e abertos a todas as nações, embora, simbolicamente, se vá acender a chama olímpica no sítio sagrado, para ser levada a Atenas e daí transportada até ao país e local de realização.

O empenho na vitória, sem que houvesse qualquer compensação material, era uma atitude marcante dos concorrentes. Disso mesmo nos dá testemunho um famoso trecho de Heródoto (8.26), em que o Rei da Pérsia fica a saber, por uns trânsfugas vindos da Arcádia, que o único prémio por que lutavam era a concessão de uma coroa de oliveira brava, e logo um dos homens da sua corte exclama: «Que homens são esses contra quem nos levas a combater, se eles não lutam pela riqueza, mas só pela superioridade?»

Também vale a pena lembrar que entre o *Metroon* (templo dedicado à Mãe dos Deuses, Reia) e a entrada para o estádio se alinhavam estátuas de Zeus (chamados Zanes, no dialecto elidense), construídas à custa das multas aplicadas aos atletas corruptos. A presença dessas enormes esculturas, de que ainda se podem ver as bases, no momento de entrar para a competição, funcionava como uma advertência aos concorrentes que fossem transgressores. (Diga-se de passagem que tal advertência seria igualmente oportuna nos nossos dias para os praticantes de *dopping*...)

Além destas, eram muitas as construções que sucessivamente tinham embelezado o santuário de Olímpia, e que tanto compreendiam o já mencionado grande estádio, com mais de 200 metros de extensão, como os locais destinados à preparação dos atletas (palestra, ginásio), os altares dos deuses, os tesouros oferecidos pelas diversas cidades, as estátuas de muitos dos vencedores, mandadas erguer pela respectiva cidade-natal, como, principalmente, os templos denominados de Hera e de Zeus.

Disse propositadamente que estes dois templos eram « denominados» de Hera e de Zeus. É que o primeiro, erigido nos meados do séc. VII a.C., e depois ampliado c. 600 a.C., costuma considerar-se como dedicado a Hera. E aqui se dividem as opiniões, pelo facto de o segundo, o grande templo de Zeus, ser só do séc. V a.C. Sustentam uns que o deus máximo teria tido um culto no *Heraion*, ao lado de sua mulher, desde o início; outros, que o *Heraion* teria principiado por ser consagrado a Zeus e passara para o culto de Hera só depois da construção do edifício maior. Seja como for, era neste último templo dórico períptero, de grandes dimensões (64 × 27,5 m), construído por Líbon entre 468 e 456 a.C. (e que viria a ser destruído por um tremor de terra entre 521 e 522 A.D.), guarnecido por esculturas em frontões e métopas, de que se pode ainda admirar grande parte no Museu de Olímpia – era nesse templo, dizíamos, que se encontrava a maior maravilha do mundo antigo: a estátua criselefantina de Zeus Olímpico.

Sobre o seu autor ninguém tem dúvidas: o maior de todos os escultores gregos, o ateniense Fídias, o mesmo que já antes, por incumbência de Péricles, dirigira os trabalhos do Pártenon e para esse templo moldara a também criselefantina estátua de *Athena Parthenos* (tão admirada que Platão, no *Hípias Maior*, a toma como um dos paradigmas possíveis para tentar definir a ideia de beleza), e que teria sido chamado a trabalhar em Olímpia em circunstâncias pouco claras, que não interessa discutir aqui. Diremos apenas que ainda hoje se pode ver no santuário a oficina de Fídias, com dimensões suficientes para nela se montar a grande estátua (18,41 m × 12,27 m e 13 m de altura). E, além disso, uma pequena mas significativa marca do quotidiano do artista – uma *oinochoe* com a inscrição *Pheidio eimi* («pertenço a Fídias»), que preciosamente se conserva no Museu de Olímpia.

A estátua, essa, de 12 m de altura, feita de ouro e marfim e adornada com pedras preciosas, objecto da admiração geral durante séculos, desapareceu por completo, e nem sequer dispomos de cópias romanas, como sucede com outras obras célebres da Grécia clássica. Levada para Constantinopla no séc. V, para a colecção de Lausus, um alto dignitário, sofre a destruição total pelo fogo em 475. Que temos dela, afinal? Algumas moedas de bronze, que a representam no reverso, e duas descrições: uma de Estrabão e outra, mais extensa, de Pausânias.

Quanto ao geógrafo, apenas refere a matéria prima, a excepcional dimensão, a colaboração, na pintura, de Paneno, sobrinho do escultor, ao qual se deveria a famosa pergunta sobre a origem do modelo, a que Fídias respondeu com os três versos da *Ilíada* (1.528--530):

> Disse, e o Crónida, com as suas sobrancelhas escuras,
> fez o sinal; o cabelo de ambrósia agitou-se
> sobre a sua cabeça imortal, e o vasto Olimpo tremeu.

Com respeito às suas dimensões, remete o leitor para um poema de Calímaco (**fr. 196 Pfeiffer**) e, a esse propósito, observa um tanto jocosamente: «Parece que o artista falhou nas proporções, ao representá-lo sentado, mas quase a tocar no tecto com a cabeça, de tal modo que sugere que, se ele se levantasse e se pusesse de pé, destelhava o templo.» (8.3.30)

Sobre esta questão, o nosso melhor informador, Pausânias, apenas observa, com mal disfarçada ironia (5.11.9):

> Quanto ao que está escrito em relação às medidas da altura e da largura do Zeus de Olímpia, conheço-o, mas não elogio quem as fez, uma vez que as medições apresentadas ficam bem longe do esplendor que proporciona a sua visão, a tal ponto que se conta que o próprio deus se fez testemunha da arte de Fídias. Efectivamente, quando a estátua já estava terminada, Fídias rogou ao deus que lhe desse um sinal, se a obra estava a seu contento. Imediatamente, dizem, caiu um raio no chão; e aí estava, ainda no meu tempo, uma hídria de bronze a atestá-lo.

A descrição de Pausânias, que ocupa mais de um capítulo inteiro (**5.11.1-10** *passim*), é bastante minuciosa, mas deixa, apesar disso, muitas questões em aberto. Prova desse facto é a divergência entre algumas das tentativas de reconstituição que se conhecem. Ficamos a saber, é certo, que o deus está sentado num trono e é feito de ouro e marfim. O trono é, já nos Poemas Homéricos, uma cadeira de espaldar, onde se sentam deuses, mas também pessoas importantes, e, além disso pode-se juntar-lhe um escabelo para os pés. Ficamos, porém, sem saber se, dada a profusão de ornamentações em relevo, o trono teria ou não degraus de acesso.

Vejamos agora uma amostra dessa enorme variedade de motivos (5.11.7-8):

> A base que fica por baixo dos pés de Zeus, aquilo a que na Ásia se chama escabelo, ostenta leões de ouro e tem lavrada a luta de Teseu com as Amazonas, o primeiro grande feito bélico dos Atenienses contra um povo que não era da mesma tribo.
>
> Na base que sustenta o trono e toda a restante decoração em volta de Zeus, sobre essa base, há lavores em ouro: Hélios a subir no seu carro e Zeus, bem como Hera, e ainda Hefestos e, ao lado dele, a Graça; junto desta, Hermes e, ao pé de Hermes, Héstia. A seguir a esta, encontra-se Eros a receber Afrodite; está também esculpido Apolo com Ártemis e Atena, bem como Hércules. E, já perto do limite da base, Afrodite e Poséidon e Selene, que, segundo me parece, avança a cavalo. Há quem diga que a deusa monta uma mula, e não um cavalo, e sobre essa mula conta-se uma história tola.

Se a enumeração dos materiais de construção é clara (ouro, marfim, ébano, pedrarias), e se as múltiplas cenas mitológicas são familiares aos conhecedores dessas lendas (que sustentaram e continuam a sustentar a imaginação dos artistas, tanto antigos como modernos), já a configuração do trono em si suscita dificuldades várias ([1]). Entre essas encontram-se a profusa decoração dos listeis

---

([1]) Agradecemos ao Doutor Filipe Pimentel a sua ajuda na identificação de alguns termos técnicos contidos nesta descrição.

entre os pés do trono, as «colunas das mesmas dimensões dos pés que se erguem entre elas», a posição exacta da «barreira construída em forma de parede», que impede a passagem por baixo dele.

Mais curioso é haver, no meio destas dúvidas, um pormenor, aparentemente irrelevante, mas que ultimamente contribuiu para fixar a data da execução da estátua. É aquele passo em que se refere que uma das figuras que ficam sobre os listeis é um rapaz «que está a atar uma fita na cabeça» e «se parece com Pantarces, um elidense favorito de Fídias», o qual «ganhou a vitória na luta entre jovens na octogésima sexta olimpíada» (5.11.3). Ora, em artigo acabado de sair na revista alemã de arqueologia *Antike Welt* (6/2007), Stefan Lehmann, da Universidade de Halle-Wittenberg, vem reforçar a tese ultimamente proposta por Michael Donderer, segundo a qual, assim como Pausânias refere a existência de uma inscrição por baixo dos pés de Zeus (5.10.2):

Fídias, filho de Cármides, Ateniense, me fez

também será de admitir o testemunho do padre da Igreja Clemente de Alexandria, ao afirmar que sob um dos dedos de Zeus havia uma outra inscrição dedicada àquele jovem: «Pantarces é belo» (*kalós*). Tratar-se-ia, portanto, de uma prática semelhante àquela que ocorre com alguma frequência nos vasos gregos, a referência a um jovem formoso nessa altura. Conjugando estes dados com a data da vitória, poderá então concluir-se que a estátua provém dos anos 30 do séc. v a.C.

Ao lermos os nomes de tantas figuras e cenas mitológicas que se seguem, como Apolo e Ártemis a lançar dardos contra os Nióbidas, Hércules, aliado com Teseu, a lutar com as Amazonas, e depois, entre as pinturas de Paneno, Atlas a segurar o céu e a terra, Hércules e o leão de Nemeia, Hércules a libertar Prometeu, Aquiles e Pentesileia – para só mencionar alguns exemplos – poderemos pensar (nós, sobretudo, que vivemos entre as linhas rectas e os ângulos agudos característicos da escultura contemporânea), poderemos pensar, dizia, que estamos perante uma complexidade decorativa quase barroca. Devemos, contudo, pensar também que tudo reside no estilo e na repartição das artes que aqui concorrem, a escultura e a pintura. E melhor será resumir tudo à simples frase daquela que foi uma das maiores especialistas de arte grega, Gisela Richter (1950: 221), de que nele se encontra «uma combinação de grandiosidade e riqueza», ou, mais recentemente, à afirmação de A. Stewart (1990: I, 69) que, embora reconhecendo que nenhum artista pode criar do vácuo, Fídias dotou as suas estátuas «de uma majestade superior».

Mas voltemos ao texto de Pausânias que, de qualquer modo, na sua frase inicial, nos restitui a ideia da nobreza majestática da figura daquele que desde os Poemas Homéricos era o senhor do raio e do trovão, mas também o «pai dos homens e dos deuses» (5.11.1):

> O deus está sentado num trono e é feito de ouro e marfim. Tem na cabeça uma coroa que imita ramos de oliveira. Na mão direita segura uma Vitória (*Nike*), também de marfim e ouro, a qual tem uma fita e, na cabeça, uma coroa. Na mão esquerda do deus encontra-se um ceptro adornado com toda a espécie de metais; a ave pousada no ceptro é uma águia. De ouro é também o calçado do deus, e o manto igualmente. No manto estão gravadas figuras de animais e flores de açucena.

Este aspecto imponente e severo, mas não assustador, associado à já referida tradição, segundo a qual o próprio autor declarara ter-se inspirado em Homero, permeia as alusões à estátua que afloram em diversos outros autores que viveram entre o séc. II a.C. e o séc. I A.D., como Políbio (**30.10.6**), Tito Lívio (**45.28.5**), Díon Crisóstomo (12.26), Valério Máximo (**3.7.4**), Plutarco (*Paulo Emílio* **28.2**).

Destes textos, são particularmente reveladores os referentes à atitude do cônsul romano Paulo Emílio, quando, em 168 a.C., depois de ter conquistado a Macedónia (e de trazer como única presa de guerra a biblioteca do rei Perseu, para a educação dos seus filhos), se dedicou por um tempo a percorrer os sítios famosos da Grécia. Uma vez chegado a Olímpia, conta Tito Lívio, fica emocionado ao contemplar a estátua de Zeus, como se ela fosse o próprio deus supremo, pelo que mandou fazer-lhe sacrifícios como se estivesse no Capitólio (**45.28.5**). Deste assombro do general vitorioso falara já, pelo menos um século antes, aquele que é considerado um dos maiores historiadores gregos, Políbio, atribuindo-lhe a afirmação de que só ela lhe parecia ter imitado o Zeus homérico, porquanto, para além do que seria de esperar, tinha encontrado a verdade (**30.10.6**).

Esta capacidade de despertar o sentimento religioso, de superar as simples expectativas atingindo a verdade, é reconhecida por vários outros autores, quer gregos, quer latinos, cujos nomes há pouco citámos.

Particularmente significativa é a interpretação que deste fenómeno fez Cícero (*Orator* 2.8-9), ao aplicar às mais famosas obras de Fídias a teoria das ideias de Platão:

> E assim é quanto às estátuas de Fídias, nas quais, no seu género, não vemos nada que seja mais perfeito (…). Contudo, aquele artista, ao plasmar a forma de Júpiter ou de Minerva, não estava a contemplar alguém que tomasse para modelo; mas na sua mente residia uma espécie de forma exímia da beleza que ele contemplava e fixava, e que lhe dirigia a arte e a mão no sentido de alcançar a semelhança com ela.

Outros, como Plínio, o Antigo (**34.54**, **36.18**) e o já referido Díon Crisóstomo (12.25) se lhe referiram como a estátua que não tem rival e classificaram o seu autor como o nunca assaz louvado Fídias (Plínio 36.19). Um epigrama de Filipe de Salónica (*Anthologia Graeca* 16.81), resume num amaneirado dístico elegíaco essa sensação de presença do divino:

> Ou o deus desceu do céu à terra, a mostrar a sua imagem,
> ó Fídias, ou tu subiste ao céu para contemplar o deus.

Mas talvez a apreciação mais plena de significado seja a do mestre de Retórica, Quintiliano, um romano originário de uma província da Península Ibérica, a Tarraconense, que no séc. I da nossa era compôs um tratado sobre a educação do orador no qual soube resumir em poucas e profundas palavras a superioridade da primeira das grandes maravilhas do mundo antigo, dizendo que a sua beleza «dá a impressão de ter acrescentado algo à religião tradicional, a tal ponto a majestade da obra iguala a do deus» (12.10.9).

A proximidade entre o humano e o divino. Não estamos muito longe da escolha, que já referimos, feita por Cícero no *Orator*, das estátuas divinas de Fídias para tornar compreensível o transcendente. Seja como for, na ausência total de cópias fidedignas, ainda é este o melhor caminho para imaginarmos o efeito produzido pela contemplação do Zeus de Olímpia: o deus todo-poderoso, majestático, impassível, sereno na sua grandeza.

5. *Mausoléu, um monumento para a eternidade*

RUI MORAIS

Mausoléu,
um monumento para a eternidade

Doce, doce Halicarnasso,
terra fértil em nascentes e densas florestas.
Em tua honra, Mausolo, faustos funerais se celebram.
Junto ao porto, Mausolo, respira-se incenso, mirra e cássia.
Em tua honra, Mausolo, ergue-se teu lar, de mil estátuas decorado.
Tua irmã e rainha em cálice de vinho mistura as tuas cinzas
e transforma dilacerada dor em loucura de união.

0. A memória

Data de 1548 a referência mais antiga conhecida na literatura portuguesa ao Mausoléu de Halicarnasso. Trata-se de uma obra de Francisco de Holanda, da qual se conserva uma cópia do manuscrito na Academia de Ciências de Lisboa, intitulada *Da Pintura Antiga*. José da Felicidade Alves dá-nos a conhecer esta obra em dois volumes com introdução, notas e comentários (Lisboa, Livros Horizonte, 1984). Interessa-nos o segundo volume, *Diálogos em Roma*. Estruturado sob a forma de quatro diálogos, é antecedido por um *Prólogo* e seguido por quatro pontos: *Conclusão*, *Tábuas dos Maiores Artistas da Renascença*, *Provérbios na Pintura* e *Memória*. As referências ao Mausoléu são feitas no 4º diálogo: «Quando uma rainha dará tão honrada e famosa sepultura a seu marido como deu Artemisia a Mauseolo?».

Segundo indicações de J. da Felicidade Alves (p. 122, n. 79), Francisco de Holanda apresenta nas *Antigualhas* (fol. 45 bis r + 46 r) e no álbum *De Aetatibus Mundi Imagines* (LXVI: fol. 33 v) uma reconstituição ideal do edifício. Não sabemos, porém, em que se terá baseado Francisco de Holanda para essa reconstituição: ter--se-á baseado nos textos clássicos de Vitrúvio e Plínio, o Antigo, ou nalgum desenho do século XV das ruínas existentes na Ásia Menor antes da sua destruição ou mesmo em imagens, como o reverso de uma medalha por si explicitamente mencionada, cunhada por Valério Belli de Vincenza? Não sabemos. Resta-nos a obra que em tão longínqua data entre nós referiu o Mausoléu, junto com mais três outras maravilhas do mundo antigo: as Pirâmides do Egipto, o Colosso de Rodes e o Templo de Ártemis.

1. Halicarnasso

O nome da cidade de Halicarnasso perde-se na origem dos tempos. Sabemos tratar-se de uma das seis colónias fundadas pelos Dórios no canto sudoeste da Anatólia durante as migrações nos inícios do Iº milénio. As colónias dóricas formaram uma liga originalmente conhecida como Hexápolis (seis cidades), que se converteu em Pentápolis (cinco cidades) aquando da expulsão de Halicarnasso devido a uma ofensa cometida por um dos seus cidadãos, incidente relatado por Heródoto no livro I das suas *Histórias* (144.3). Mais tarde Halicarnasso fez parte das cidades da Simaquia de Delos sob o controlo dos Atenienses e torna-se independente depois da Guerra do Peloponeso. Mas o florescimento da cidade deve-se a Mausolo, senhor da Cária, que governou entre 377 e 353 a.C., e que, enquanto sátrapa (ou governador) dependia directamente do rei da Pérsia.

Mausolo era filho de Hecatomno de quem herdou o reino que tinha como capital Mílasa (actual Midas). Por razões certamente

MAUSOLÉU, UM MONUMENTO PARA A ETERNIDADE

estratégicas, sabemos que Mausolo mudou a capital para a cidade de Halicarnasso a cerca de 72 km da anterior. Tratava-se de um local junto ao mar, cuja topografia está bem descrita por Vitrúvio (**2.8.10**). Este refere ter Mausolo notado que o local era naturalmente fortificado e adaptável a um empório comercial e um porto e aí estabeleceu a sua residência. O lugar é semelhante, diz ele, à curva de um anfiteatro.

Tratou-se de uma estratégia igualmente política. Estávamos em 367 a.C., quando Mausolo decide, oportunamente, tirar benefício da agitação social entre os Persas para se juntar à revolta dos sátrapas e obter para si e para os seus descendentes, até à época de Alexandre, um papel dinástico independente. Tratou-se do período de maior esplendor da cidade, em que governou toda a Cária e boa parte da Iónia, Lídia e Lícia, assim como as ilhas de Rodes, Cós e Quios. Halicarnasso, como nova capital do reino, irá permanecer enquanto tal até 333 a.C., momento em que Alexandre Magno decide assediar a cidade, conquistando-a mais tarde. Várias foram as vicissitudes desta cidade: antes da conquista de Alexandre sofreu uma ocupação por Farnabazo, um general de Dario. Mais tarde, de 280 a 200, está nas mãos dos Ptolomeus e apenas recupera a liberdade em 197 a.C. Em pouco tempo, porém, passa a estar dependente da supremacia de Rodes e, em 129 a.C., é definitivamente incluída na província romana da Ásia.

Voltando a Mausolo, as vantagens da transferência da capital eram enormes: Halicarnasso era dotada de um grande porto, protegido por mar, e um istmo (onde seria construído o Castelo de S. Pedro), que em épocas anteriores teria sido uma ilha rochosa, mas que na Antiguidade já se encontrava unida a terra (Plínio, o Antigo 2.204). Aí foram encontrados vestígios relacionados com uma colonização argiva, como tumbas, onde se recolheu uma cabeça em mármore da Época Arcaica e figurinhas em terracota do Período Clássico. Halicarnasso estava situada numa península muito fértil, rica de nascentes de água e circundada por uma periferia de densas florestas. De tal fama gozava a cidade que a ela se deve uma das mais conhecidas histórias da mitologia grega, relacionada com a misteriosa figura de Hermafrodito. Recordemo-la em breves palavras:

Na cidade existia uma fonte perigosa, a Sálmacis, cuja fama é conhecida de Vitrúvio (cf. **2.8.10**). Segundo a lenda, banhar-se nas suas águas transformava os homens em homossexuais passivos. Deste perigo nos dá conta Ovídio nas *Metamorfoses* (4.285 sqq.). O mito conta que Sálmacis, a ninfa da fonte, tinha um desejo arrebatado pelo jovem filho de Afrodite e Hermes. Tal era a paixão que queria a todo o custo possuí-lo. Para o efeito aproveita o momento em que o jovem se banha na sua fonte, envolvendo-o como uma serpente. Perante a oposição do jovem a ninfa decide implorar aos deuses para nunca mais os separar. Eis que os deuses se apiedaram da agonia amorosa da ninfa, unindo-os para todo o sempre e criando a personagem híbrida de Hermafrodito.

Como dissemos, a Vitrúvio se deve uma viva descrição da cidade, com destaque para a grandiosidade do palácio e do Mausoléu (**2.8.10**). Esta foi edificada de um modo coerente e racional, circundada por uma poderosa cinta de muralhas, com torres de vigia a intervalos regulares. No seu centro, em direcção ao porto, foram construídos a ágora e o mercado. A meia altura do declive curvilíneo foi aberta uma grande via, como o *praecintio* de um teatro, em cujo centro foi construído o famoso monumento sepulcral, o Mausoléu[1]. No centro da Acrópole, estava situado o templo de Ares, deus da guerra, obra nobilíssima do escultor Leócares. Ainda segundo a descrição de Vitrúvio, no canto direito da plataforma rochosa estavam situados os templos de Afrodite e Hermes, próximos da já referida fonte Sálmacis. No lado esquerdo estaria situado o palácio real implantado por Mausolo, que permitiria usufruir da vista da ágora, do porto e de todo o circuito das muralhas.

Outras construções mais tardias da Época Romana são conhecidas em Halicarnasso. De entre estas destaque-se um teatro e, a oeste do Mausoléu, uma grande vila, ricamente adornada com

---

[1] Este nome já em Época Romana passou a ser adoptado para designar qualquer grande edifício sepulcral, significado esse que se mantém nos dias de hoje.

mosaicos polícromos, um dos quais com a representação da personificação da cidade.

Na actualidade, como no mundo antigo, o porto é um dos locais mais importantes da cidade. Aí se situa um imponente castelo construído no tempo dos Cruzados, edificado em 1402 pelos Cavaleiros de São João da Ordem de Malta logo após a conquista da ilha de Rodes. À fortaleza construída em 1494 dá-se o nome de São Pedro ou Petronium, nome de que deriva o da actual cidade de Bodrum, situada na costa ocidental da Turquia, a norte de Rodes.

2. O Mausoléu

Após a morte de Mausolo, Artemísia II, sua mulher e irmã, convoca a celebração de faustos funerais. Segundo alguns autores antigos, a esta se deve a construção do Mausoléu. Esta versão não é, porém, fidedigna dado que Artemísia morre em 351 a.C., dois anos antes da conclusão do monumento. É assim evidente que, tendo em conta o curto espaço de tempo de dois anos, entre a sua morte e a do marido, que a construção do edifício date do período de Mausolo. O mais provável é que a sua construção se tivesse iniciado logo após a mudança da capital para Halicarnasso, entre 370 e 365 a.C. e terminado por volta de 349 a.C., como referimos, pouco depois da morte da rainha.

2.1. Os dados para a reconstituição do monumento

A descoberta do sítio do Mausoléu inicia-se com a identificação de alguns relevos, a maior parte dos quais na fortaleza de São Pedro, por parte do pintor e cinzelador inglês Richard Dalton, que os desenhou e publicou em 1791.

No local não resta praticamente nada do monumento. Para tentar reconstruir o seu aspecto devemos recorrer a três tipos de informação distintos: as notícias fornecidas pelas fontes antigas (em particular as referências de Vitrúvio e Plínio, o Antigo), os vestígios escultóricos e arquitectónicos incorporados na fortaleza de São Pedro, e o espólio recuperado nas mais importantes campanhas de escavação realizadas no local.

Comecemos pelas fontes antigas. A mais importante descrição é-nos fornecida por Plínio, o Antigo (**36.30-31**). O seu testemunho contém uma quantidade de dados e números específicos, o que nos permite imaginar que este se teria baseado numa fonte fidedigna.

Uma outra categoria está associada aos vestígios recuperados na fortaleza de São Pedro construída, como referimos, em 1494. Se, por uma parte, a construção desta fortaleza foi a principal responsável pela destruição do Mausoléu, por outra, permitiu preservar alguns elementos arquitectónicos de grande valor interpretativo. Grande parte do troço da muralha do castelo foi construída com os blocos de pedra verde vulcânica, que teriam feito parte do núcleo central do Mausoléu. As muralhas da fortaleza têm revelado novos tesouros. Há poucas décadas foi encontrado um bloco de arquitrave completo, utilizado como observatório sobre um portal que permitiu estabelecer o espaço axial entre as colunas (Waywell 1988: 106).

Por último, não menos espectaculares são os dados recuperados pelas diversas campanhas de escavação no local. A descoberta do que restou das suas fundações é mérito do inglês Sir Charles T. Newton. Recém-saído de Oxford e entretanto curador adjunto do Departamento de Antiguidades do British Museum, Newton é eleito em 1852 vice-cônsul inglês por Mitilene, lugar central da ilha de Lesbos. Depois de ter obtido autorização das autoridades turcas, organizou excursões arqueológicas em Halicarnasso e identificou em 1856 os vestígios do Mausoléu. Foram os baixos-relevos e as estátuas dos leões que levaram Newton a realizar as suas escavações, trezentos e cinco anos depois da destruição realizada pelos Cavaleiros da Ordem de Malta. De Janeiro de 1857 a Maio de 1858, Newton procede às primeiras campanhas de pesquisa, depois de ter adquirido doze casas que se encontravam na zona que lhe interessava. Com a ajuda da descrição de Halicarnasso feita por Vitrúvio, entre tentativas e desencontros, a sua equipa conseguiu finalmente localizar o sítio do Mausoléu. Mas facilmente se apercebeu da dimensão do desastre causado pelos Cavaleiros ao encontrar apenas o negativo dos blocos saqueados ao nível das fundações do monumento. Depois de ter descoberto alguns fragmentos escultóricos isolados de grande importância, como a estátua de um cavalo galopante e uma série de quatro frisos contínuos com o motivo das Amazonas, Newton, após três meses de escavação, direcciona a sua atenção para uma zona situada a norte do edifício obtendo resultados espectaculares. De entre o espólio recuperado consta o famoso capitel iónico, bem conservado, junto a um tambor da parte superior de uma coluna e a parte dianteira de um dos cavalos da quadriga monumental que figurava no topo do monumento, juntamente com as igualmente famosas estátuas colossais, uma masculina e outra feminina. Foram ainda recuperadas mais sessenta e seis peças, entre estátuas e fragmentos escultóricos, pertencentes a pelo menos vinte composições diferentes, de dimensões e assuntos variados. Os resultados das suas escavações podem hoje ser apreciados no British Museum: cerca de oitocentos fragmentos da decoração escultórica original e parte da arquitrave do Mausoléu.

No decorrer dos meados do século XX, entre 1966 e 1977, foram realizadas novas campanhas de escavação por uma missão turco-dinamarquesa no sítio do Mausoléu. Estas foram dirigidas pelo arqueólogo dinamarquês Kristian Jeppesen, da Universidade de Aarhus, que efectuou o desaterro e o acurado desenho das fundações do monumento e aí recuperou outro conjunto significativo de fragmentos arquitectónicos e escultóricos. Pela primeira vez, estas campanhas permitiram encontrar o local da câmara funerária subterrânea do Mausoléu, colocada no ângulo norte-ocidental do edifício, entretanto saqueada pelos Cavaleiros. Nas proximidades deste local Jeppesen encontrou um grande depósito de alimentos rituais, segundo um costume afim às práticas funerárias do Próximo Oriente. Nestas campanhas foram recolhidos alguns blocos de pedra vulcânica iguais àqueles ainda visíveis no Castelo e muitos fragmentos dos degraus maiores da pirâmide, com os buracos para as estátuas. Esses dados permitem demonstrar que as esculturas dos leões estavam na base do telhado. Recolheram-se ainda fragmentos de frontão, onde se vêem, cavados, os pontos em que assentavam as estátuas a toda a volta do monumento, pontos esses que permitem perceber que as referidas esculturas estavam situadas muito próximas do muro, como as estátuas de um frontão de um templo. Uma das esculturas encontradas nestas escavações é de grande importância, porque permitiu, pela primeira vez, calcular que o intervalo axial entre as colunas é de cerca de três metros. A esta missão arqueológica deve-se ainda a descoberta da primeira série de pedras que ligavam a base com o peristilo e a prova efectiva de que o friso das Amazonas estava situado na parte mais alta, imediatamente sob a colunata. Calcula-se assim que o friso teria cerca de 116 m, do qual ainda resta um quarto em bom estado de conservação. Uma outra informação que esta missão permitiu revelar foi que no local onde foi construído o Mausoléu teria existido uma importante necrópole, em uso pelo menos desde o século VI a.C.

Os dados que referimos, resultantes das descrições das fontes, dos elementos arquitectónicos e escultóricos que têm sido recuperados na cinta da fortaleza e no espólio das diferentes escavações, permitem fazer uma ideia aproximada de como seria o Mausoléu. Uma das reconstituições mais fidedignas é-nos dada por Geoffrey B. Waywell. Segundo este autor (1988: 103-104), o Mausoléu era de planta rectangular, com os lados ao nível do solo provavelmente de 120 e 100 pés, ou seja, no seu todo formava o perímetro de 440 pés indicado por Plínio, o Antigo. A altura era de 140 pés e resultava de três elementos principais: uma base elevada que Plínio define simplesmente «a parte inferior», com cerca de 60 pés de altura; sobre esta base uma colunata, provavelmente de trinta e seis colunas, com cerca de onze metros de altura, onze sobre cada um dos lados mais longos e nove nos lados mais curtos (11 × 9). Acima destas colunas, que pela escavação parecem ter sido da ordem iónica, existia um tecto em forma de pirâmide com vinte e quatro degraus que estreitavam à medida que nos aproximávamos do topo. No topo da estrutura estava um pedestal encimado por uma quadriga colossal.

2.2. A beleza última do monumento: as esculturas e os relevos figurativos

O Mausoléu não está entre as Sete Maravilhas da Antiguidade exclusivamente pelas suas características construtivas, mas sobretudo pela sua rica ornamentação, constituída por frisos e esculturas, atribuídos aos mais conceituados escultores da escola neo-ática.

Deve-se a Plínio, o Antigo (**36.30-31**), a referência ao nome de quatro célebres escultores gregos, tendo sido encomendada a cada um a ornamentação de um dos lados do monumento: Escopas a levante, Briáxis a norte, Timóteo a sul e Leócares a poente. No entanto, Plínio não faz alusão a esculturas ou estátuas isoladas, com excepção da monumental quadriga no topo do monumento que diz ser obra de Pítis, o mesmo escultor que já havia trabalhado no templo de Atena, em Priene, a cerca de 50 km a sul de Éfeso. Talvez se trate do mesmo Pítio referido por Vitrúvio (7, *praef.* 12 sq.), que seria co-autor, juntamente com Sátiro, de um livro sobre o Mausoléu, obra essa que talvez tenha inspirado a narrativa de Plínio quando se refere ao Mausoléu. A inclusão de Praxíteles feita por Vitrúvio (ibidem) como um dos escultores, em detrimento de Timóteo, não deve ser considerada exacta.

Além dos frisos, o Mausoléu possuía uma rica decoração de esculturas a toda a volta, distribuídas de acordo com a ordem de grandeza à medida que ascendiam a sua posição no monumento. Como consta da proposta de reconstituição de Geoffrey B. Walwell (1988: 119, fig. 61), as obras de escultura estavam desta forma distribuídas: o grupo da colossal quadriga no topo, encimava provavelmente um friso representando a luta entre os Lápitas e os Centauros; os leões colossais estavam situados na base do tecto piramidal; na zona do peristilo, entre as fileiras das colunas na colunata, situavam-se as estátuas ditas «colossais» de cerca de três metros de altura e, sob estas, o conhecido friso das Amazonas; as restantes esculturas estavam distribuídas em três possíveis patamares na base do monumento, colocadas contra o muro dessa mesma base, à semelhança das esculturas de um frontão de um templo grego.

Os assuntos aí retratados compreendiam dois frisos, situados no patamar superior e inferior, com cenas de caça de animais à escala colossal e cenas de ofertas e sacrifícios de grandes dimensões, como ainda uma batalha entre Gregos e Persas, com guerreiros de altura natural, alguns a cavalo. Existiam ainda outras numerosas figuras, de dimensões menores (ditas «heróicas») com cerca de dois metros, colocadas em posição intermédia entre aqueles dois frisos com figuras em movimento.

De entre os fragmentos de esculturas recuperados do Mausoléu, a maior parte dos quais no British Museum, consta a estupenda parte anterior de um dos cavalos do grupo da quadriga colossal, ainda com os freios originais em bronze; as estátuas colossais, uma masculina e outra feminina, que reproduzem provavelmente as imagens dos membros da dinastia reinante de Halicarnasso (aquelas que Newton, como é fácil de perceber, identificou como Mausolo e Artemísia); algumas estátuas de colossais leões colocados na base do tecto piramidal; o friso das Amazonas colocadas no topo da base sob a colunata e o célebre auriga que, vestido à moda persa, montava o seu cavalo, executado com excelente desenho e representado de forma realista.

3. E assim se perpetua uma memória...

Contra a barbárie da destruição restam-nos alguns fragmentos da memória, essa mesma memória que ainda inspira a criatividade dos poetas e dos artistas. Uma das obras mais célebres está imortalizada na conhecida obra de Rembrandt, *Artemísia* (1634), actualmente no Museu do Prado, em Madrid, onde o pintor representou a paixão desmedida de Artemísia II, que ficou célebre por ter ordenado a recolha das cinzas do marido a fim de as misturar num cálice de vinho (cf. Aulo Gélio **10.18**). É um quadro comovedor em que o artista representa com mestria a dor e o delírio de amor da rainha.

6. O Colosso de Rodes
e a sua recepção na cultura ocidental

LUÍSA DE NAZARÉ FERREIRA

O Colosso de Rodes
e a sua recepção na cultura ocidental

A segunda estátua a integrar a lista mais célebre das Maravilhas da Antiguidade foi erguida na ilha de Rodes em homenagem a Hélios, provavelmente nos primeiros anos do séc. III a.C. Ao longo dos tempos seduziu imperadores, escritores, pintores, cineastas e muitos outros artistas, mas é seguramente a menos conhecida das maravilhas do mundo grego. Um dos testemunhos literários mais antigos – uma breve referência num epigrama de Antípatro de Sídon (*Antologia Palatina* **9.58.3**) – data já do séc. II a.C. As nossas fontes principais – Fílon de Bizâncio, Estrabão, Plínio, o Antigo, e um epigrama anónimo da mesma *Antologia* (**6.171**) – preservam informações relevantes, mas também inconsistências e talvez erros. Nenhuma esclarece com precisão os critérios que levaram os Antigos a considerar o Colosso de Hélios uma obra de arte digna de ser vista e admirada.

Na Época Clássica, o termo *kolossos* era uma das várias designações para «estátua», não especificamente de dimensões grandiosas (e.g. Ésquilo, *Agamémnon* 416; cf. Dickie 1996). Hoje, porém, facilmente associamos esse sentido ao adjectivo *colossal*. De facto, a oferenda que os Ródios dedicaram à divindade tutelar da sua ilha não era comum, dado que teria cerca de «setenta côvados» de altura segundo as fontes mais antigas (cf. Fílon **4.1**, Estrabão **14.2.5**, Plínio **34.41**), um valor que se situava perto dos 31 metros.

Para um estrangeiro, a grandiosidade deve ter sido o traço mais singular ou impressionante do Colosso. Para o povo de Rodes, traduzia a expressão pública do seu reconhecimento: a homenagem a Hélios era um símbolo de independência e liberdade. Ao longo de séculos, a ilha situada a nordeste de Creta, escala comercial importante entre a Ásia, o Egipto e a Grécia, tirara proveito da situação geográfica favorável, conhecera a prosperidade económica e a autonomia política, atingira um nível civilizacional e artístico muito elevado (cf. Estrabão **14.2.5**). Enfrentara também hostilidades constantes, em especial nos anos que se seguiram à morte de Alexandre Magno em 323 a.C., quando o jovem império é partilhado pelos seus generais. As autoridades de Rodes tentaram assegurar a neutralidade nos conflitos que opuseram os sucessores de Alexandre, mas privilegiavam a amizade com Ptolomeu, decerto em virtude da longa tradição de contactos comerciais com o Egipto. Este tipo de política externa desagradava ao general que se autoproclamara sucessor oficial de Alexandre e se tornara rei da Macedónia em 306 a.C.: Antígono (*Monophthalmos*). No fim do séc. IV a.C., dominava quase todas as regiões da Ásia Menor e tinha como principal rival Ptolomeu do Egipto. Quando não conseguiu, pela via diplomática, que os Ródios se tornassem seus aliados, não perdeu a oportunidade de provocar uma declaração de guerra.

O historiador Diodoro Sículo dedica vários capítulos da sua obra ao cerco imposto à cidade de Rodes em 305 e 304 a.C., que o monarca macedónio delegou no seu filho, o célebre Demétrio I Poliorceta (20.46.6, 81-88, 91-100; Plutarco, *Demétrio* 21-22). Ao contrário do que seria previsível, Rodes não baixou os braços perante aquele que ficou conhecido, precisamente, como «conquistador de cidades» e especialista em engenhos bélicos (Diodoro Sículo 20.92). O povo reuniu as forças e os meios de defesa, recebeu reforços e mantimentos, em especial do Egipto, e Antígono foi obrigado a reconhecer a capacidade de resistência dos sitiados. Segundo informa Plínio, o Antigo, quando o longo cerco chegou ao fim, os Ródios, que na assinatura do acordo de paz fizeram poucas cedências (cf. Diodoro Sículo 20.99), venderam o material bélico deixado por Demétrio para financiar a homenagem que dedicaram ao seu protector divino (**34.41**). Havia razões para festejar: torna-vam-se aliados de Antígono, mas preservavam a autonomia política e a amizade com Ptolomeu que, em reconhecimento pelo apoio prestado, recebeu honras de deus e o cognome de *Soter,* «Salvador». Como já referimos, a *Antologia Palatina* transmitiu-nos um epigrama anónimo de oito versos que, aparentemente, correspon-dem à inscrição gravada na base de mármore do Colosso (**6.171**). Aí se afirma que os habitantes de Rodes «coroaram a pátria com os despojos dos inimigos» (v. 4) e estabeleceram, no mar e em terra, «a luz sedutora da liberdade não subjugada» (v. 6). A resistência de Rodes, que fora fundada em 408 para ser o centro político da ilha, tornara-se símbolo da luta pela autonomia política contra o poder absoluto de monarcas estrangeiros.

Se parece haver uma relação directa entre o fim do cerco de Rodes e a dedicação da estátua a Hélios, é de supor que os dois acon-tecimentos não tenham ocorrido em data muito distante. Estrabão, que viveu entre c. 64/63 a.C. e 21 d.C., informa que no seu tempo o Colosso jazia por terra por ter sido derrubado por um sismo que o quebrara ao nível dos joelhos (cf. Políbio 5.88.1). Observa também que os Ródios optaram por não reconstruir a estátua, seguindo a recomendação de um oráculo (**14.2.5**). Ao que parece, de acordo com Políbio (5.89), Ptolomeu III Evergeta chegara a oferecer o finan-ciamento para a reconstrução do Colosso. Por sua vez, Plínio, o Antigo, escreve que a homenagem a Hélios caíra por terra sessenta e seis anos após doze anos de trabalhos e a *Crónica* de Eusébio situa o terramoto no ano de 224 a.C. Se estes dados estiverem correctos, a construção do Colosso iniciou-se em 302 a.C., isto é, pouco tempo depois do levantamento do cerco, o que nos parece bastante plausível (cf. Le Bonniec et Gallet de Santerre 1953: 193-194). Embora não sejam seguros, atestam que esta maravilha foi a que menos tempo permaneceu intacta. É também aquela que tem suscitado mais espe-culação, dada a escassez de fontes literárias e iconográficas.

Sabemos, porém, graças a Estrabão (**14.2.5**) e a Plínio, o Antigo (**34.41**), que a tarefa colossal foi entregue a um artista de outra cidade da ilha de Rodes, Cares de Lindos, que havia já criado para os Ródios um grupo escultórico de Hélios sobre a sua quadriga (Adam et Blanc 1989: 208-209). Era discípulo de Lisipo, um dos escultores mais importantes do séc. IV a.C., que ficou célebre por ter modificado o cânone de Policleto. Nas esculturas de Lisipo, a cabeça é mais pequena e o corpo mais esbelto e alto.

Esta referência é importante, porque se supõe que a estética proposta pelo mestre tenha influenciado o trabalho de Cares. As fontes, na verdade, não nos dão muitas informações sobre o aspecto e a técnica de construção do Colosso, pelo que não há consenso entre os estudiosos sobre o complexo método usado por Cares (cf. Dickie 1996). Plínio, o Antigo, notou que, mesmo por terra, continuava a causar admiração pelas suas dimensões extraordinárias: «poucos homens podem abraçar o polegar; os dedos são maiores do que os da maior parte das estátuas; o interior dos membros é oco; vêem-se ainda as pedras que o escultor usou para estabilizar a estátua durante a sua construção» (34.41).

A descrição mais pormenorizada encontra-se num opúsculo dedicado às Sete Maravilhas, transmitido num códice bizantino. Quando foi descoberto, no séc. XVII, o texto foi atribuído a Fílon de Bizâncio, autor de escritos técnicos sobre mecânica e poliorcética (*Belopoeica, Pneumatica*), que viveu nos fins do séc. III ou inícios do séc. II a.C., mas o estilo floreado e a imprecisão de alguns passos sugerem uma composição muito mais tardia. Todavia, o capítulo sobre o Colosso de Rodes, que se centra precisamente no processo de construção da estátua, não só constitui uma das poucas fontes sobre esta maravilha como oferece um contraste marcante com o tom panegírico que caracteriza o opúsculo. Não excluímos, por isso, a hipótese de uma das fontes ter sido algum dos escritos do verdadeiro Fílon de Bizâncio.

De acordo com este texto, a escultura realizada em bronze tinha proporções gigantescas e invulgares para a época (4.1). Foi reforçada no interior com uma estrutura em ferro e blocos de pedra (4.2), ia sendo coberta de terra à medida que a obra avançava (4.3) e foi erguida, por etapas sucessivas, *in situ* (4.4). No princípio do séc. XX,

Albert Gabriel traçou uma reconstituição verosímil da execução da estátua e avançou ainda a hipótese de ter sido usada como andaime a *helepolis*, a célebre torre de assalto inventada por Demétrio e depois abandonada. É plausível, como supôs, que a gigantesca máquina de guerra, com c. de 40 metros de altura e 18 de largura, tenha, pelo menos, sugerido a Cares a técnica de construção do Colosso (Gabriel 1932: 338; cf. Vitrúvio 10.16.4-8, Diodoro Sículo 20.91).

O texto atribuído a Fílon não indica em que local decorreram os trabalhos e nenhuma outra fonte nos dá essa informação. Sobre o aspecto do Colosso revela que era reconhecido como sendo uma estátua de Hélios «por causa dos símbolos que lhe são próprios» (**4.1**). Um desses símbolos é a coroa radiada que surge em muitas representações antigas do deus. Por conseguinte, é de supor que Cares tenha dado à sua escultura feições semelhantes às da estátua de Hélios de Lisipo, da qual podemos formar uma ideia a partir de cópias romanas, como a cabeça preservada no Museu Capitolino, em Roma[1], que tem sido também identificada com o rosto de Alexandre Magno, uma vez que Lisipo foi seu escultor oficial. No entanto, é no Museu de Rodes que se encontra uma peça em mármore que alguns estudiosos consideram uma cópia plausível do Colosso de Cares de Lindos: uma cabeça de Hélios, com as feições de Alexandre, na qual ainda são visíveis os furos que suportavam a coroa, datada possivelmente c. de 200 a.C.[2]. Recorde-se ainda que os dois rostos de Hélios, com e sem raios, eram populares nas moedas cunhadas em Rodes, como mostram exemplares preservados no Museu de Rodes e no Museu Britânico (Alexis 1985: 75, Higgins 1988: 131). Os dois tipos constam da colecção de moedas de ouro da Fundação Calouste Gulbenkian[3].

---

[1] Vide Helios n.º 169, in N. Yalouris (1990), *Lexicon Iconographicum Mythologia Classicae* (LIMC) V. Zürich und München: Artemis Verlag, s.v. Helios; cf. Jordan 2003: 35.

[2] Vide Helios nº 172, in N. Yalouris, ibidem; cf. Müller 1969: 259, Alexis 1985: 31.

[3] Vide Mário C. Hipólito (1996), *Moedas gregas antigas. Ouro*. Lisboa: Fundação Calouste Gulbenkian, nº 59 e 133.

A postura do Colosso também não é descrita nos testemunhos antigos, mas a partir do séc. XVI difundiu-se a representação de uma figura gigantesca, de pernas afastadas, sob a qual passavam as embarcações, colocada à entrada do porto de Rodes. Hoje sabe-se que uma escultura com essa forma teria sido tecnicamente impossível, porque o peso não poderia assentar nos seus próprios pés. Haveria, decerto, um terceiro ponto de apoio e a estátua teria provavelmente um aspecto sóbrio, ainda que não totalmente estático, se Cares seguiu os preceitos do seu mestre Lisipo (cf. Higgins 1988: 132-133). A hipótese de a mão direita do Colosso ter sustentado uma tocha com a função de farol, embora plausível, não pode ser confirmada com os dados de que dispomos [4].

A sua localização, como dissemos, não é referida nas fontes literárias e esta é provavelmente a questão que divide mais os estudiosos. Segundo alguns, a oferenda teria sido colocada num santuário dedicado à divindade solar, construído num terreno mais elevado da cidade, como era costume no mundo grego (Higgins 1988: 136-137). Esta teoria foi retomada recentemente pela arqueóloga alemã Ursula Vedder que, na edição de Abril de 2008 da revista *P.M.History*, defendeu que a estátua de Hélios foi erguida no chamado Monte Smith, num complexo que tem sido considerado um santuário dedicado a Apolo [5]. Outros estudiosos defendem que se encontrava no porto principal de Rodes, no lugar onde viria a ser construído, em 1464, o Forte de São Nicolau, uma vez que as descobertas arqueológicas mostraram que este edifício se apoia numa base muito mais antiga, com 17 metros de diâmetro, que pode ter sido o pedestal do Colosso (Gabriel 1932: 347 sqq., Adam et Blanc 1989: 209-211). Esta segunda hipótese é sustentada pela tradição lendária que sugeria a localização da efígie de Hélios na entrada de Rodes,

---

[4] Cf. Gabriel 1932: 345-346, Adam et Blanc 1989: 216. Outros estudiosos, com base no v. 6 do epigrama referido da *Antologia Palatina* (6.171), consideram mais plausível a presença de uma fonte de luz, reflectida pelo cabelo da estátua (cf. *Archeo. Attualità del Passato*, Março de 1993, 66).

[5] Vide http://www.presseportal.de/pm/55502/1174399/gruner_jahr_p_m_history/ (acedido em 30/12/2008).

como se depreende de um passo de Luciano (*Icaromenippus* 12), no qual é evocada juntamente com o Farol de Alexandria, e pelo facto de, no mundo romano, se ter tornado comum a construção de estátuas colossais em portos (cf. Higgins 1988: 134-135).

Uma vez que o cerco de Rodes veio reforçar as relações políticas e económicas com o Egipto de Ptolomeu, que fora o principal aliado, não é de excluir a hipótese de as dimensões do Colosso terem sido inspiradas pela estatuária egípcia. Todavia, a sua composição é, decerto, um produto da escola de escultura ródia e inscreve-se igualmente na longa tradição de arte monumental, que teve grande representação no mundo greco-romano. Ainda hoje podemos apreciar as ruínas de Télamon, com 7,65 metros de altura, uma das estátuas de pedra que decoravam o templo de Zeus Olímpico em Agrigento, na Sicília.

É evidente, porém, que a oferenda dos Ródios inaugurou a moda da escultura colossal com intenções propagandísticas. Depois do incêndio de 64 d.C., inspirado pela fama do Colosso, o imperador Nero fez-se representar numa estátua de bronze com c. 35/40 metros de altura, realizada por um escultor grego chamado Zenodoro. Erguida primeiro no *atrium* da *Domus Aurea*, viria mais tarde a ser colocada nas proximidades do Anfiteatro dos Flávios, que passou depois a ser conhecido por *Colosseum*, o Coliseu. Entretanto, e ironicamente, o colosso de Nero já havia sido transformado numa estátua do deus Sol (Plínio, o Antigo 34.45-46; Suetónio, *Nero* 31.1, *Vespasiano* 18).

Como é sabido, a tradição da escultura colossal alcançou também grande sucesso no mundo moderno. A estátua do Cristo Redentor do Rio de Janeiro, com 30 metros de altura (além dos 8 metros do pedestal) e inaugurada em 12 de Outubro de 1931, integra desde 7 de Julho de 2007 o elenco das Sete Novas Maravilhas do mundo, graças ao projecto que Bernard Weber lançou na Internet no ano 2000 [6]. O monumento foi projectado pelo engenheiro

---

[6] Vide http://www.new7wonders.com/classic/en/n7w/results/ (acedido em 30/12/2008).

Heitor da Silva Costa, o desenho final é da autoria do artista plástico Carlos Oswald e a execução da escultura (braços e rosto) coube a Paul Landowski. Embora seja hoje um poderoso símbolo do Cristianismo, a sua construção foi decidida para assinalar o centenário da Independência do Brasil.

O Cristo Rei do concelho de Almada, da autoria do escultor Francisco Franco, concebido pelo arquitecto António Lino e pelo engenheiro Francisco de Mello e Castro, foi inaugurado em 17 de Maio de 1959, mede menos dois centímetros do que o Cristo Redentor, mas está colocado sobre um pedestal de 82 metros de altura. O monumento, cuja construção foi sugerida inicialmente pela edificação da estátua brasileira, foi dedicado ao Sagrado Coração de Jesus em agradecimento por Portugal não ter participado na II Guerra Mundial.

Entre muitos outros exemplos, merece destaque a Estátua da Liberdade de Frédéric-Auguste Bartholdi (1834-1904), oferecida pela França aos Estados Unidos na comemoração do primeiro centenário da Independência Americana. Construída entre 1875 e 1884, com a colaboração do engenheiro Gustave Eiffel, foi enviada embalada, montada na ilha de Bedloe, no porto de Nova Iorque, e inaugurada no final do ano de 1886. Embora tenha feições femininas e seja talvez mais alta (46 metros de altura com o pedestal incluído), a sua concepção tomou como modelo o Colosso de Hélios. Intitulada «Statue of Liberty Enlightening the World», é inteiramente revestida de cobre, ostenta na cabeça a coroa radiada e o seu braço direito a iluminar o mundo é um símbolo perene de liberdade. Expressa os mesmos valores que os habitantes de Rodes quiseram transmitir com a sua oferenda em bronze no início do séc. III a.C.

As fontes literárias que nos chegaram são posteriores ao terramoto que derrubou o Colosso. As suas ruínas foram admiradas durante séculos e, segundo relatam as crónicas bizantinas, quase novecentos anos mais tarde, em 653, os Árabes levaram-nas para a Síria, transportadas por centenas de camelos, e venderam-nas a um mercador judeu de Émesa. Esta cidade (actual Homs) era célebre pelo seu templo dedicado ao Sol.

A escassez das fontes escritas e iconográficas, dado que não nos chegaram cópias do Colosso, serviu certamente de estímulo ao imaginário ocidental. A lenda de que as suas pernas formavam um arco sobre a entrada do porto de Rodes é registada por um notário italiano, Niccolo di Martoni, que fez escala na cidade em 1394 e 1395, durante uma peregrinação a Jerusalém[7].

A imagem do Colosso como símbolo de libertação de Rodes impõe-se em particular a partir de 1522, quando a ilha é conquistada pelos Turcos (com Solimão II). Uma das reconstituições mais antigas é atribuída ao artista francês Jean Cousin le Père. Trata-se de uma das gravuras que ilustravam a *Cosmographie du Levant,* de André Thévet, publicada em Lyon em 1554. Hélios é retratado numa postura que se tornará popular e ostenta ao peito um espelho que, durante o dia, funcionaria como farol.

A figuração do Colosso como símbolo da cidade destruída pelos Turcos é retomada pelo artista alemão Maerten van Heemskerck (1498-1574) na série de gravuras que realizou em 1572 sobre a tradição das Sete Maravilhas. Heemskerck reuniu no mesmo quadro dois momentos da lenda: em primeiro plano, a estátua de Hélios a ser desmantelada pelos Turcos; atrás, a estátua intacta, de pernas afastadas, erguida à entrada do porto de Rodes (vide Higgins 1988: 133, Brodersen 1992: 46-47). Com base nesta gravura, o artista flamengo Louis de Caullery (c. 1580-1621/2) realizou a pintura a óleo *Le Colosse de Rhodes* (Paris, Museu do Louvre) e o mesmo esquema iconográfico reaparece alguns anos mais tarde numa gravura de Matthäus Merian (1593-1650), publicada na *Historischer Chronica* de Johann Ludwig Gottfried (Frankfurt, 1630), confirmando a sua popularidade nas artes plásticas, em especial na gravura.

De um modo geral, o que vemos nestas obras é antes de mais a figura animada do deus Hélios – patrono vigilante postado à entrada de Rodes, a saudar os visitantes com uma tocha (ou um vaso) nas mãos, a servir de farol, e um ceptro, uma lança, um arco

---

[7] *Pèlerinage à Jérusalem de N. de Martoni*, in *Revue de l'Orient latin* III (1895) 585, apud Gabriel 1932: 349.

ou seta na outra – e não tanto a representação realista de uma estátua colossal. Esta estética distingue não só as obras mais antigas, como as mais recentes, das quais se destacam as conhecidas gravuras de Cornelis Gerrits Decker (in Athanasius Kircher, *Turris Babel*, Amsterdam, 1679), Johann Bernhard Fischer von Erlach (c. 1721), Georg Balthasar Probst (c. 1750), Ferdinand Knab (in *Münchener Bilderbogen*, München, 1886) e Sidney Barclay (in Augé de Lassus, *Voyage aux Sept Merveilles du monde*, Paris, 1878 [8])).

O tema das Maravilhas teve também grande sucesso nas artes decorativas, em especial na tapeçaria que, com frequência, trata temas históricos ou mitológicos de matriz greco-romana. Uma das peças da colecção do Museu Réattu da cidade de Arles (França) foi realizada precisamente a partir da gravura de van Heemskerck. Mais célebre é a representação do Colosso que integra a série de tapeçarias fabricada na primeira metade do séc. XVII a partir do romance *Histoire d'Artémise,* de Nicolas Houel, que o autor ofereceu em 1562 a Catherine de Médicis. Preservada em Paris, no Mobilier National-Musée des Gobelins, e hoje restaurada, a peça *Colosse de Rhodes* ou *L'attaque surprise* foi realizada a partir de um desenho de Antoine Caron (1521-1599) e evoca um episódio célebre da história de Rodes, ocorrido em meados do séc. IV a.C. Artemísia II de Halicarnasso, esposa de Mausolo, alcançara a vitória numa batalha naval contra os Ródios, mas em vez de destruir as embarcações, confiscou-as e enviou-as de regresso a casa com os seus próprios homens. Artemísia ocupou a cidade de surpresa e de forma engenhosa, pois os habitantes não repararam que os barcos que estavam a chegar ao porto eram conduzidos pelos seus inimigos. Nesta representação, o Colosso ostenta o espelho solar das gravuras de Jean Cousin e o rosto inspira-se nas esculturas que já comentámos. A sua presença nesta tapeçaria atesta a perenidade da lenda, não obstante o anacronismo, pois será construído cerca de cinquenta anos após a morte da rainha de Halicarnasso.

---

[8] Texto actualmente disponível em http://www.mediterranees.net/civilisation/auge/merveilles/index.html (acedido em 2/01/2009).

O séc. XX também demonstrou que a oferenda dos Ródios tem sido tema fértil em diversos domínios artísticos. Nas artes visuais, destacamos a obra surrealista que Salvador Dalí realizou em 1954 (Berna, Kunstmuseum): o Colosso foi imaginado como uma figura grandiosa de coroa radiada na cabeça, a proteger os olhos da luminosidade, um gesto que se encontra noutras representações de Hélios, e numa postura verosímil, mas complexa e difícil de realizar segundo o método descrito no texto atribuído a Fílon de Bizâncio. No cinema, a longa-metragem de género *peplum* realizada em 1961 por Sergio Leone, *Colosso di Rodi*, deu um novo impulso, agora junto do grande público, ao imaginário sobre a homenagem dedicada a Hélios.

Actualmente, a perenidade da lenda do Colosso de Rodes revive em projectos modernos e originais, como o álbum de Rock Progressivo produzido em 2005 pelo grupo finlandês Colossus e pela editora francesa Musea (*The Colossus of Rhodes: The Seventh Progressive Rock Wonder*). É também tema de inspiração dos criadores de Video Games (e.g. *Civilization IV*, 2005; *God of War II*, 2007). Registe-se ainda que este tema integra a colecção juvenil «The Roman Mysteries», criada pela escritora Caroline Lawrence (London: Orion Children's Books, 2005), confirmando que também a literatura não tem esquecido a fama da estátua de Hélios.

Com estes exemplos tentámos mostrar que, apesar das lacunas e inconsistências das fontes literárias, o Colosso de Rodes é um tópico fundamental na história da escultura clássica e na análise da recepção das Maravilhas na cultura ocidental. Os testemunhos mais antigos não são suficientes para termos uma ideia precisa das suas formas. São, porém, consensuais quando evocam a reputação que alcançou no mundo greco-romano (Estrabão, Plínio, o Antigo). O opúsculo atribuído a Fílon de Bizâncio, depois de descrever em pormenor a construção do Colosso, sintetiza em breves linhas a obra singular realizada por Cares de Lindos (**4.5**): «Assim, pouco a pouco levou até ao fim o seu projecto e, depois de gastar quinhentos talentos em bronze e trezentos em ferro, criou um deus igual ao deus, erguendo com audácia uma obra grandiosa. É que colocou no mundo um segundo Hélios.»

7. O Farol de Alexandria

DELFIM FERREIRA LEÃO [I]
VASCO GIL MANTAS [II]

O *Farol de Alexandria*

I. ENQUADRAMENTO HISTÓRICO

1. A imagem tutelar de Alexandre

Embora tivesse vivido pouco mais de trinta anos (356-323 a.C.) e governado menos de década e meia (336-323 a.C.), Alexandre conseguiu a proeza de conquistar um império imenso, que ia desde a Europa até à Ásia profunda, englobando também o nordeste africano e boa parte da bacia do Mediterrâneo. Dotado de uma genial capacidade militar e de invulgar sagacidade política, o jovem imperador rapidamente se transformou numa figura carismática, que os cronistas oficiais e o decurso do tempo se encarregariam de amplificar até às raias da divinização. Embora objectivamente excepcionais, estas qualidades não o teriam furtado a enfrentar duras provas para manter sob controlo o enorme império conquistado, como ilustram contrariedades e levantamentos com que teve de lidar dentro do próprio exército e que apenas a sua morte prematura impediu que ganhassem contornos mais sérios. Em todo o caso, Alexandre marca o final de um período e lança, claramente, as fundações para a Época Helenística, um período profundamente rico do ponto de vista económico, científico e cultural, que desaparecerá à medida que for avançando a fusão com a nova potência que se irá agigantando a Ocidente: Roma. Politicamente, esses três séculos, que se prolongam até ao principado de Augusto, foram um período menos sujeito a desequilíbrios e alterações do que haviam sido as Épocas Arcaica e Clássica. Parte da explicação encontra-se no facto de estarmos perante reinos que englobam territórios extensos e populações numerosas, e que, por conseguinte, estão menos expostos, no conjunto, ao efeito perturbador de escaramuças de fronteira. No entanto, a principal razão dessa estabilidade prende-se com a centralização do poder político (e não raras vezes também económico) na figura do monarca, de quem dependia igualmente a máquina administrativa, que constituía, aliás, um dos aspectos notáveis deste período, fruto da combinação da experiência monárquica macedónia, com a longa tradição asiática e egípcia. De resto, se do ponto de vista cultural e linguístico, a Época Helenística é dominada pela matriz grega (claramente preferida pelas elites dirigentes), ainda assim não se entende sem o influxo das outras culturas e etnias que entraram em contacto com o elemento grego e com ele se puderam fundir, criando a cultura transversal (*koine*) que se estenderá por toda a «terra habitada» (*oikoumene*).

Ora a formação de um cânone de «maravilhas» fabricadas pelo génio humano (*thaumata*) é indissociável tanto da figura de Alexandre como do mundo por ele criado. É certo que o gosto por viajar e conhecer outros costumes e culturas estava profundamente arreigado na mentalidade grega, conforme ilustra, de maneira paradigmática, a actuação de Ulisses na epopeia homérica, ao aliar a sua natureza inventiva (que justifica o epíteto de «herói dos mil artifícios» – *polymetis*, *polymechanos*) a uma curiosidade inata por experimentar novos desafios, mesmo quando viesse a resultar deles um prejuízo pessoal (e daí que Ulisses seja também designado por *polytlas* – «o que muito sofreu»). Aliás Heródoto, que viveu antes da existência da maioria das obras humanas que viriam a integrar o grupo das «maravilhas», não deixou, em todo o caso, de assinalar já na sua obra o profundo respeito pela antiga Babilónia e pelo Egipto. De resto, o autor de Halicarnasso partilha com Ulisses o mesmo espírito agónico e indagador, que o levou a assinalar nas suas *Histórias* as inúmeras impressões que recolheu ao longo das viagens realizadas. Ainda assim, o registo dessas informações resulta, em boa parte, de uma dinâmica que estimula a curiosidade pelo não-grego, pelo bárbaro, enquanto expressão de alteridade. Em contrapartida, um dos principais legados de Alexandre consiste, precisamente, em promover a substituição da tradicional oposição grego/bárbaro por uma prática política e social que promovia a fusão étnica e cultural. Desta vocação cosmopolita, que marcará as grandes urbes helenísticas, resultará um natural estímulo à mobilidade de ideias, de pessoas e de bens. Por conseguinte, a formação de uma listagem de «maravilhas» ou «coisas que causam espanto» (*thaumata*) é indissociável da consciência de que há «coisas que merecem ser vistas» (*theamata*) em paragens distantes, mas que integram igualmente esse novo mundo cada vez mais calcorreado por viajantes curiosos e ávidos de conhecimento[1].

2. Alexandria

Em todo o caso, pese embora o contributo determinante do jovem macedónio, a cristalização dos traços essenciais da sociedade helenística deve muito igualmente à acção dos Diádocos, os generais que serviram sob as suas ordens. De facto, com a morte de Alexandre e não estando resolvido o problema da sucessão, soltaram-se as forças centrífugas que o imperador lograra manter sob controlo. E embora, num primeiro momento, os Diádocos se tivessem comprometido a dividir a administração das províncias (mantendo-se no fundo como sátrapas, sem tentarem evoluir para monarcas independentes), enquanto aguardavam que o filho de Alexandre e Roxana (também Alexandre e que nascera após a morte do pai) atingisse a maioridade, o certo é que rapidamente se envolveram em pesadas lutas que se prolongariam, com intensidade variada, ao longo dos cinquenta anos subsequentes. Do inevitável desmembramento do império, sairia o embrião das futuras realezas

---

[1] Pertinentes as observações de Clayton & Price 1988: 4-5.

helenísticas, até porque se revelaria ilusória a pretensão de vir a ocupar o posto de governante único nas mesmas condições que Alexandre. E assim surgiram os grandes reinos do Egipto, Macedónia, Ásia e, mais tarde, de Pérgamo, que, do ponto de vista político, se traduziram em monarquias hereditárias. Embora a posição do rei conhecesse variações quanto à forma de exercer a soberania, o certo é que este regime político se havia tornado uma necessidade histórica, pois só um poder central forte e estável poderia manter a coesão de territórios muito amplos, com acentuadas diferenças étnicas, culturais e geográficas.

Uma outra marca característica da Época Helenística e também da visão empreendedora de Alexandre diz respeito ao surgimento de novas cidades, que poderiam atingir centenas de milhares de habitantes – uma concentração demográfica que seria impensável para as póleis clássicas. Ora a mais emblemática dessas urbes cosmopolitas é seguramente Alexandria, que viria a substituir Mênfis como capital do reino do Egipto, sob o poder dos Ptolomeus [2]. Esta dinastia foi iniciada por Ptolomeu, um dos chefes militares que mais se distinguiram ao serviço de Alexandre e também dos primeiros a compreender que era irrealista o projecto de tentar ocupar o posto do imperador. Em vez disso, optou por reforçar a estabilidade do reino do Egipto, um objectivo que passava também pelo interesse em legitimar o seu poder enquanto soberano, já que, além da força, Ptolomeu não possuía outra base segura para validar esse domínio. Ora a ligação a Alexandre e ao imaginário de sucesso que lhe andava associado servia na perfeição tal desiderato. Um dos primeiros sinais dessa estratégia encontra-se no facto de Ptolomeu ter literalmente raptado o corpo do imperador, quando estava de passagem pelo Egipto no processo de trasladação entre a Babilónia e a Macedónia. O féretro começou por ficar em Mênfis, mas quando

---

[2] Na Antiguidade, foram fundadas dezassete Alexandrias, com o objectivo de honrar o jovem macedónio. Esta, porém, construída segundo um plano de Dinócrates de Rodes, no Delta do Nilo, iria tornar-se na mais importante de todas, a ponto de este período se designar também frequentemente por Época Alexandrina.

a capital se mudou para Alexandria, o corpo seguiu o mesmo destino, sendo colocado num sarcófago de ouro [3].

Idêntica motivação poderá explicar, em parte, a criação de dois dos monumentos mais paradigmáticos da nova capital: o Museu (ou templo das Musas) e a Biblioteca. Embora os pormenores sobre a sua edificação sejam pouco abundantes e sujeitos a dúvidas, afigura-se provável que a decisão de os construir tenha cabido a Ptolomeu I, competindo ao filho (Ptolomeu II) a nobre tarefa de os expandir. Tanto o Museu como a Biblioteca representam, desde a Antiguidade, a exemplificação prática do espírito cosmopolita das novas urbes helenísticas. A sua criação tem sido entendida como expressão do influxo peripatético sobre este período de ouro da ciência [4], mas enquadra-se também dentro da longa tradição de patrocínio cultural que remonta já às tiranias da Época Arcaica e Clássica e que os novos monarcas procuram igualmente cultivar. Além disso, no caso dos Ptolomeus, estes monumentos contribuíam ainda para o objectivo de reforçar as conexões com Alexandre e de legitimar uma soberania de matriz grega (e por isso estrangeira) num contexto culturalmente tão exuberante como o do antigo Egipto. Ora é também com este cenário de fundo que se deve entender a importância da construção do Farol de Alexandria e respectiva inclusão no rol das Maravilhas da Antiguidade.

3. A Torre de Faros

O Farol de Alexandria, situado na costa noroeste do Delta do Egipto, foi a última das construções a integrar a lista das Sete Maravilhas. Ainda assim, não deixou de se destacar do conjunto destas criações humanas e por um duplo motivo: antes de mais porque,

---

[3] E mais tarde substituído por um outro de vidro. Sobre esta estratégia de legitimação do poder e de engrandecimento seguida por Ptolomeu, vide Erskine 1995.

[4] Na sequência, aliás, do magistério de Aristóteles sobre o jovem Alexandre.

entre os vários monumentos, era o que possuía claramente uma utilidade prática maior, ao servir de orientação para os navegantes; por outro lado, esta importante função fez com que o termo «farol» se generalizasse para denominar os edifícios construídos para cumprir idêntico objectivo, à semelhança do que aconteceu com o Mausoléu de Halicarnasso.

No entanto, esta designação de «farol» resulta de uma circunstância fortuita: do facto de a Torre em questão haver sido edificada em Faros, uma pequena ilha situada em frente do porto de Alexandria. O conhecimento desta ilhota era bastante antigo, pois Homero já se lhe refere, pela boca de Menelau, na *Odisseia* (4.354-360):

> Ora existe uma ilha no meio do mar muito encrespado
> defronte do Egipto: chamam-lhe a ilha de Faros.
> Dista do continente o que navegaria uma côncava nau
> num dia, quando tem por trás um vento guinchante.
> Ali há um porto de bom ancoradouro, donde os homens
> lançam naus recurvas para o mar alto, depois de se terem
> abastecido de água negra. ([5])

Com esta breve nota, o poeta épico não deixa de registar, desde logo, a localização estratégica de Faros, que fornecia um bom ponto para se fazer escala, no meio da zona arenosa e de aluvião característica do Delta do Nilo ([6]). Muitos séculos depois, mais concretamente em 332 a.C., na breve passagem que fez pelo Egipto, Alexandre iria notar igualmente as potencialidades do lugar, de forma que decidiu construir aí uma cidade, que fixaria para a posteridade o seu nome. Valerá a pena evocar a descrição que, cerca de

---

([5]) Tradução de Frederico Lourenço (2003), *Homero. Odisseia*. Lisboa: Cotovia.

([6]) Sobre a relação da ilhota com a passagem de Helena pelo Egipto, bem como sobre a confusão onomástica que levara Menelau a considerar que Faros era dedicada a Proteu, uma divindade com poderes proféticos, vide Clayton 1988: 138-139.

trezentos anos mais tarde, Estrabão faz deste famoso centro urbanístico, em particular a parte em que se refere ao Farol (*Geografia* **17.1.6 e 9**):

> O promontório extremo da ilhota de Faros é um rochedo batido pelo mar de todos os lados, sobre o qual fica uma Torre espectacular, construída em mármore branco, com vários andares, e que tem o mesmo nome da ilha. Foi erigida por Sóstrato de Cnidos, amigo dos reis, a pensar na segurança dos marinheiros, conforme atesta a inscrição. De facto, porque a costa não oferecia abrigo natural e era pouco elevada de ambos os lados, além de estar pejada de baixios e escolhos, tornava-se necessário facultar num sítio alto e bem visível um sinal claro que guiasse os marinheiros provenientes de alto mar, ajudando-os a encontrar a entrada do porto. A passagem que se encontra a ocidente também não é de entrada fácil, embora não exija tantas precauções. Forma também ela um outro porto, chamado Eunosto [7] e serve de enseada ao porto artificial fechado. Com efeito, o porto cuja entrada está dominada pela Torre de Faros, antes referida, trata-se do Grande Porto, sendo que aqueles dois se encontram unidos a este pelas profundezas, estando separados somente pelo molhe conhecido por Heptastádion [8].
>
> À direita da entrada do Grande Porto, encontra-se a ilha e a Torre de Faros; do outro lado, ficam os baixios e o promontório Lóquias, sobre o qual existe um palácio real. E à medida que se navega para dentro do porto, aparecem, à esquerda, os palácios reais interiores, que surgem na continuação do de Lóquias, e onde existem muitas construções decoradas com cores variegadas e pequenos bosques. Logo abaixo deles fica o porto artificial, oculto à vista, que serve para uso privativo dos reis; encontra-se aí também Antirrodes, uma ilhota situada um pouco ao largo do porto artificial, que possui um palácio real e um pequeno porto. Dão-lhe este nome, como se fosse uma espécie de rival de Rodes.

[7] À letra, «porto do bom regresso».
[8] Designação derivada do facto de ter «sete estádios» de comprimento.

Embora sem entrar ainda nas questões mais técnicas suscitadas pela natureza do Farol enquanto edifício (que serão tratadas de seguida, na secção II), será vantajoso evocar, antes disso, alguns pormenores relacionados com a identificação da pessoa responsável pela construção e com a data em que fora levada a cabo – assuntos esses que continuam a suscitar certa discordância entre os estudiosos. A obra parece ter sido iniciada ainda no reinado de Ptolomeu I, possivelmente no ano de 297 a.C., se bem que o monarca talvez não fosse o responsável pelo lançamento da edificação. O nome de Sóstrato de Cnidos aparece várias vezes aliado ao monumento, seja como arquitecto seja ainda como promotor da iniciativa ou doador do edifício. Isto mesmo se pôde ler no testemunho de Estrabão, ao transmitir o que se afigura ser o texto da inscrição votiva: «Foi erigida por Sóstrato de Cnidos, amigo dos reis, a pensar na segurança dos marinheiros, conforme atesta a inscrição». Luciano de Samósata, que viveu no séc. II, refere-se também à mesma dedicatória, em termos ligeiramente diferentes (*Sobre a forma de escrever história* **62**): «Sóstrato de Cnidos, filho de Dexífanes, aos deuses salvadores, em benefício dos que navegam pelo mar». O alcance da expressão «deuses salvadores» tem sido objecto de interpretações várias: poderá talvez referir-se aos soberanos egípcios, conforme parece sugerir Estrabão, na medida em que Ptolomeu I era conhecido pelo título de *Soter* («salvador»), além de que tanto ele como a esposa Berenice são apelidados de «deuses» em moedas emitidas pelo filho e sucessor, Ptolomeu II Filadelfo. Também tem sido aventada a hipótese dos Dioscuros (Castor e Pólux), que se tornaram patronos da navegação, bem como as figuras de Proteu, que era senhor da ilha de Faros, e de Zeus *Soter*, cuja estátua coroaria o topo do Torre ([9]).

([9]) Esta última hipótese tem a favor dela o facto de Posidipo, um poeta contemporâneo da edificação do monumento, ter composto um epigrama para celebrar possivelmente a conclusão do edifício, no qual invoca Proteu e se refere também a Zeus *Soter*. Sobre a problemática ligada à interpretação de estas e outras fontes, vide Clayton 1988: 142-145.

Do cotejo dos diferentes testemunhos, não será desajustado concluir que a Torre de Faros teria sido iniciada durante o reinado de Ptolomeu I e terminada no tempo de Ptolomeu II. Quanto a Sóstrato de Cnidos, mais do que o arquitecto, deverá identificar-se provavelmente com uma individualidade próxima dos soberanos (seja um membro da corte ou um comerciante), com riqueza suficiente para custear as despesas da obra que iria oferecer à cidade, dando assim outro notável contributo para o engrandecimento da mais paradigmática das urbes helenísticas. É sobre as características técnicas desta impressionante construção que interessa finalmente reflectir.

II. ARQUEOLOGIA E TECNOLOGIA

A importância das actividades marítimas na Antiguidade clássica, acerca das quais a opinião dos investigadores nem sempre é unânime, pois alguns desprezam aspectos tão essenciais como o contributo fundamental da navegação no quadro da colonização grega ou na consolidação do império universal de Roma (Grant 1988: 298-302, Parker 1990: 335-346), resulta evidente quando se verifica que entre as Sete Maravilhas do mundo antigo se contam dois grandes monumentos helenísticos relacionados com o mar: o Colosso de Rodes e o Farol de Alexandria. Ocupar-nos-emos, na óptica da arqueologia, de aspectos históricos e técnicos deste último, na sequência do estudo sobre as fontes escritas pertinentes ao farol alexandrino apresentado pelo Doutor Delfim Leão.

Poucos monumentos da Antiguidade tiveram uma herança tão gloriosa quanto útil como o farol levantado na ilha de Faros, junto à famosa Alexandria do Egipto (fig. 14). Embora não tenha sido, provavelmente, o primeiro edifício deste tipo a ser construído, pois a sua funcionalidade e invulgar dimensão sugerem a existência de experiências anteriores, sobre as quais pouco ou nada se sabe, mas que foram, seguramente, estruturas muito mais modestas, o monumento construído em Alexandria não só determinou, a partir do topónimo, a designação genérica para os edifícios com funções semelhantes, como definiu o protótipo segundo o qual os faróis foram edificados, não só na Antiguidade, mas por todo o mundo até aos nossos dias (Hague and Christie 1975, Pearson 1995).

Infelizmente, hoje nada resta visível desta grande construção, pelo menos à superfície, não tendo escapado à sorte que se abateu sobre a maioria dos monumentos referidos por Antípatro, poeta de Sídon que viveu na capital egípcia por meados do séc. II a.C., talvez inspirado numa lista já existente, elaborada por Calímaco. Transmitida através de uma fonte relativamente tardia, do séc. V ou VI, o problema da autoria da lista continua a aguardar uma solução definitiva (Blanc 1995: 4-11). Devemos acrescentar que noutras selecções o farol não está presente, substituído pelas Muralhas ou pelos Jardins Suspensos de Babilónia, também míticos monumentos da Antiguidade (Adam et Blanc 1989, Jordan 2003). Não é impossível que tenha sido Antípatro a incluir o farol no elenco mais divulgado, no qual o número sete desempenhou também, como noutros casos, uma função simbólica, na linha pitagórica da harmonia numérica. Como é evidente, todos os monumentos se situam numa área restrita do mundo antigo, sendo o farol a mais recente das Sete Maravilhas (Reincke 1964). Pela sua impressionante estrutura e pela sua evidente utilidade estamos convictos de que Frontino, autor de uma das mais cáusticas apreciações das arquitecturas egípcia e grega (*De Aquis Vrbis Romae* 16), não deixaria de considerar o farol entre as grandes obras da humanidade, pelas funções a que se destinava, unindo *maiestas* e *utilitas*.

Embora se discuta ainda a origem do nome da ilha, o certo é que foi, desde o séc. III a.C., associado ao farol para indicar este tipo de construções, sobretudo quando atingiam dimensões monumentais que justificavam a comparação com o monumento de Alexandria (Besnier 1907: 427-429). É certo que ocorrem designações menos especializadas, dificultando a identificação dos edifícios, a mais usual das quais é a palavra torre (gr. *pyrgos* ou lat. *turris*), mas à qual se junta, com frequência uma referência ao edifício alexandrino (Estrabão 3.1.9): «Ali também se encontra a Torre de Cepião, construída sobre uma rocha que o mar banha por todos os lados. Esta obra admirável foi construída à semelhança do Farol de Alexandria para garantir a segurança de quem navega.»

À ilha e ao farol ficou unida uma das principais divindades egípcias, a deusa Ísis, invocada como *Isis Pharia*, protectora da navegação e do comércio (Lafaye 1899: 580, Schmidt 1968: 1824). Existem numerosas e muito diversas representações de faróis construídos na Antiguidade, o que, em parte, permite suprir a falta de vestígios arqueológicos significativos. Como é normal, o Farol de Alexandria é um dos que conta com uma iconografia mais abundante, em resultado da sua monumentalidade e também da importância que conheceu como elemento simbólico e de prestígio, inclusivamente no discurso ideológico imperial romano (Alföldy 1965-1966: 74-78, Quet 1979: 60-66). Apesar de tudo, é preciso um disciplinado exercício de imaginação para recuperar uma imagem credível do farol, subsistindo muitos problemas de ordem técnica ainda não resolvidos.

De acordo com os autores da Antiguidade, o farol terá sido construído por Sóstrato de Cnidos, por volta de 280 a.C., data que corresponderá antes ao final dos trabalhos, que teriam durado cerca de vinte anos, iniciados no reinado de Ptolomeu I Sóter (Estrabão 1.2.23, **17.1.6** e **9**; Luciano, *Sobre a forma de escrever história* **62**). O farol indicava a entrada do Grande Porto, situando-se exactamente onde hoje se levanta o forte turco de Qait-Bey. Contrariamente ao que sucede com a maioria dos faróis antigos conhecidos, existem preciosos relatos islâmicos que permitem não só acompanhar a degradação progressiva do monumento até à derrocada em resultado do terramoto de 1303, como apoiar com alguma segurança as propostas de reconstituição do aspecto geral do edifício. Uma das mais interessantes é a de Edrisi, no séc. XII, ainda que a mais completa pareça ser a de Ibn-al-Saydj (Sanchéz Terry 1991: 19-26, Palácios 1933: 241-292). O farol contava com três corpos, sendo o inferior de planta quadrangular, com cerca de 31 metros de lado, em forma de tronco de pirâmide, o que servia para fazer descer o centro de gravidade da construção, como é norma na edificação de faróis. O segundo corpo, menos alto, tinha a forma de uma torre octogonal, enquanto que o corpo superior, correspondente à lanterna, era constituído por um grande pavilhão cilíndrico, rematado por uma estátua colossal, nem sempre presente nas fontes iconográficas, estátua que representaria Poséidon ou Zeus *Soter*. Um monumental mausoléu de *Taposiris Magna* (Abusir), com 30 metros de altura, com os seus três corpos, quadrangular, octogonal e circular, teve seguramente como modelo o farol alexandrino (Pomey 1997: 136).

Os materiais utilizados na construção, que teria custado qualquer coisa como oitocentos talentos (Plínio, o Antigo **36.83**) ([10]), também diferiam de corpo para corpo, correspondendo a pedra ao primeiro, que teria entre 60 a 70 metros de altura, enquanto os dois restantes foram edificados com tijolo e estuque, para aligeirar a estrutura. A utilização do estuque, como revestimento, permitia reflectir a luz solar, facilitando a localização do farol durante o dia, factor a considerar numa costa baixa. De acordo com as medidas transmitidas pelos autores medievais islâmicos e considerando a informação de Flávio Josefo a propósito do alcance da luz do farol, que notou ser visível até 300 estádios da costa (*Guerra Judaica* **4.613**), o que equivale a cerca de 30 milhas, ou seja, quase 56 quilómetros, a altura total do farol, acima do nível do mar, orçaria entre 120 a 140 metros (López Otero 1933: 293-300, Limber 1994: 18--23, Adam 1995: 26-31). Um tal alcance situa o farol entre os seus congéneres modernos de maior potência, colocando o monumento na dianteira das construções mais altas da Antiguidade e suscitando, desde logo, muitas interrogações sobre o sistema de iluminação.

Apesar das numerosas representações que nos ficaram do Farol de Alexandria (Reddé 1979: 864-870, Bakhoum 1995: 64-65), particularmente em moedas, sobretudo de Época Romana, mas também em mosaicos ou vidros, como, por exemplo, num excelente mosaico de Roma, que representa um farol correspondendo no essencial ao

---

([10]) Um talento equivalia a cerca de 26 quilos de ouro.

monumento alexandrino, ou no vaso de vidro de Begram, no Afeganistão (Reddé 1979: 866, Wheeler 1955: 191-195), não é fácil delinear uma imagem exacta do farol, menos ainda compreender as características do sistema de iluminação ou a estrutura interna do monumento. Sofreu vários restauros na Época Romana, alguns dos quais poderão, eventualmente, ter alterado o aspecto dos andares superiores ou, pelo menos, do último andar, o que talvez explique as divergências de representação que se conhecem, tanto mais que os andares superiores eram de construção ligeira. No fundo do mar, junto ao forte de Qait-Bey, encontrou-se uma pedra com o numeral romano IV, o que comprova a realização dos referidos trabalhos de conservação ou reforma do edifício, ainda que haja a possibilidade de uma parte da estatuária encontrada na zona ter pertencido ao santuário de *Isis Pharia*, situado muito perto (Frost 1975: 126-130; Pensa 1999: 108-109, 119).

Um dos grandes problemas que envolvem o estudo dos faróis da Antiguidade é o de determinar a forma de funcionamento, ou seja, como se iluminava e se abastecia de combustível a lanterna, de forma a garantir uma luz suficientemente forte para ser visível a uma distância útil. Infelizmente, em nenhum dos faróis antigos se conservou a parte superior e as representações existentes são muito sumárias, pouco adiantando. O reduzido interesse por relatos técnicos que parece ter caracterizado a Antiguidade clássica não permite suprir através das fontes escritas o que, neste caso, a arqueologia não consegue resolver, pelo menos de forma satisfatória, ainda que o conhecimento dos sistemas de iluminação de alguns faróis mais recentes sugira algumas respostas para esta questão fundamental.

As fontes árabes citam a existência de um espelho no topo do farol e de um grupo de estátuas, uma das quais acompanharia o movimento aparente do sol. A presença do espelho pode relacionar-se com a emissão de sinais luminosos durante o dia ou com um sistema destinado a ampliar e projectar a luz do braseiro durante a noite. Não faltam referências na Antiguidade à utilização de sinais luminosos recorrendo a espelhos, por vezes fantasiosamente interpretados pelos autores islâmicos, como no caso da torre que teria existido em Mérida, destinada a suportar um espelho, provavelmente para funcionar como telégrafo luminoso e que foi considerado o espelho em que uma imaginária rainha admirava a sua figura (Dozy et De Goeje 1968: 220-222). Se a base da iluminação era, sem dúvida, uma grande fogueira, também é verdade que a projecção da luz era possível através de mecanismos ópticos, o que deve ter acontecido em Alexandria, pelo menos na Época Romana. O recurso a sistemas de iluminação artificial à distância deduz-se, por exemplo, da referência a jogos públicos nocturnos, dados por Domiciano em Roma (Suetónio, *Domiciano* 4.1)[11], podendo concentrar-se o feixe luminoso através de vários espelhos metálicos côncavos. A ser assim, teríamos em Alexandria um sistema de iluminação que o situaria na categoria dos faróis catóptricos, reflectindo a luz através de uma bateria de espelhos.

Não temos a certeza se a estrutura onde se desenvolvia a combustão ficava ao ar livre ou no interior do corpo circular encimado pela estátua, pois as fontes iconográficas sugerem as duas soluções, correspondentes, provavelmente, a épocas diferentes. O acesso do combustível ao topo do farol fazia-se, seguramente, através de rampas interiores, como no farol romano da Corunha (Hauschild 1976: 239-257), e de guinchos ou ascensores, atendendo à grande elevação do edifício. No farol de Alexandria, provavelmente logo acima do terraço do primeiro nível, o abastecimento de combustível seria assegurado através de ascensores, vulgares em muitos edifícios romanos, independentemente da existência de escadas. Alguns investigadores pretendem que o combustível usado em Alexandria só na Época Romana teria passado a ser a lenha resinosa, substituindo o betume ou outras substâncias semelhantes existentes em abundância na região, ao contrário da madeira, o que nos leva a considerar cautelosamente esta alteração. No interior do monumento, como noutros faróis, existiam salas de armazenamento de combustível e alojamentos do pessoal.

---

[11] Não cremos ser possível que a iluminação com archotes, referida no texto, fosse suficiente.

O farol contava também com sinais sonoros, talvez recorrendo ao uso do vapor, cujos aparelhos estariam instalados nas estátuas de tritões existentes nos ângulos do topo da primeira secção do edifício, os quais constituem um dos elementos mais representados nas imagens do farol, facultando, por isso, um meio bastante seguro de identificação do mesmo. Durante o dia, o fumo que se elevava da torre, e que podia ser reforçado pela utilização de matérias cuja combustão fosse mais fumarenta, servia de orientação aos navios. A prática da navegação nocturna surgiu relativamente tarde no mundo antigo, conhecendo notável desenvolvimento na Época Romana, ainda que o período do *mare clausum* limitasse significativamente a navegação normal, mesmo no Mediterrâneo, permitindo um alongado período de inactividade ao farol (Vegécio, *Epit.* 4.39).

Como a extremidade da ilha onde se construiu a torre fosse muito estreita é possível que parte da infra-estrutura de suporte mergulhasse no mar, muito provavelmente sobre um sistema de arcarias destinadas a facilitar a passagem das águas e a limitar a pressão das ondas sobre a base do farol. Talvez a reconstrução das fundações degradadas pelas infiltrações, ordenada pelo imperador bizantino Anastásio I, no final do séc. v, se relacione com esta característica do monumento, identificada noutros faróis antigos, como naquele que está representado na Coluna de Trajano, em Roma, e nas ruínas do farol levantado à entrada do porto de *Leptis Magna*, na Líbia (Besnier 1907: 430; Bartoccini 1958: 58-60, pl. 33, 2).

Durante o domínio romano, o farol esteve sob a tutela administrativa de um funcionário imperial, como se deduz de uma inscrição encontrada em Roma referindo um liberto de Augusto, procurador do Farol de Alexandria (*CIL* VI 8582). Outro famoso monumento da cidade, o Mausoléu de Alexandre, contava com um funcionário de mais alto nível como curador, facto que o *cursus honorum* de Caio Júlio Celso, patente numa inscrição votiva achada nos arredores de Sintra, comprova, pois se trata de um funcionário elevado à categoria senatorial pelo imperador Antonino Pio (Lambrino 1952: 142-150). Esta aparente diferença não implica menos interesse pelo farol, reflectindo antes a mentalidade romana, pois se atribuiu uma função técnica a um liberto, especialista do assunto, e uma função mais marcadamente política e simbólica a uma personalidade de estatuto superior. O pragmatismo romano encontra-se bem patente nesta diferenciação, que não deixa de reflectir uma cuidadosa atenção para com o farol.

O monumento teve enorme importância sobre as construções posteriores do mesmo tipo, nenhuma das quais atingiu a sua grandeza, mas estas torres multiplicaram-se de tal forma que, por vezes, as cidades marítimas do mundo romano foram representadas sob a alegoria de um farol, como se pode ver nas vinhetas da Tábua de Peutinger (Lehmann-Hartleben 1923: 234; Levi e Levi 1967: 126, 211) [12]. O Farol de Alexandria estimulou a imaginação desde sempre, tanto pelo que foi na realidade, como por aquilo que dele se contou ao longo de séculos. Infelizmente, também neste caso, o tempo nos roubou esta maravilha, circunstância que não deixou de solicitar a capacidade de invenção e de criação virtual de artistas e de estudiosos. Este interesse pelo farol, que faz parte de uma curiosidade mais geral em torno das Sete Maravilhas da Antiguidade, levou à popularização da sua imagem logo que a imprensa se vulgarizou, sob as mais diversas formas de divulgação.

Durante décadas, na realidade desde 1912, que se procuraram vestígios do farol junto ao forte de Qait-Bey, durante muito tempo sem resultados concludentes. Em 1994, todavia, foi possível registar, a oriente do forte, a oito metros de profundidade, uma área de cerca de dois hectares coberta de restos arquitectónicos diversos, na maior parte em granito, alguns quais, porém, sugerem datações anteriores ao período ptolomaico. É possível que muitos dos elementos em presença tenham pertencido ao farol, sem esquecermos que o templo de *Isis Pharia* não distava muito do local, podendo alguns dos restos identificados pertencer-lhe (Lévêque 1992: 71-72, Golvin 1995: 60-61). Também é preciso ter em conta que, na construção do andar inferior do farol, em pedra, se reutili-

---

[12] A Tábua de Peutinger, cópia medieval de um mapa viário romano, mostra cinco faróis: Óstia (dois), Alexandria, Bizâncio e Crisópolis.

zaram, certamente, materiais obtidos em monumentos abandonados, no Delta ou ao longo do Nilo.

O facto de este campo de materiais só ter sido assinalado em data recente deve atribuir-se às importantes alterações geomorfológicas provocadas no litoral do Delta, pela construção da grande barragem de Assuão, cujos efeitos sobre o património arqueológico egípcio se revelaram muito graves (Sauneron 1968: 30-40)[13]. Neste caso feliz, a drástica diminuição dos depósitos aluvionares provocou alterações hidrodinâmicas no litoral, contribuindo assim para descobrir vestígios até há pouco ocultos por sedimentos, achados que nem sempre têm sido divulgados de forma cientificamente correcta (Alvarez 2003: 343-349)[14]. A continuação dos trabalhos não deixará de alargar o conhecimento dos restos encontrados no leito do porto de Alexandria, para que possamos continuar a reconstruir, sobre as fontes literárias e sobre as fontes arqueológicas, a história e a imagem desta formidável obra da Antiguidade (fig. 15).

---

[13] De há quarenta anos até ao presente a situação agravou-se significativamente. O primeiro levantamento subaquático do porto de Alexandria, efectuado pelo engenheiro francês G. Jondet em 1912, não identificou quaisquer vestígios do farol.

[14] São particularmente interessantes os resultados obtidos pela equipa do *Institut Français d'Archéologie Orientale*, dirigida por Jean-Yves Empereur, resultados cuja divulgação difere por completo da especulação, com largos apoios mediáticos, desenvolvida por outros investigadores.

8. *Das maravilhas aos milagres. Testemunhos cristãos sobre os* Mirabilia Mundi

PAULA BARATA DIAS

Fig. 1 – Gravura das Pirâmides, em Guiza, por Johann Bernhard Fischer von Erlach (c. 1721). (© CORBIS/VMI).

Fig. 2 – As Pirâmides, no planalto de Guiza. (© CORBIS/VMI).

Fig. 3 – As Maravilhas de Babilónia por Maerten van Heemskerck (1572). (© CORBIS/VMI).

Fig. 4 – Ilustração dos Jardins Suspensos de Babilónia da obra
Histoire Ancienne, de Charles Rollin (Paris, 1829). (© CORBIS/VMI).

Fig. 5 – Ruínas do Templo de Ártemis, em Éfeso. (© CORBIS/VMI).

Fig. 6 – Reconstituição do Templo de Ártemis, em Éfeso,
numa gravura de Johann Bernhard Fischer von Erlach (c. 1721). (© CORBIS/VMI).

FIG. 7 – Reconstituição da estátua de Zeus esculpida por Fídias para o templo de Olímpia. (© CORBIS/VMI).

Fig. 8 – O Mausoléu de Halicarnasso por Maerten van Heemskerck (1572). (© CORBIS/VMI).

Fig. 9 – A luta entre Gregos e Amazonas, fragmento do friso do Mausoléu de Halicarnasso. Londres, British Museum. (© CORBIS/VMI).

Fig. 10 – O Colosso de Rodes por Maerten van Heemskerck (1572). (© CORBIS/VMI).

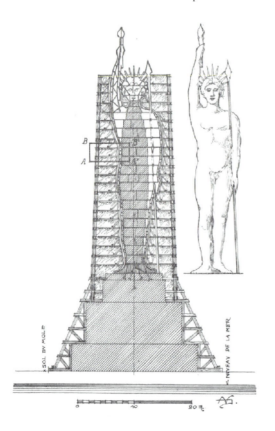

Fig. 11 – Escultura romana realizada a partir do Colosso de Rodes esculpido por Cares de Lindos. (© CORBIS/VMI).

Fig. 12 – Reconstituição do Colosso de Rodes segundo Albert Gabriel (1932). (© CORBIS/VMI).

Fig. 13 – O Colosso de Rodes numa gravura de Johann Bernhard Fischer von Erlach (c. 1721). (© CORBIS/VMI).

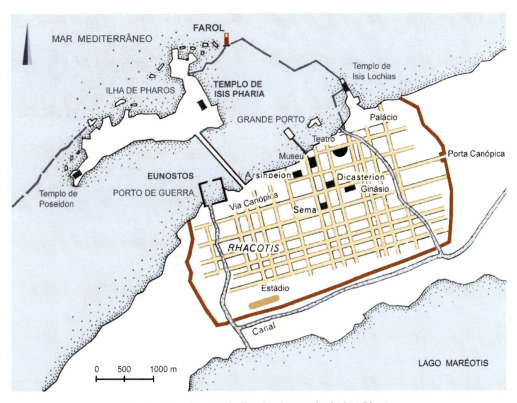

Fig. 14 – Localização do Farol e do templo de *Isis Pharia* na cidade de Alexandria (Vasco Mantas / Luís Madeira).

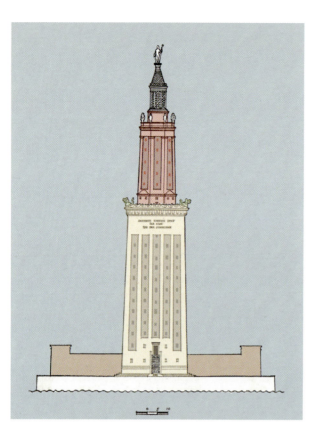

Fig. 15 – Reconstituição do Farol de Alexandria na Época Romana, segundo López Otero (Vasco Mantas / Luís Madeira).

Fig. 16 – O Farol de Alexandria por Maerten van Heemskerck (1572). (© CORBIS/VMI).

Das maravilhas aos milagres.
Testemunhos cristãos sobre
os Mirabilia Mundi

Considerar o testemunho dos autores cristãos sobre as maravilhas arquitectónicas construídas pelo homem da Antiguidade obriga-nos preliminarmente a prestar um esclarecimento quanto às particularidades do ângulo de análise proposto, por um lado demasiado vasto, por outro, de certo modo, irrelevante.

Pelo menos a partir do séc. IV, a cultura escrita, em franco processo de cristianização nos séculos anteriores, é em quase todas as manifestações produzida por mãos cristãs, processo que se acentuou com a liberdade de culto constantiniana proclamada em 314 e que se tornou absoluta com o legalismo teodosiano e a interdição dos cultos pagãos em 492. Ora, com estas datas de partida, e se nos limitarmos aos testemunhos em línguas clássicas que se prolongam até ao Renascimento, obtemos um arco temporal superior a um milénio.

De facto, por razões intrínsecas, ou seja, porque eram cristãs as vozes no centro do sistema literário, pertencentes à elite culta, por razões extrínsecas, ou seja, porque as vozes não cristãs agora na periferia, a terem existido, teriam sido silenciadas, ou não reproduzidas nem conservadas, a verdade é que a cultura escrita em línguas clássicas após o séc. IV é quase unanimemente cristã. Ora, esta vastidão coloca-nos o problema da relevância do factor religioso como critério de análise do testemunho sobre as Maravilhas da Antiguidade. Será relevante, numa cultura cuja única voz que se faz ouvir é a de autores cristãos, analisar este ponto de vista? Será o Cristianismo dos seus autores operativo para o tipo de testemunho deixado?

A questão está longe de ser simples e remete-nos para uma discussão que não cabe aqui, mas que não pode ser deixada de lado como preâmbulo à nossa apresentação: a produção literária após o séc. IV é, quase toda, produzida por autores de fé cristã, mas isso não quer dizer que eles se limitassem à abordagem de conteúdos explicitamente religiosos. Autores cristãos compuseram poesia, ficção narrativa, teatro, tratados de gramática e de retórica, obras jurídicas, matemáticas, astronómicas, ou seja, continuaram géneros literários antigos e promoveram novos modos de expressão literária, com escassa intervenção explícita do factor religioso (Curtius 1999).

Nesta medida, os autores das primeiras gerações, como S. Lucas e Lactâncio, ou mesmo os Padres como Gregório Nazianzeno, mas também Cassiodoro e Gregório de Tours, tratam o tema de um modo em que é visível a sua opção religiosa. Outros há, como Isidoro de Sevilha, Ps.-Beda e os italianos Ciríaco Pizicolli ou Poliziano, em que esse critério não tem nenhuma relevância, pois os seus discursos ou se colocam num tom técnico e científico, nos dois primeiros casos, ou são pronunciados numa época de hegemonia do Cristianismo, que, tornado substrato da cultura dominante, nela se neutraliza e deixa de ser explícito.

Se quisermos encontrar uma dominante cristã na apreciação das Maravilhas da Antiguidade, mencionaremos dois aspectos:

Em primeiro lugar, a tendência para renovar o catálogo tradicional ou mesmo de o substituir, ou seja, aquela atitude que poderemos definir pela transformação dos *mirabilia* nos *miracula*. Esta atitude pode dever-se ao maior ruído existente entre as fontes e os autores de recepção, factor acidental, mas resulta em larga medida do aparecimento de novos modelos. A Bíblia apresenta a Arca de Noé, o Templo de Salomão, a própria Torre de Babel, ou mesmo a Babilónia do cativeiro judeu. Neste texto, as duas últimas são apresentadas como construções humanas, majestosas sem dúvida, mas negativas no modo como desafiavam a vontade de Deus ou representavam a ofensa ao seu povo. Existe assim a tendência, no discurso cristão, de avaliar negativamente o discurso sobre as Maravilhas, tal como ele foi composto na Antiguidade, pois elas são a manifestação da soberba humana. A par desta avaliação, exaltam-se os verdadeiros «milagres», os que resultam da vontade e intervenção divinas, tais como a Arca de Noé ou o Templo de Salomão, ou os elementos naturais criados por Deus de acordo com o *Génesis*.

Em segundo lugar, destacaremos a consciência da caducidade de toda a realidade criada, seja obra edificada pelo homem, sejam obras criadas por Deus. Todo o espanto, toda a surpresa cessam diante da constatação de que nada é eterno. Julgamos que este sentimento de efemeridade está fundamentado na crença cristã da finitude do homem enquanto ser, e da humanidade e do mundo enquanto criaturas de Deus, o Único afinal da qual repousa a eternidade, e a verdadeira vida de quem esta é uma antecâmara. Este sentimento é reforçado pelo facto de estes autores se exprimirem quando as Maravilhas da Antiguidade já não existem, ou se encontram em ruínas, pelo que falar nestes monumentos implica avaliar uma realidade assumida não só como passada, como estranha aos valores e às aspirações da fé cristã. Deste modo, assumir uma posição crítica em relação às glórias da arquitectura do passado, símbolos políticos ou religiosos da civilização antiga pagã, integra-se no discurso mais vasto da rejeição do século tal como ele se apresentava para os cristãos que lidaram de um modo mais próximo com o paganismo.

Comecemos no séc. I, pelo testemunho de **S. Lucas** em *Act.* 19.23-40, apontado como o autor dos *Actos dos Apóstolos* e do Evangelho de seu nome. Este livro foi composto entre 60 e 70, por um discípulo da pregação de Paulo, maioritariamente dirigido às comunidades não judaicas do Oriente, cultural e linguisticamente helénico. É, portanto, um texto especialmente sensível aos aspectos do contacto entre a novidade cristã e o paganismo greco-latino, além de ser um texto composto por um autor cuja língua materna era o grego.

Na sua terceira viagem missionária fora da Palestina, a Éfeso, Paulo enfrenta a fúria de uma multidão de Efésios, instigada por Demétrio, cinzelador (*argyrokopos*) de réplicas de prata do Templo de Ártemis. Os argumentos de Demétrio contra Paulo são razoáveis: este homem, não só aqui mas por toda a Ásia, desvia homens dos cultos, dizendo-lhes que os deuses não são feitos pelas mãos dos homens. Com isto, não só desvaloriza o Templo de Ártemis, como desprestigia a grande deusa que toda a Ásia venera. Acima de tudo, coloca em risco a prosperidade de Éfeso, onde muitos dependem da indústria e do comércio de réplicas do santuário de Ártemis. Dois companheiros de Paulo, Gaio e Aristarco, são arrastados à força para o teatro da cidade e, diante do iminente linchamento, um judeu de nome Alexandre tenta acalmar a multidão. Esta, apercebendo-se de que ele é judeu, ignora-o. Por fim, é um secretário da *Ecclesia*, ou seja do tribunal, um *grammateus*, ou seja, um representante da autoridade, quem impede o linchamento colocando a questão no seu estrito domínio jurídico: o prestígio de Éfeso como cidade que acolhe o Templo e a estátua da Deusa, enviada do céu, é incontestável. Os acusados pela multidão não proferiram especificamente nenhuma blasfémia contra estas verdades – podemos deduzir que se pronunciaram sobre aspectos gerais – pelo que não podem ser acusados de um crime específico pelas autoridades. Em todo o caso, Demétrio e os restantes artífices podem apresentar uma queixa nas instâncias competentes para tal, nas audiências públicas (*agoraioi*) com os procônsules. A multidão dispersa finalmente, com a ameaça de ter de dar contas pela perturbação da ordem pública.

É um testemunho riquíssimo sobre a efervescente realidade das *póleis* gregas dos primórdios da era cristã, espaços multiculturais sujeitos à administração romana, em que são visíveis as finas linhas da fractura religiosa que foram fundamentais para o futuro do Cristianismo. Assim, como pano de fundo, temos a realidade sedimentar do Templo de Ártemis, monumento da cidade e fonte de recursos para muitos que vivem do comércio e do turismo religioso em torno do santuário que acolhia – dizia-se – a estátua da deusa doada pelos céus. O prestígio desta maravilha no séc. I aparece aqui intocado, quer na sua dimensão de objecto de piedade religiosa, quer como pólo de atracção popular.

Um judeu de nome grego, um representante da diáspora judaica por ambientes helénicos, tenta acalmar a multidão, mas esta ignora-o porque se apercebe de que ele é judeu, ou seja, não o considera representativo dos sentimentos da maioria. Notemos que, tendo ele nome grego, a referência ao seu judaísmo obedece a padrões exclusivamente religiosos e não étnicos. Por fim, intervém a voz da autoridade, apaziguadora e conservadora no seu reconhecimento da importância do culto de Ártemis, e, por outro lado, impositora da ordem e da disciplina públicas, exercidas por uma autoridade política que, nestes tempos, evita imiscuir-se em assuntos de conflitualidade religiosa. Esta cena repete alguns lugares comuns dos primeiros relatos feitos por cristãos quanto às suas intervenções públicas: multidões em fúria diante de uma autoridade que pretende, a todo o custo, impor a ordem pública e a coexistência entre grupos étnica e religiosamente diversificados – basta lembrarmo-nos das narrativas evangélicas da Paixão de Cristo.

Este episódio é um precioso documento sobre o real impacto do Templo de Ártemis em Éfeso, questão que é independente do facto de este catálogo ter sido organizado no séc. III a.C. da Época Helenística. Lucas, Paulo e outros cristãos não conheceriam o catálogo, embora sejam receptores da real importância do santuário.

O relato apresenta questões que virão a tornar-se constantes no contacto entre o Cristianismo como religião em expansão numa *oikoumene* religiosamente já rica e complexa. Em redor do santuário há um comércio estabelecido de reproduções do templo, vendidas aos visitantes e cultores da deusa. Este comércio religioso era suficientemente importante como actividade económica em Éfeso para, diante da ameaça de uma nova religião, poder organizar uma insurreição popular. É curioso notarmos a disposição dos intervenientes em termos de facções étnicas e religiosas: judeus, cristãos e cultores do politeísmo tradicional, todos helenizados, de nome e de nascimento, convivem e opõem-se numa metrópole administrada pela férrea mão romana, determinada em manter a ordem e em conter a instabilidade pública e social derivada do factor religioso.

Não esqueçamos, contudo, que o texto é escrito por um cristão, para a educação e edificação de cristãos numa época de afirmação da nova fé. Assim, no horizonte do relato de Lucas fica, por um lado, a específica estratégia proselítica de Paulo para os pagãos greco-latinos, que se apoia na iconoclastia como força corrosiva das velhas religiões – venerar estátuas de deuses feitas por homens é uma forma de idolatria. Por outro lado, fica também a não hostilização das forças da autoridade – romanas ou delegadas dos romanos – no que seria uma estratégia de compromisso, adoptada pelos cristãos das primeiras gerações, responsável por parte do sucesso da rápida difusão cristã.

Lactâncio, um professor de retórica nascido pagão no Norte de África em meados do séc. III, empregou o seu estilo inflamado e o seu bom domínio da técnica argumentativa ao serviço da afirmação de verdade cristã contra os erros da filosofia e da religião pagãs. Esta determinação conduziu-o, a ele e a muitos cristãos combativos da Época Pré-Constantiniana, a uma existência difícil, tendo sido uma das vítimas da primeira perseguição movida pelo imperador Diocleciano, em 303. Na sua obra *Instituições Divinas*, Lactâncio esforça-se por sistematizar a nulidade da sabedoria pagã à luz do Cristianismo, no que se conta como uma das primeiras manifestações do género polemístico, apoiado numa técnica retórica da Antiguidade herdada pelo Cristianismo. Assim, Tales, Sócrates, Platão, Epicuro, Zenão, mesmo Cícero e Séneca, nenhum escapa à aguçada perscrutação de Lactâncio.

Lactâncio procura demonstrar a superioridade cristã sobre toda a construção, religiosa, filosófica ou científica do paganismo. A breve referência aos Jardins Suspensos da Babilónia insere-se num livro de denúncia das fatuidades das filosofias pagãs, particularmente do modo como estas explicam a matéria e a origem do mundo.

No passo em questão, está em causa a teoria da esfericidade da terra e dos antípodas, apresentada por Platão no diálogo *Timeu* (63a), mas retomada por Aristóteles no seu tratado *De Caelo*, bem como por Estrabão, Plutarco e Diógenes Laércio[1]. Para Lactâncio, esta descrição do mundo natural é remetida para o reino da fantasia e corrobora a sua argumentação com a evocação dos também fantasiosos Jardins Suspensos que, na época de Lactâncio, não passavam de um mito das Maravilhas do passado. Como é que alguém pode considerar maravilhosa esta realidade, quando os próprios filósofos afirmam que toda a matéria está duplicada, em posição inversa, abaixo de nós?

Restam-nos duas breves notas a fazer a este excerto: por um lado, é de destacar o facto de os Jardins Suspensos surgirem, no discurso lactanciano, não como uma realidade concreta desaparecida, mas como uma criação fantasiosa. Por outro lado, afirma-se uma tendência que vimos já delineada na Bíblia: as Maravilhas da Antiguidade prestam-se ao propósito de irrisão da religião e da ciência pagãs, como produtos modelares da criação humana orientada, precisamente, por uma escala de princípios, conhecimentos e valores que, no discurso cristão, merece ser revista.

Esta será uma tendência constante no juízo cristão sobre as Maravilhas da Antiguidade, como veremos.

Gregório de Nazianzo (329/330-390), Teólogo, Monge e Bispo da Capadócia, figura maior da Patrística Grega, evocou também com espírito de crítica as Maravilhas da Antiguidade. Num dos textos, um epigrama conservado pela *Antologia Palatina*, Gregório dá voz a um *topos* literário comum na lírica grega tardia, mas que, ao que se sabe, é único num texto de um autor cristão: a apresentação, num discurso emulatório, da oitava maravilha, que é ele

---

[1] Santo Agostinho, *De Ciuitate Dei* 16.9, também afirma como nula a teoria dos antípodas: «... com efeito, contam que existem "antípodas", isto é, homens na parte contrária da terra, aquela onde o sol se levanta quando se está a pôr entre nós, e caminham em passadas invertidas em relação aos nossos pés: não merecem a menor credibilidade...».

próprio. A teologia gregoriana é recorrente na apresentação da mortalidade do homem, desta consciência de que o homem, e particularmente o cristão, é um ser para a morte. E aqui está, ponderada esta coerência com o pensamento de Gregório de Nazianzo, a interpretação deste epigrama: entre as maravilhas legadas pelo passado, inclui-se ele próprio, erguido dos rochedos da terra em direcção ao céu, supremo destino de todo o cristão, o primeiro a dever ser cantado entre os que morrem, levados pelo labor insaciável do tempo, o supremo homicida.

Pensamos que a motivação para este exercício literário não foi exprimir especificamente uma realidade cristã. Gregório pertencia às elites ricas e cultivadas das cidades da Ásia Menor, pelo que produziu vários epigramas de temática profana.

A carta dirigida ao seu dilecto amigo Basílio de Cesareia é mais incisiva quanto à expressão da especificidade cristã no discurso sobre as Maravilhas. Surge, de novo, a tentativa de suplantar o catálogo tradicional legado pela Antiguidade, mas agora num esforço mais evidente de cristianizar a reflexão sobre o tema. S. Basílio exerce, para as Igrejas orientais de língua grega e para a tradição ortodoxa, a mesma função que no Ocidente coube, anos mais tarde, a S. Bento de Núrsia. Dono de uma vasta fortuna pessoal e de uma educação erudita, fez construir a suas expensas, em Cesareia, um hospital para os pobres e um armazém de alimentos a serem distribuídos pela população urbana. Gregório de Nazianzo enaltece estas obras solidárias no socorro da alma e do corpo, considerando que elas superam em muito as estéreis construções monumentais que maravilharam os homens do passado e do presente. Os cristãos, «seres para a morte», não cuidam das cidades e das praças, apenas lhes interessa conduzir a alma no recto caminho para o céu, e a filantropia, a caridade para com os homens seus semelhantes, é a nova maravilha que adorna Basílio, mais do que ninguém.

Fazemos também um comentário à estátua de bronze de *Colossus*. Passados praticamente seis séculos da destruição do Colosso da ilha de Rodes, na memória de Gregório de Nazianzo, este não é mais do que uma referência esfumada. Induzido pela referência cristã da carta de Paulo aos habitantes de *Colossae* (a carta aos Colossenses), cidade da Ásia Menor nos arredores de Laodiceia, Gregório confunde o nome da estátua com o nome da cidade e situa a famosa, mas decerto de vaga memória, estátua gigante de bronze na cidade de *Colossae*, no interior da Ásia Menor.

O próximo autor em que nos detemos é Flávio Magno Aurélio **Cassiodoro** (485-580). O texto em causa, a *Formula ad praefectum urbis,* está incluído no sétimo livro dos *Variarum,* nos quais o questor, senador e *magister officiorum* de Teodorico Cassiodoro reúne a sua correspondência, proclamações, éditos e apontamentos, enfim, diligências administrativas que o serviço oficial nos gabinetes imperiais o levou a tomar, muitas das quais são, inclusivamente, postas na boca do Rei Teodorico([2]). Teria sido escrito entre 507-511, altura em que Cassiodoro secretariou, em Ravena, o rei de origem bárbara educado em Constantinopla. Está dirigido ao prefeito da cidade de Roma, e nele são fornecidas instruções concretas quanto à atribuição da conservação, salvaguarda e restauro de Roma.

Não é uma questão de pequena importância, uma vez que Teodorico assumiu, diante do imperador Zenão de Constantinopla, o compromisso de preservar a glória do Império Romano do Ocidente, caído em mãos bárbaras desde 476, mas efectivamente reduzido à Península Itálica, uma vez que foi, durante o séc. V, progressivamente desmembrado por vários reinos bárbaros. «O nosso reino é uma imitação do vosso, é a imagem do bom governo, uma réplica do único Império» (*Variarum* 1.1.2). Assim resumiu Teodorico, na carta dirigida ao imperador Zenão de Constantinopla, cuja redacção coube a Cassiodoro, todo um programa político de não hostilização do Império Romano do Oriente, de conservar formalmente para Roma o estatuto de reinado submisso ao Império

---

([2]) *Formula ad praefectum urbis de architecto faciendo in Vrbe Roma,* in *Variarum* 7.15.2.

Oriental e também conservar internamente a civilização, os costumes e as leis deixadas pelos romanos aos administradores bárbaros. Urgia, portanto, restaurar a face da despovoada e decadente Roma, após um século de instabilidade, de abandono e de desleixo, para que esta conservasse a sua titularidade de *Prima Roma*. Assim, são elogiadas as qualidades técnicas e a sabedoria da arquitectura dos antigos mestres, a beleza dos mármores e dos bronzes romanos, que neste momento são objecto de uma ordem precisa de conservação.

É neste passo que surge a menção às Maravilhas da Antiguidade:

O templo de Diana de Éfeso, o Mausoléu de Halicarnasso, o Colosso brônzeo de Rodes, a estátua de Zeus Olímpico, de marfim e ouro, o palácio de ouro e de pedras de Ciro, rei dos Medos [3], em Pasárgada, as muralhas da Babilónia, edificadas pela rainha Semíramis, e as Pirâmides do Egipto.

---

[3] O texto refere-se a Ciro II, rei dos Medos e conquistador da Babilónia no séc. VI a.C. Libertou os Judeus do cativeiro e por isso a Bíblia é uma fonte de informação preciosa (*Is.* 40-56, *Esdras* 1.2-4, *Cron.* 36.22-23). O sítio arqueológico, na cidade de Pasárgada, cobre uma área de 1,6 Km^2, e contém uma estrutura que se acredita ser o mausoléu de Ciro, o actual forte de Tall-e Takht, numa colina próxima, e as ruínas de um palácio real e jardins. Os jardins mostram o exemplo mais antigo dos *chahar bagh* persas ou jardins quádruplos. O monumento mais importante de Pasárgada é indubitavelmente a tumba de Ciro, o Grande. Possui sete passagens largas que conduzem à sepultura, que mede 534 m em comprimento e 531 m de largura. Apesar de não haver evidências fortes a identificar a tumba como a de Ciro, os historiadores gregos dizem que Alexandre acreditava que era. O conquistador macedónico passou por Pasárgada nas suas campanhas contra Dario III em 330 a.C. Arriano, historiador de língua grega do séc. I d.C. que se concentrou nas campanhas (*Anábase*, cf. *Anabasis of Alexander. Indica.* ed. P. A Brunt, Cambridge, Mass., 1996, 192), contou que Alexandre ordenou a um dos seus guerreiros que entrasse no monumento. Lá dentro encontrou uma cama dourada, uma mesa arrumada com copos, um caixão dourado, alguns ornamentos enfeitados com pedras preciosas e uma inscrição na tumba. Nenhum traço de qualquer inscrição sobreviveu até os tempos modernos e há considerável discordância quanto às palavras do texto. Estrabão dizia que aí estava escrito: «Forasteiro, sou Ciro, que deu aos Persas um império, e fui rei da Ásia. Não tenhas inveja de mim por causa desse monumento.»

Diante de Roma, contudo, a grandeza destes monumentos empalidece. De facto, estes só se destacam porque foram construídos no passado, no tempo em que a rudeza determinava que tudo fosse maravilhoso, porque era novidade. Roma é, contudo, em si mesmo, a maior das maravilhas.

Cassiodoro, o senador romano que assistiu à derrocada política do Império do Ocidente e cuja vida pública e literária se concentrou no esforço de continuidade entre um passado glorioso e de um presente incerto ao serviço do rei ostrogodo Teodorico e do seu sucessor, o regente Atalarico, exprime nesta pequena referência o orgulho na sua romanidade, pátria de maravilhas impossíveis de ultrapassar por qualquer catálogo percebido como distante.

Neste testemunho, temos um exemplo evidente de como o Cristianismo de Cassiodoro não foi relevante, sobressaindo mais a sua qualidade de romano cultivado e ciente das suas responsabilidades públicas.

Resta-nos uma observação sobre a variabilidade da tipologia transmitida das maravilhas por Fílon de Bizâncio. Cassiodoro fala do palácio de Ciro, adornado de ouro e de pedras preciosas, em Pasárgada, e das muralhas da Babilónia, edificadas pela raínha Semíramis. Estão pois ausentes o Farol de Alexandria e os Jardins Suspensos da Babilónia. Teria Cassiodoro desconhecido as fontes tradicionais?

Pode haver outra explicação para esta variação no catálogo: por um lado, o palácio de Ciro é abundantemente referido na Bíblia, além de constar dos relatos de determinadas fontes clássicas como Estrabão e Arriano, que descreveram a sua monumentalidade sem se referirem, contudo, à sua inclusão na lista das maravilhas. Quanto à Babilónia, constatámos que os Jardins Suspensos foram, do elenco tradicional, aqueles que inspiraram as maiores dúvidas quanto à sua existência real e à sua descrição.

Existem, contudo, vestígios das Muralhas da Babilónia, da técnica e dos materiais usados na sua construção durante o reinado de Nabucodonosor II, de que a Porta de Ishtar, mantida no Museu de Pérgamo em Berlim, é um bom exemplo. A cidade da Babilónia foi edificada numa planície de aluvião, na qual a rocha não abunda e por isso não é utilizada como material de construção.

Assim se aperfeiçoou a construção em tijolo de terra cozida, material resistente e maleável, mas permeável à água. Os povos da Mesopotâmia inventaram uma técnica de impermeabilização dos mesmos que passava pela sua vitrificação com auxílio de betume e areia, responsável pelo aspecto brilhante, luzidio e inexpugnável, que ainda hoje podemos contemplar na magnífica Porta de Ishtar conservada no museu berlinense, ou mesmo no que sobrevive no sítio arqueológico da Babilónia no actual Iraque.

Não é, portanto, completamente impossível, conjugados os vários factores, encontrar uma explicação para estas duas maravilhas, oriundas da cidade da Babilónia, as Muralhas e os Jardins Suspensos, e porventura até atribuir uma maior credibilidade às primeiras sem que isso implique rejeitar a veracidade da existência dos jardins suspensos. Os documentos relativos à Babilónia independentes da apresentação do relato das maravilhas destacam o engenho, a técnica e a grandiosidade das fortificações (a Bíblia, Vitrúvio). Ora, situada numa elevação artificial a partir de um ambiente seco, quente e plano, quem se aproximasse da Babilónia veria, desde longa distância, as muralhas vidradas e a aparência solene que hoje se sabe terem de facto existido.

No entanto, a experiência do abastecimento de água a uma cidade antiga dependia de técnicas de engenharia hidráulica que forneciam este recurso a uma cidade avançada, única forma aliás de promover a existência das grandes cidades na Antiguidade, fossem babilónicas, egípcias ou romanas. Dada a ausência de relevo natural na Babilónia, a obra seria especialmente notável neste ambiente naturalmente adverso, e surpreenderia quem dele ouvisse falar. É possível que estes mesmos viajantes observassem, mesmo desde o horizonte, jardins artificiais elevados da planície, à altura das muralhas, proporcionados pelas técnicas de construção e de condução da água dominadas pelos povos da Mesopotâmia, manifestação de luxo num espaço naturalmente desértico. Os jardins suspensos como maravilha são, provavelmente, o resultado visível desta técnica hábil da irrigação artificial, ela própria verdadeiramente maravilhosa.

O facto de se preterir o Farol de Alexandria poderá explicar-se não tanto pelo desconhecimento de Cassiodoro quanto à sua existência como maravilha, mas tão só pela necessidade de conservar o paradigma tradicional do número sete, portanto, a utilização de uma referência cristalizada, sentida como erudita e valorizadora de uma mensagem eminentemente prática, a de salvar o brilho de Roma.

Quando avançamos no tempo, verificamos que o afastamento do catálogo tradicional é mais evidente, o que pensamos ser motivado não só pela existência de fontes alternativas a Fílon de Bizâncio, mas também por um consciente desejo de apresentar um catálogo verdadeiramente cristão. O exemplo claro deste procedimento, que consiste em não se limitar a criticar um catálogo constituído (como Gregório de Nazianzo o fez), mas também a apresentar alternativas, ocorre no curioso texto do escritor merovíngio **Gregório de Tours** (540-594), que serve de exórdio à sua obra astronómica e de cálculo temporal *De cursu stellarum, Acerca do movimento das estrelas* (*Opera omnia, Patrologia Latina* 71).

A fonte da informação para a apresentação de um primeiro catálogo, tradicional, é principalmente a Bíblia[4], o que é manifesto nas três primeiras maravilhas, as que são descritas com maior detalhe. Seria esta a fonte de mais fácil acesso para o autor. Mas também utiliza referências literárias de autores cristãos precedentes, que descreveram os mesmos monumentos sem cumprirem um plano de os inserirem num catálogo. Podem assim detectar-se

---

[4] *Gen.* 6.13-20: «Constrói uma arca de madeiras resinosas. Dividi-la-ás em compartimentos e calafetá-la-ás com betume por fora e por dentro. Hás-de fazê-la desta maneira: o comprimento será de trezentos côvados, a largura de cinquenta côvados; e a altura de trinta côvados. Ao alto, farás nela uma janela à qual darás a dimensão de um côvado. Colocarás a porta da arca a um lado, construirás nela um andar inferior, um segundo e um terceiro andar.»

S. Jerónimo (*Contra Joviniano* 1.17, *Patrologia Latina* 23, col. 247), a propósito da arquitectura interior da Arca de Noé (dividida em dois compartimentos e três andares, em latim *bicameratam et tricameratam*).

A propósito da Babilónia, o autor aproxima-se da descrição de Orósio [5], valorizando as muralhas e a capacidade defensiva da poderosa cidade. Tal como no autor anterior, nada se refere quanto aos Jardins Suspensos. A terceira é o Templo de Salomão, porventura o que apresenta maior minúcia nos detalhes, graças à familiaridade com a fonte directa, que é o segundo livro das *Crónicas* no Antigo Testamento (*1 Reg* 7.1-51, *II Cron.* 3).

A quarta maravilha é o túmulo do rei Persa. A quem se refere Gregório? Talvez estejamos diante de mais uma consequência das dificuldades de transmissão. Possivelmente, Gregório cruza, na sua descrição, o monumento funerário em honra ao rei da Cária, Mausolo, erguido em Halicarnasso em meados do séc. IV a.C., com as mesmas fontes que haviam validado, no catálogo apresentado por Cassiodoro, o palácio do rei Ciro, em Pasárgada. Falamos provavelmente de Arriano, que ao descrever a presença de Alexandre no majestoso palácio, regista a existência de um caixão dourado e de uma série de objectos necessários à vida do monarca no Além, pelo que estaríamos diante de um palácio-túmulo.

As medidas fornecidas são exactas, provavelmente alvo de algum exagero. Não devemos, contudo, desprezar as qualidades da verosimilhança, quando se refere a escultura do sepulcro numa pedra única de ametista. Pode estar aqui em causa o uso da técnica da vitrificação do tijolo, que conduziria a este aspecto de unidade do material de construção, sem se tornarem visíveis as juntas.

Neste passo, Gregório de Tours parece cruzar duas das Maravilhas da Antiguidade que integram o catálogo de Fílon de Bizâncio: o túmulo de Mausolo, único monumento fúnebre que

---

[5] Gregório de Tours usou a mesma referência na *Historia Francorum* 1.6. Orósio, *Historiarum aduersus Paganos* 2.6.8-11 (cf. *Histoires: contre les Paiens.* ed. M.-P. Arnaud Lindet, Paris, 1990, 96).

integra a lista, e os Jardins Suspensos da Babilónia, na Pérsia de Nabucodonosor. O túmulo do rei Persa que suscitou admiração na Antiguidade foi o de Ciro, em Pasárgada, que Alexandre visitou na sua incursão pelo Oriente. A descrição de Arriano do palácio--túmulo de Ciro (*Anábase* 6.29.4-6), sendo a fonte directa para esta referência, não é feita de modo a representar explicitamente uma das Maravilhas. Nele se menciona a existência de uma câmara funerária em pedra, rodeada de jardins esplendorosos. O sarcófago real tinha tapeçarias a envolvê-lo. A decoração naturalista que Gregório descreve como sendo lavrada na pedra do túmulo pode recuperar quer a descrição de Arriano dos jardins reais de Pasárgada, quer as descrições dos Jardins Suspensos da Babilónia, dado terem como referente comum a civilização e a cultura persas.

A quinta é o Colosso de Rodes, aqui apresentado com o curioso detalhe de poder constituir uma espécie de celeiro, função a que se destinava a sua cabeça. A sexta é o teatro da cidade de Heracleia, da província da Macedónia, mandado edificar por Adriano (138-187), esculpido numa colina de uma só pedra, e a sétima é o Farol de Alexandria, do qual se destacam as suas extraordinárias fundações.

Desta lista, apenas o túmulo de Mausolo e o Colosso de Rodes pertencem à lista de Fílon de Bizâncio e de Antípatro de Sídon. Os monumentos são ainda elencados de acordo com a sua crono-logia, desde a Arca de Noé até ao Teatro de Heracleia, no séc. II d.C., o que revela uma preocupação de historicidade. Desapareceram, curiosamente, as referências aos monumentos gregos ou que foram dados a conhecer por fontes gregas: a estátua de Zeus, o Templo de Ártemis, mesmo as Pirâmides ficaram arredadas. Ficará tal facto a dever-se ao distanciamento em relação à cultura grega e suas fontes (Heródoto, por exemplo)?

Poderá haver uma explicação ideológica: os monumentos omitidos são aqueles sobre os quais se torna mais fácil a acusação de paganismo ou de idolatria. Já os monumentos conservados do catálogo tradicional provêm todos, primariamente, de motivação política (o sepulcro de Ciro), cívica ou utilitária, ainda que secundariamente possam apresentar-se com uma função religiosa (o Farol, as Muralhas, o Colosso de Rodes – que em Cassiodoro é mesmo descrito como um reservatório de cereais –, o Teatro de Heracleia). A pertinência desta nossa interpretação parece-nos reforçada pelo facto de o discurso de Gregório, tal como o dos autores cristãos anteriores, estar todo ele marcado por uma intenção judicativa, de avaliação consciente de um património antigo, o que nos parece coerente com uma manipulação deliberada do catálogo, à luz de princípios que se pretendem afirmar e de outros que se pretendem omitir, ou neutralizar (ou seja, os templos pagãos como maravilhas).

Segue-se a mensagem da relativização da obra humana, que abre portas à reescrita de um novo catálogo: estas obras foram edificadas pelos homens, quer as que partiram da vontade de Deus (Arca de Noé, Templo de Salomão), quer as que tiveram uma motivação totalmente humana e, por isso, são corroídas pelo tempo, umas já desapareceram e outras têm a sua ruína próxima.

Gregório propõe um catálogo de novas maravilhas que, ao contrário das anteriores, são obra intemporal de Deus, e por isso podem ser universalmente contempladas e reconhecidas por todos os homens. Esta distinção apoia-se numa precisão etimológica verdadeiramente significativa para a linguagem cristã: aos *mirabilia*, «as coisas dignas de admiração», sucedem os *miracula* em latim cristão, «as admiráveis realizações de Deus».

Gregório é bastante aleatório na escolha destas maravilhas: seis são naturais (o movimento das marés, a geração de cereais e de frutos, o ciclo solar, o ciclo lunar, as erupções permanentes do Etna, as fontes vulcânicas de Grenoble), uma é fantástica (a ave Fénix). As duas primeiras são expressamente mencionadas pelas dádivas que proporcionam aos homens (os frutos do mar e os bens da agricultura). Já os fenómenos vulcânicos mencionados proporcionam ao homem a antevisão, sem consequências, dos tormentos do inferno. As maravilhas da natureza cobrem ainda fenómenos relativos aos quatro elementos primordiais: água (marés, fontes quentes de Grenoble), terra (agricultura), ar (ciclo solar e ciclo lunar) e fogo (erupções do Etna, fontes quentes de Grenoble).

Acresce também o sentido da oportunidade exibido por Gregório: a apresentação destes milagres proporciona sempre uma reflexão piedosa sobre o sentido religioso do fenómeno. Por outro lado, tratando-se do exórdio de uma obra de cálculo temporal, privilegiam-se os fenómenos que podem inscrever-se num ciclo temporal constante e ritmado, integrando a ordem mecânica do mundo criada por Deus.

Atribuído com muitas reservas a **Beda, o Venerável** (672-735, in Ps.-Beda, *Patrologia Latina* 90.803-6.1/16), o monge da Abadia de Jarrow em Inglaterra, temos um catálogo em grande parte alternativo. O Capitólio de Roma, «a cidade das cidades do mundo», e as estátuas que nele representavam os diferentes povos. Munidas de uma campainha e vigiadas por sacerdotes, alertavam os romanos para a insurreição do povo que representavam, o que gerava uma célere resposta militar dos romanos; o Farol de Alexandria, elogiado pela qualidade das suas fundações sólidas; o Colosso de Rodes surge, nesta descrição, com um interessante contraponto em relação à estátua gémea que Nero mandou edificar nos jardins da sua *Domus aurea* (69 d.C.), no local em que hoje está edificado o *Colosseum*. Esta estátua foi demolida no tempo de Adriano, mas Beda fala dela como ainda existente. Isto significa que o autor tem como referência fontes anteriores, e Plínio, o Antigo, é com grande probabilidade a fonte desta informação (36.41, 46).

Segue-se a estátua equestre de Belerofonte, em ferro, na cidade de Esmirna, na Lídia, o Teatro de Heracleia e o Balneário de Apolónio de Tiana. Duas destas maravilhas, a estátua e o balneário, são, ao que sabemos, apresentadas como tal pela primeira vez. O autor salienta-as pela perícia técnica e pelo engenho científico com que foram edificadas, a primeira por envolver o conhecimento da levitação através de forças magnéticas, a segunda pela sua excelente acústica, a terceira pela extraordinária fonte de energia por ela usada.

Estas termas de Apolónio de Tiana não são uma referência evidente. O autor medieval menciona certamente o templo erigido por Caracala em honra do filósofo pitagórico e mago do séc. I Apolónio de Tiana (40-120 d.C.), que o seu biógrafo, Filóstrato, e também Díon Cássio documentam. Mas Beda cruza as informações e refere Caracala, o criador de termas em Roma cujo hipocausto, entre outras inovações engenhosas, aquecia a água por meio de vapor, e que se encontravam em funcionamento no tempo do Ostrogodo Teodorico [6].

Por fim o Templo de Diana, a última das maravilhas e com o Colosso de Rodes e o Farol alexandrino, os elementos deste catálogo pertencentes à lista tradicional. A descrição, bastante detalhada, reforça a grandiosidade e a beleza do templo. Todavia, se podemos apontar um critério dominante para a constituição deste catálogo, temos de destacar, não a beleza, mas o engenho e a habilidade envolvidos na construção de monumentos que aqui se valorizam mais como máquinas.

Este é, portanto, um autor cuja religiosidade seguramente cristã não marca o seu discurso sobre as maravilhas, antes parece construído a partir da literatura científica e técnica da Antiguidade.

O mesmo princípio da valorização da qualidade tecnológica e científica das obras da Antiguidade parece vigorar numa lista anónima do séc. XIV (Roma, Codex Vaticanus graecus 989, fol. 144[r], in

---

[6] Vide Robertson 1943. Conta Díon Cássio (*Lib.* 1. 27.18) que Filóstrato acompanhara o imperador Caracala e sua mãe na viagem à Ásia Menor, de onde o imperador preparava um ataque ao Império Persa. A viagem incluiu Antioquia e Tiana, local em que a fama do filósofo taumaturgo Apolónio era grande e em que se documenta a existência de estátuas e de templos a ele dedicados. A sua biografia resulta de uma solicitação directa da imperatriz Júlia Domna. É possível que o imperador, admirador de Apolónio, tenha transformado algum memorial já existente num templo sumptuoso. Esta personalidade causara sentimentos controversos nos seus contemporâneos e nas gerações posteriores. Alguns autores, mesmo cristãos, conservavam dele uma imagem positiva, que divulgaram nos seus escritos (Sidónio Apolinário, *Ep.* 8.3; Cassiodoro, *Chronicon*). O historiador pagão Amiano Marcelino, na sua *História de Roma* (23.7, 21.14, 23.19), destaca os seus ensinamentos em confronto com a falsa sabedoria dos cristãos e do profeta Cristo. Apolónio de Tiana é, portanto, uma personalidade presente nas fontes literárias tardo-antigas, e daí pensamos que teria sido adoptada pelo anónimo autor deste catálogo.

Brodersen 1992: 134-139), que compila «as mais belas obras e maravilhas do universo», num total de trinta monumentos, alguns bastante invulgares, como a naumaquia de Gaio e Lúcio, referência ao tanque para combates navais construído por Augusto num espaço mais tarde conhecido por «Bosque de Gaio e Lúcio» (*Res Gestae* 23, Díon Cássio 66.25.3). Outros são pertencentes aos catálogos que fomos vendo, outros ainda vão aparecendo, ao que sabemos, pela primeira vez. É o caso do Teatro de Sídon, da estátua de Asclépios de Fídias, do obelisco egípcio no Circo de Roma, ou do templo de Zeus em Damasco. Este catálogo exaustivo do final da Idade Média compila acriticamente todas as obras antigas que suscitavam admiração ao homem do séc. XIV, sem que se vislumbre qualquer propósito religioso.

Neste domínio, teremos de referir **Isidoro** como síntese do conhecimento científico e técnico da Antiguidade e como seu divulgador para a Idade Média. O seu texto sobre Roma como a suprema maravilha está na base de um texto medieval anónimo, os *Mirabilia Vrbis Romae* [7], em que se descrevem e elogiam os monumentos conhecidos de Roma, mas também as vias, os aquedutos, os pórticos, os portos, os palácios, as termas, enfim, tudo o que caracterizava uma cidade desenvolvida e sofisticada a um nível que só se recuperaria na Idade Moderna. É o mesmo Isidoro, que foi bispo da Sevilha visigótica, que nos lega uma descrição muito curiosa do Farol de Alexandria, particularmente pela interpretação etimológica do termo. Neste passo, o termo «Farol» perdeu qualquer relação com a ilha em que foi edificado, e é interpretado como uma composição dos termos em grego *fôs* e *oros*, isto é, «visão de luz», num daqueles casos em que a especulação de Isidoro parte de acepções verdadeiras que resultam, quando conjugadas, num erro. No entanto, achamos de destacar que o termo «farol» surge aqui como subs-

---

[7] Curtius 1999: I, 228; M. García Blanco (1953-1954), «Para ejemplos de *laudibus urbium* en la literatura española», *Romance Philology* 7: 175-179; Oroz Reta e Marcos Casquero 1982: II, 182-185, 198-201).

tantivo comum, que viria a ser preservado pela cultura posterior e actual (isto é, um tipo de construção que serve um propósito, e não exclusivamente a construção erigida em Alexandria), bem como o interesse de Isidoro na funcionalidade do edifício em detrimento da sua qualidade arquitectónica e monumental. É, ao que sabemos, a primeira vez que se regista esta ocorrência como nome comum.

Terminamos este périplo pelo destino do catálogo das maravilhas pelos autores cristãos com uma breve menção a dois autores no termo da Idade Média, numa altura em que os alvores do Renascimento italiano começavam a ser alimentados pelo contacto cultural com o mundo grego, e pelo retomar do interesse pelas letras clássicas que se mantiveram em continuidade no mundo bizantino. Os Padres gregos nunca deixaram de ser lidos por esta cultura e, por isso, não é estranho encontrar Gregório de Nazianzo a ser lido e comentado em latim. Foi o que fez, nos finais do séc. XIV, **Ciríaco Pizzicolli de Ancona**: Tebas, os muros da Babilónia, o sepulcro de Mausolo, as Pirâmides, o Colosso de Rodes, o Capitólio de Roma e o Palácio de Adriano, em Cízico, na Mísia[8]. Ciríaco de Ancona foi um viajante arqueólogo e coleccionador de Antiguidades, tendo mesmo estado no cerco de Constantinopla, ao lado dos Otomanos. Foi dos primeiros humanistas que, graças ao seu gosto pelas viagens, documentou o estado dos sítios arqueológicos do Oriente.

O último autor que apresentamos é **Poliziano** (1454-1494), porventura aquele para quem o tema das Sete Maravilhas mais se oferece como motivo de suplantação, não diante de uma contestação ao conceito, mas de uma alternativa ao tradicional. Homem do Humanismo, acompanha aquela atitude, que se tornou pedra de toque deste renascer do interesse pelos temas antigos, de rivalizar e de ultrapassar o legado recebido, o que constitui de si uma tácita

---

[8] B. Ashmole (Jul.-Dec. 1956), «Cyriac of Ancona and the Temple of Hadrian at Cyzicus», *Journal of the Warburg and Courtauld Institutes* 19.3/4: 179-191.

homenagem aos paradigmas antigos. Fá-lo pela recuperação do tema horaciano da perenidade da obra literária. Assim, a maravilha digna de admiração é a obra do poeta, as palavras mais perenes que o bronze. Neste belo poema, sobressai a admiração suscitada pelas glórias construídas do passado, mas também a consciência de que o tempo, o clima e a incúria dos homens as degradaram, pelo que se levantam, nos novos tempos, valores mais sólidos.

São estas as palavras que, quanto a nós, encerram qualquer sentido último da realização de um catálogo. Este consiste num estado que, mal se exprime, convida à suplantação e à emulação, facto que a passagem dos tempos veio mostrar, sempre que os homens estabeleceram uma lista de *superiora*, «as melhores de entre as melhores».

SEGUNDA PARTE

ANTOLOGIA DE FONTES

1. *Fontes gregas e latinas*
2. *Listas de maravilhas*
3. *Maravilhas mais citadas*

Fontes gregas e latinas

HERÓDOTO DE HALICARNASSO (séc. V a.C.)

Histórias **1.178-181.1:** as Muralhas de Babilónia

178.1. Logo que Ciro submeteu ao seu domínio a totalidade do continente, voltou-se contra os Assírios. Existe na Assíria um sem número de grandes cidades, mas a mais famosa e forte, que se tornou, depois da destruição de Nínive, sede do poder real, era Babilónia. Vejamos qual o traçado da urbe. **2.** Situa-se ela numa vasta planície e tem forma quadrangular, com cento e vinte estádios de lado. Ou seja, o perímetro da cidade totaliza quatrocentos e vinte e cinco estádios. Para além das dimensões referidas, a cidadela de Babilónia apresenta um plano sem igual em qualquer outra cidade que conhecemos. **3.** Em primeiro lugar, circunda-a um fosso profundo e largo, cheio de água; segue-se-lhe uma muralha, com cinquenta côvados régios de espessura, e duzentos de altura. O côvado régio mede mais três dedos que o côvado normal.

179.1. A estes pormenores, é preciso acrescentar o emprego que se deu à terra retirada do fosso e o processo de construção das muralhas. Ao mesmo tempo que se cavava o fosso, com a terra extraída da vala fabricavam-se tijolos. Depois de moldados em número suficiente, cozeram-nos em fornos. **2.** A seguir, em vez de argamassa, usou-se alcatrão quente, e intercalando, de trinta camadas de tijolos, uma rede de canas, construíram-se primeiro os bordos do fosso e depois, pelo mesmo processo, a muralha propriamente dita. **3.** No cimo da muralha, nos rebordos, ergueram-se construções de um só compartimento, voltadas umas para as outras, e a separá-las, deixou-se o espaço necessário à passagem de uma quadriga. Em todo o perímetro das muralhas, há cem portas, todas de bronze, como também as soleiras e os lintéis. **4.** Existe uma outra cidade, a uma distância de oito dias de viagem de Babilónia, chamada Is. Lá passa um rio não muito grande, do mesmo nome, que desagua no Eufrates. Da nascente do Is brotam, juntamente com a água, muitos grãos de alcatrão; foi daí que veio o pez usado nas muralhas de Babilónia.

180.1. Eram assim as fortificações de Babilónia. A cidade está dividida ao meio por um rio, o Eufrates; vindo da Arménia, este curso de água, grande, profundo e rápido, desagua no mar de Eritreia. **2.** De um e outro lado, junto do rio, a muralha faz ângulo com um muro em tijolo cozido, que se estende ao longo de cada margem. **3.** A cidade propriamente dita compõe-se de um sem número de casas de três e quatro andares, separadas por vias rectilíneas, tanto as transversais que conduzem ao rio como as outras. **4.** Ao fundo de cada uma destas transversais havia, no muro que ladeava o Eufrates, um portal, em número igual ao das ruas. Também estes eram de bronze e davam acesso directo à borda do rio.

181.1. Esta fortificação funciona como uma couraça da cidade, mas, do lado de dentro, corre outra muralha, que de forma alguma lhe é inferior em robustez, apenas mais estreita.

(Trad. Maria de Fátima Silva)

Histórias **2.124-127, 134.1:** as Pirâmides do Egipto

124.1. Conta-se que, até ao reinado de Rampsínito, vigorava no Egipto uma boa ordem geral e que o país apresentava um florescimento assinalável, mas que, após o termo da sua governação, Quéops lançou-o em profunda miséria. De facto, primeiro encerrou os templos, para, de seguida, ordenar a toda a população que construísse um outro para si. **2.** A uns deu ordens para que trouxessem pedra das jazidas das montanhas da Arábia até ao Nilo; a outros que a recebessem dos barcos em que tinha sido transportada e a levassem até ao chamado monte líbico, precisamente até aí. **3.** Havia constantemente cem mil homens a laborar, cada um por empreitadas de três meses. Durante um período de dez anos, o povo esteve sujeito ao trabalho extenuante de fazer a estrada pela qual eram arrastados os blocos de pedra, tarefa não muito inferior à de fazer a pirâmide, segundo me parece. **4.** pois aquela media cinco estádios de comprimento(^{1}), dez braças de largura(^{2}), e de altura, no sítio onde apresentava uma certa elevação, oito braças (^{3}), e utilizava não só calçada polida, mas também alguma com gravações de formas de animais. Assim, os Egípcios passaram dez anos na construção da estrada, bem como na do local onde se erguem as pirâmides, isto é, nas câmaras subterrâneas, sítio este em que o monarca mandou fazer as tumbas, situadas numa espécie de ilha, uma vez que se serviu de canais para levar até aí as águas do Nilo. **5.** Na construção da pirâmide propriamente dita foram gastos vinte anos. Esta é quadrangular e mede em cada frente oito pletros(^{4}), tem a mesma medida de altura(^{5}) e é feita de blocos de pedra polida perfeitamente ajustados (nenhum deles com menos de trinta pés(^{6})).

125.1. A pirâmide foi construída do seguinte modo: sob a forma de degraus, a que uns chamam *krossai* e outros *bomides*.

(^{1}) 887,75 m (Schrader 1992: 416) ou c. 924 m (Lloyd 1999: 344).

(^{2}) 17,76 m (Schrader 1992: 416) ou c. 18,5 m (Lloyd 1999: 344).

(^{3}) 14,20 m (Schrader 1992: 416).

(^{4}) Se considerarmos que 1 pletro corresponde a 29,6 m, o perímetro da pirâmide seria de 236,8 m e não os cerca de 230 m que hoje temos (cf. Lloyd 1999: 344 sq.).

(^{5}) A altura da pirâmide é de 137 m. O erro de Heródoto pode decorrer, de acordo com Schrader (1992: 416 sq.), da possibilidade de o historiador estar a referir-se à longitude da aresta.

(^{6}) Se 1 pé mede cerca de 30 cm (mais precisamente 29,6 cm), seriam c. 9 m, medida que Lloyd considera exagerada, devendo ser entendida apenas como sinónimo de "grande" (1999: 345).

2. Depois de acabada a base, içaram os blocos que faltavam (levando-os do nível do solo para a primeira fiada de degraus) por meio de uns mecanismos feitos de pequenos troncos de madeira. **3.** Assim que o bloco ascendia a esse patamar, era colocado noutra máquina, instalada nesse primeiro nível, do qual se elevava à segunda fiada por meio de outra máquina. **4.** Ora bem, havia tantas máquinas quantos os patamares, pois, se houvesse apenas uma, esta teria que ser fácil de transportar de um para o outro nível, por forma a poder elevar os blocos. Visto que me foram contadas as duas versões, regista-se cada uma delas. **5.** A primeira parte a ser acabada da pirâmide foi o topo; de seguida a zona intermédia; por fim o nível térreo, o mais baixo. **6.** Assinalaram na pirâmide, com caracteres egípcios, as quantidades de rábanos, cebolas e alhos gastos com os trabalhadores. E, se bem me lembro das palavras do intérprete que me leu a inscrição, a despesa saldou-se em mil e seiscentos talentos de prata. **7.** Mas, se é este o valor dispendido desta forma, qual a despesa provável gasta com os instrumentos de ferro usados na construção, com a comida e a roupa dos obreiros? Ora bem, visto que edificaram a pirâmide no tempo que se disse, gastaram, por certo, outro tempo, não pouco – em meu entender – a aparelhar as pedras e a transportá-las, bem como a construir as galerias subterrâneas.

126.1. Todavia Quéops caiu em tal miséria que, necessitando de dinheiro, fez o seguinte: mandou colocar a própria filha num bordel, com a missão de reunir a prata de que precisava. O facto é que não me disseram qual era o montante. Ela não só cumpriu as ordens do pai, como também pensou deixar um monumento em sua memória. Assim, pediu àqueles que procuravam a sua companhia que lhe oferecessem um bloco de pedra, para usar na referida construção. **2.** É voz corrente que, com essa alvenaria, foi edificada a pirâmide situada no meio das três, de frente para a grande pirâmide, e que a sua medida em cada um dos lados é de um pletro e meio.

127.1. Contam os Egípcios que Quéops reinou durante cinquenta anos, findos os quais lhe sucedeu no poder o seu irmão Quéfren. Também este agiu da mesma maneira que o seu antecessor e construiu uma pirâmide, mas não com o tamanho da do outro (de facto também tirámos as medidas a esta), **2.** nem com galerias subterrâneas ou, como sucedia com aquela, com um canal a ligar-lhe a corrente do Nilo – água que, através de um canal artificial, se dirige à ilha em que dizem jazer o dito Quéops. **3.** Tendo feito as fundações em pedra variegada da Etiópia, construiu-a quarenta pés mais baixa do que a outra, a grande pirâmide. Ambas foram colocadas no topo da mesma colina, que tem precisamente a altura de cem pés. Diziam que Quéfren reinou cinquenta e seis anos.

134.1. Este [Miquerinos] também deixou uma pirâmide, muito mais pequena que a do pai. Tinha três pletros menos vinte pés de cada lado (sendo ela de forma quadrangular) e era feita de pedra da Etiópia até meio. Alguns Gregos afirmam que essa pirâmide pertence a Rodópis, uma cortesã, mas não falam a verdade.

(Trad. CARMEN SOARES)

XENOFONTE (c. 428/7- c. 354 a.C.)

Anábase **5.3.4-13:** o santuário de Ártemis em Éfeso

4. Ali (em Cerasonte) também partilharam o dinheiro obtido com os cativos de guerra. E os estrategos separaram o dízimo que destinavam a Apolo e a Ártemis Efésica, e cada um guarda parte para os deuses. Néon de Ásine ficou com a de Cirósofo. **5.** Xenofonte, por seu lado, com a parte destinada a Apolo, mandou fazer uma oferenda que colocou no tesouro dos Atenienses, em Delfos, e na qual inscreveu o seu nome e o de Próxeno que com Clearco havia perecido. Xenofonte era afinal seu hóspede. **6.** No que respeita à parte de Ártemis de Éfeso, no momento em que, com Agesilau, regressava da Ásia a caminho da Beócia, deixou-a nas mãos de Megabizo, neócoro de Ártemis, pois pensava que ele próprio ia correr perigo, e comunicou-lhe que, se chegasse a salvo, lha devolveria a ele; mas, se algo lhe sucedesse, consagrá-la-ia a Ártemis, oferecendo-lhe o que acreditava agradar à deusa. **7.** Na altura em que Xenofonte estava exilado, já a habitar em Cilunte, perto de Olímpia, aí instalado pelos Lacedemónios, Megabizo veio a Olímpia para assistir aos jogos e devolveu-lhe o depósito. E Xenofonte, mal o recebeu, comprou terras para a deusa, no lugar em que o deus Apolo determinou. **8.** E acontece que por esse terreno atravessa um rio de nome Selinunte. Mas também em Éfeso, junto do templo de Ártemis, corre um rio Selinunte. E nos dois há peixes e moluscos. Todavia na propriedade de Cilunte há terrenos de caça de toda a espécie, com grande número de animais para caça. **9.** Xenofonte erigiu também um altar e um templo com o dinheiro sagrado e do resto recolhia sempre o dízimo dos produtos de cada estação e fazia um sacrifício à deusa. Todos os habitantes de Cilunte e seus vizinhos, homens ou mulheres, participavam da festa. A deusa fornecia aos convivas farinha de cevada, pão, vinho, guloseimas, parcela das vítimas alimentadas nas pastagens sagradas e também parte da caça. **10.** Realizavam, na verdade, para esta festa, uma caçada os filhos de Xenofonte, bem como os dos outros cidadãos, participando os que queriam, mesmo homens feitos. E a caça era colhida quer nos próprios terrenos sagrados, quer no de Fóloe: javalis, corças, veados. **11.** O lugar está situado no caminho que vai da Lacedemónia para Olímpia, a cerca de vinte estádios do Templo de Zeus em Olímpia. Na propriedade sagrada, há pradaria e montes cobertos de árvores, suficientes para alimentar porcos, cabras, bois e cavalos, de tal modo que as atrelagens dos que iam para a festa aí também eram nutridas. **12.** A rodear esse templo, havia um pomar todo plantado de árvores de cultivo que davam frutos conforme a estação. O templo, pequeno, imitava o grande santuário de Éfeso e a imagem de madeira, embora de cipreste, assemelhava-se à de ouro que estava em Éfeso. **13.** E no templo encontrava-se uma estela com a inscrição: «Terreno consagrado a Ártemis. Quem o possui e dele desfruta deve oferecer o dízimo em cada ano. Com o que sobra cuide-se da manutenção do santuário. Se alguém não fizer tais coisas, à deusa fica entregue.»

(Trad. José Ribeiro Ferreira)

Teofrasto (c. 370-288 a.C.)

História das plantas **5. 4.2:** as portas do Templo de Ártemis em Éfeso

Não apodrecem, por natureza, o cipreste, o cedro, o ébano, o lódão, o buxo, a oliveira, o zambujeiro (oleastro), o pinheiro resinoso, a azinheira, o carvalho, a nogueira, o castanheiro. Destas árvores, a mais durável parece ser o cipreste. Pelo menos, os de Éfeso, de que são feitas as portas do novo templo, permaneceram em depósito durante quatro gerações. E é o único também que adquire grande brilho. Por isso os trabalhos cuidados fazem-se destas madeiras.

(Trad. José Ribeiro Ferreira)

Calímaco (c. 305-240 a.C.)

Hino a Ártemis **237-258:** as Amazonas veneram Ártemis Efésica

> Para ti também as Amazonas, que muito amam a guerra,
> outrora, na costeira Éfeso erigiram uma estátua,
> junto ao tronco de uma faia. E Hipo executou os rituais.
> 240 As Amazonas, rainha Úpis, efectuaram uma dança guerreira,
> primeiro armadas com escudos e depois em círculo
> dispõem o grande coro. E acompanhavam-nas melodiosas
> siringes, de límpido som, para baterem o solo a compasso.
> Pois não se atravessavam (?) ainda os ossos da corça,
> 245 obra de Atena, cruel para os veados. E o eco estendeu-se
> até Sardes, até ao território de Berecinto. E elas, com os
> [pés,
> produziam sinistro ruído, enquanto os carcazes ressoavam.
> E em volta dessa estátua, mais tarde, vasto santuário
> foi construído. Nada mais divino contemplará a aurora

250 nem mais rico. Facilmente suplantou Píton.

Na sua loucura, ameaçou arrasar o templo o insolente
[Lígdamis.

E contra ele um exército de Cimérios alimentados de leite
[de égua

lançou, quais as areias da praia. E, nas suas margens

reclinados, habitam o estreito da novilha filha de Ínaco.

255 Ah! miserável entre os reis, quanto pecaste! Não mais iria,

nem ele, atirado de novo para a terra cítia, nem qualquer outro

de quantos conduziram os carros ao vale do Caístro,

não mais regressar. Pois a Éfeso sempre teu arco oferece
[protecção.

***Iambo* 6 = fr. 196 Pfeiffer:** a estátua de Zeus Olímpico de Fídias [7]

1   O Zeus de Élide, obra de Fídias,
      [*seguem-se vinte versos muito fragmentados*]
22   .... uma lebre e uma tartaruga [8]
      e a base áurea do trono
      .... se estendem [9].
25   .... de quatro vezes cinco pés [10]
      .... em profundidade
      .... quatro palmos [11] ....

---

[7] Dedicado a um visitante de Olímpia, o poema faz a descrição da estátua de Zeus, com as medidas rigorosas, que nos chegaram também por outras fontes mais tardias. O texto, reconstituído com a ajuda de fragmentos de papiros recuperados em Oxirinco, está muito mutilado. Cf. R. Pfeiffer (1941), «The Measurements of the Zeus at Olympia», *The Journal of Hellenic Studies* 61: 1-5.

[8] Talvez referência a provérbio. A lebre e a tartaruga eram animais que apareciam, com frequência, lado a lado, por contraste.

[9] Calímaco refere-se às figuras de ouro que adornavam a base (cf. Pausânias **5.11.7-8**).

[10] A profundidade da base seria de 6,65 m. Segundo R. Pfeiffer, Calímaco descreveria a seguir o comprimento da base do trono que teria cerca de dez metros.

[11] Calímaco daria a medida da altura da base.

> .... palmos.
>
> .... Trabalho lídio em que a santa imagem
>
> 30   .... está sentada
>
> .... três vezes a altura .... dez
>
> .... e vinte de largura... ([12])
>
> [quatro versos muito lacunares]
>
> 37   E a própria divindade o assento em cinco
>
> côvados sobrepassa ([13]).
>
> .... E uma Nike ([14]) .... duas vezes duas
>
> [dois versos muito lacunares]
>
> 42   pois as virgens Horas,
>
> com altura de uma braça, nem um centímetro
>
> dizem ser mais baixas ([15]).
>
> 45   Quanto ao custo – pois estás desejoso
>
> de também isso me perguntar –
>
> não é calculável nem ....
>
> .... e em ouro
>
> [faltam os versos 49-58]
>
> ..... Fídias
>
> .... o ateniense (?)....
>
> .... e o pai de Fídias ([16]).
>
> .... Podes partir ([17]).

(Trad. JOSÉ RIBEIRO FERREIRA)

([12]) O poeta está a dar agora as dimensões do trono – também 9,90 m de comprimento e 6,65 m de largura.

([13]) Segundo estes dados, a imagem de Zeus, sentada, ultrapassava a parte superior do trono em mais de três metros.

([14]) Figura, também de ouro e marfim, que Zeus detinha na mão direita (cf. Pausânias **5.11.1**).

([15]) Calímaco está a compará-las com as Graças (as Cárites), talvez descritas nos versos lacunares anteriores.

([16]) Alusão à inscrição com o nome do autor que se podia ler no pé da estátua (cf. Pausânias **5.10.2**).

([17]) Depois de descrever a estátua de Zeus, aconselha o amigo a partir para Olímpia.

FÍLON DE BIZÂNCIO (séc. III-II a.C.)

Acerca das Sete Maravilhas: guia para um viajante instruído

Prefácio

1. De cada uma das Sete Maravilhas todos conhecem decerto a fama, mas poucos as vêem com os seus próprios olhos, pois é preciso viajar até aos Persas e atravessar o Eufrates, partir para o Egipto e demorar-se junto dos Elidenses, na Hélade, ir a Halicarnasso, na Cária, navegar para Rodes e visitar Éfeso, na Iónia. Só depois de errarem pelo mundo, de se esgotarem com a fadiga da viagem é que satisfazem o desejo e, então, com o passar dos anos, o tempo de vida chega ao fim.

2. Por isso, é coisa admirável e generosa a educação, porque ao livrar o homem da caminhada, mostra-lhe a beleza em casa, concedendo olhos à alma. É um facto extraordinário, pois quem vai até aos lugares e os vê uma vez, ao partir logo os esquece. Não retém, de facto, os traços exactos das obras e as recordações sobre cada detalhe escapam-se. Mas quem procura conhecer pela leitura o que é maravilhoso e a virtude da sua construção, ao contemplar, como se visse num espelho, todo o trabalho de arte, guarda indeléveis as impressões sobre cada uma das imagens. Pois vê com a alma coisas extraordinárias.

3. O que digo merecerá crédito se o meu relato, ao examinar com clareza cada uma das Sete Maravilhas, persuadir o leitor a aceitar que adquiriu uma ideia deste espectáculo. Pois, na verdade, somente estas obras devem a designação à unanimidade dos louvores: para elas olhamos do mesmo modo, mas admiramo-las de modo diverso. É que a beleza é semelhante ao sol: sempre que ele brilha, não deixa contemplar as outras coisas.

1. O Jardim Suspenso

1. O chamado Jardim Suspenso, com a plantação acima do solo, é cultivado no ar, cobrindo, como um tecto elevado, o campo com as raízes das árvores. Na verdade, sustentam-no colunas de pedra e tudo o que está sob o solo é ocupado pelas bases dos pilares.

2. As palmeiras servem de vigas, dispostas lado a lado com um espaço muito estreito entre elas. Esta madeira é de todas a única que não apodrece. Molhada e prensada com pesos, forma arco de baixo para cima e alimenta os filamentos das raízes prendendo nas próprias fissuras outra vegetação.

3. Sobre estas vigas foi deitada terra em grande abundância e altura. Por conseguinte, crescem árvores de folhas largas e sobretudo das que se cultivam em jardins, bem como flores variegadas e de toda a espécie; em suma, tudo o que mais deleita a vista e agrada aos nossos sentidos. O lugar é cultivado como se faz ao nível do solo e cuida-se do trabalho de plantação de modo semelhante ao que se pratica em terra firme. A lavoura encontra-se acima da cabeça dos que caminham sob as colunas de suporte.

4. Enquanto a superfície superior é percorrida, como nos lugares de solo muito fértil, a terra junto dos tectos permanece intocável e pura. As condutas, com as nascentes de regiões mais elevadas, nuns lados formam um curso recto e inclinado, noutros, sob pressão, lançam em espiral as águas, que circulam à volta da hélice das máquinas sob a força de instrumentos; ao levarem as águas para fontes profundas e largas, irrigam todo o jardim, banham a raiz das plantas em profundidade e mantêm húmido o solo. Por essa razão, a erva está sempre verde e as folhas das árvores, com seus ramos tenros, crescem nutridas pelo orvalho e expostas aos ventos.

5. Na verdade, a raiz mantida sem sede suga a humidade das águas que se infiltra, formando entrelaçamentos subterrâneos cerrados e resguarda o crescimento bem desenvolvido das árvores. É uma obra de arte voluptuosa e digna de reis, muito pouco natural, pois o trabalho de cultivo está suspenso sobre a cabeça dos que o contemplam.

2. As Pirâmides em Mênfis

1. Se a construção das pirâmides de Mênfis é algo impossível, a sua descrição é singular. Na verdade, edificou-se uma montanha sobre montanhas e a grandiosidade dos cubos de quatro pés [118,4 cm] é tal que é difícil saber como foram erguidos; cada um se pergunta com que forças foram deslocados os enormes pesos das obras.

2. Estabelecida a base quadrangular, as pedras soterradas formam a fundação de profundidade igual à altura das construções erguidas sobre a terra. A pouco e pouco, o conjunto da obra evolui até formar uma pirâmide que culmina num vértice.

3. A altura atinge trezentos côvados [132,30 m] e o perímetro seis estádios [1065,6/1153,8 m]. Toda a obra é uma junção tão perfeita e polida que parece uma estrutura única de pedra aparelhada por inteiro. Na verdade, pedras de diversas naturezas e tonalidades foram combinadas umas com as outras: num lado, a rocha é mármore branco, noutro é da Etiópia e negra; além desta, há também a chamada pedra «cor de sangue» [hematite] e ainda uma de matizes variegadas e esverdeadas importada, segundo dizem, da Arábia.

4. Algumas pedras ostentam a cor do vidro, com o seu esplendor sombrio; outras têm a tonalidade dos marmelos; a cor de outras assemelha-se à da púrpura extraída dos moluscos. Mistura-se o deleite com o espanto, o amor pela arte com a admiração e a magnificência com a profusão.

5. A escalada da enorme altura é tão cansativa como uma caminhada. No topo do vértice, se olhamos para baixo, a nossa visão fica nublada. A riqueza régia entreteceu a extravagância dos custos com a beleza deste espectáculo de cores. Vanglorie-se o destino, confiante nos dinheiros dispendidos para tocar nos astros, pois é graças a obras assim que os homens ascendem até aos deuses ou os deuses descem até junto dos homens.

3. O Zeus de Olímpia

1. Cronos é no céu o pai de Zeus, mas na Élide o pai de Zeus é Fídias. Na verdade, àquele gerou-o a natureza imortal, ao passo que a este foram as mãos de Fídias, as únicas capazes de conceber deuses. Bem-aventurado aquele que contemplou o rei do mundo e foi o único capaz de mostrar aos outros mortais o senhor que detém o raio.

2. Todavia, se Zeus tem vergonha de ser chamado filho de Fídias, a habilidade foi a mãe da sua própria imagem. Por isso, a natureza produziu os elefantes, e a Líbia tem em abundância manadas de elefantes, para que Fídias pudesse talhar as presas destas feras e trabalhar com as mãos a matéria para a sua obra [18].

3. Por conseguinte, enquanto as outras maravilhas são apenas admiradas, esta é digna de veneração. De facto, assim como é extraordinária a obra de arte, assim é sagrada a imagem de Zeus. Por certo o trabalho granjeia louvores e a imortalidade honras.

4. Oh, bons tempos da Grécia! Quando enriqueceu o mundo dos deuses de um modo tal que mais nenhum povo conseguiu, quando possuía um artista criador de imortalidade tão grandioso que a época seguinte não produziu outro igual, quando era possível mostrar aos homens a visão dos deuses, visão que quem contemplasse não seria capaz de observar em sua casa ou na de outros. Na verdade, há muito tempo que Fídias venceu o Olimpo, do mesmo modo que a evidência é melhor que a suposição, o conhecimento melhor que o relato e a visão melhor que a audição.

4. O Colosso de Rodes

1. Rodes é uma ilha situada em pleno alto mar, que antigamente estava oculta nas profundezas até que Hélios a pôs a descoberto, pedindo aos deuses que lhe fosse consagrada. Nesta ilha ergueu-se um colosso de setenta côvados de altura [30,87 m] que representava Hélios. Na verdade, a imagem do deus era reconhecida por causa dos símbolos que lhe são próprios. O artífice usou uma tão grande quantidade de bronze que as minas estavam em risco de esgotar. É que a fundição da obra utilizou o bronze do mundo inteiro.

2. Talvez Zeus tenha derramado sobre os Ródios uma riqueza prodigiosa, a fim de a usarem numa homenagem a Hélios, erguendo, camada sobre camada, uma estátua do deus que da terra chegava ao céu. O artífice reforçou-a no interior com estruturas em ferro e

---

[18] Passo de sintaxe incerta. Seguimos a edição de Hercher 1858.

blocos de pedra quadrados, cujas barras transversais revelam um trabalho de martelo ciclópico, e a parte oculta da obra é maior que as partes visíveis. Na verdade, o espectador surpreendido pergunta com que tipo de tenazes foi trabalhada tão grande quantidade de bronze, qual era o tamanho das bases das bigornas, de onde vinha a força dos operários.

3. Assentada uma base de mármore branco, sobre ela o artífice edificou primeiro, até à altura dos calcanhares, os pés do Colosso, calculando as proporções segundo as quais o deus de setenta côvados estava destinado a erguer-se. Mas a planta do pé sobre a base, na verdade, já excedia as das outras estátuas. Por isso mesmo, não era possível sobrepor o que restava levantar. Era preciso fundir os calcanhares e, como na construção de uma casa, fazer surgir toda a obra em cima dela própria.

4. E por essa razão, no caso de outras estátuas, os artífices fazem primeiro um molde, depois fundem cada membro talhado em separado e, por fim, erguem o conjunto de todas as partes. O artífice do Colosso, porém, à primeira peça fundida fixou a segunda parte e sobre este trabalho em bronze construiu o terceiro. Depois disso, de novo, concebeu outra parte da obra. É que não era possível mover os diferentes membros de metal fundido.

5. Concluída a fundição sobre os trabalhos realizados em primeiro lugar, observava os interstícios das barras e as conexões da estrutura interna, e reforçava o equilíbrio com pedras dispostas no seu interior. A fim de conservar, durante a realização da obra, o seu projecto sem alterações, vertia um enorme monte de terra em volta dos membros do Colosso que foram sendo concluídos, para ocultar sob a terra o trabalho já feito, e realizava sobre uma superfície plana a fundição das peças seguintes.

Assim, pouco a pouco levou até ao fim o seu projecto e, depois de gastar quinhentos talentos em bronze e trezentos em ferro, criou um deus igual ao deus, erguendo com audácia uma obra grandiosa. É que colocou no mundo um segundo Hélios.

5. As Muralhas da Babilónia

1. Semíramis foi muito fértil em invenções dignas de uma rainha, por isso quando faleceu deixou um tesouro que é uma maravilha. De facto, cingiu a Babilónia com uma muralha cujas fundações mediam trezentos e sessenta estádios de comprimento, de modo que o perímetro da cidade exigia o esforço de um dia a correr. O que é admirável não está apenas na solidez da construção e na largura dos espaços centrais, pois foi edificada com tijolo cozido e betume.

2. A altura da muralha é muito superior a cinquenta côvados [22,05 m] e a largura dos lugares de passagem corresponde a quatro quadrigas a circularem ao mesmo tempo. As torres sucedem-se muito próximas umas das outras e podem receber nos seus espaços um grande exército. Por conseguinte, a cidade é uma fortificação avançada da Pérsia, mas não se percebe que nela encerra uma terra habitada.

3. Miríades e miríades de homens moram no interior da sua cintura. Dificilmente noutra cidade cultivam tanta terra quanta aquela que pertence a Babilónia e para aqueles que vivem do lado de fora os habitantes do interior da muralha são estrangeiros.

6. O Templo de Ártemis em Éfeso

1. O templo de Ártemis em Éfeso é a única morada dos deuses, pois quem o contemple acreditará que houve uma mudança de lugares e que o mundo celeste da imortalidade se instalou na terra. Na verdade, os Gigantes ou os filhos de Aloeu, quando tentaram escalar o céu, depararam-se com montanhas e não construíram um templo, mas o Olimpo. De modo que o trabalho supera em audácia o projecto e a arte supera o trabalho.

2. Com efeito, o artífice, depois de nivelar o solo, desceu aos fossos, lançou as fundações subterrâneas a grande profundidade e esgotou as pedreiras das montanhas nas obras ocultas sob a terra. Depois de assegurar a estabilidade inabalável do edifício e submeter Atlas aos pesos dos suportes, começou por assentar primeiro um pedestal com dez degraus e sobre esta base ergueu o que se eleva nos ares... [perdeu-se a parte final do opúsculo]

(Trad. Luísa de Nazaré Ferreira)

LATERCULI ALEXANDRINI (séc. II a.C.)

Inventários alexandrinos (Papyrus Berolinensis 13044^v, col. 8.22--9.6)

8.22   As Sete Maravilhas
    ...
9.1   . . . . em Éfeso
    ... Templo de Ártemis; junto
    . . . . as Pirâmides
    ...
9.5   ... em Halicarnasso
    o túmulo de Mausolo.

(Trad. LUÍSA DE NAZARÉ FERREIRA)

ANTÍPATRO DE SÍDON (séc. II a.C.)

Antologia Palatina 9.58: esplendor do Templo de Ártemis

A muralha da rochosa Babilónia, uma estrada para carros,
    e, junto do Alfeu, Zeus eu contemplei,
os Jardins Suspensos e o Colosso de Hélios,
    a obra grandiosa das íngremes Pirâmides
e o túmulo de Mausolo, extraordinário. Mas quando vi
    a mansão de Ártemis, que até às nuvens resplandece,
tudo isso se apagava e eu dizia: «olha, fora do Olimpo
    nunca Hélios viu beleza assim.»

(Trad. LUÍSA DE NAZARÉ FERREIRA)

POLÍBIO (séc. II a.C.)

***Histórias* 30.10.6:** Lúcio Emílio admira a estátua de Zeus Olímpico

Lúcio Emílio dirigiu-se ao santuário em Olímpia e, depois de contemplar a estátua, ficou varado de assombro e até disse que, segundo lhe parecia, Fídias era o único que tinha imitado o Zeus homérico, visto que, apesar de trazer grandes expectativas a respeito de Olímpia, descobriu que a realidade superava as expectativas.

(Trad. JOSÉ LUÍS BRANDÃO)

VITRÚVIO (séc. I a.C.)

***Tratado da Arquitectura* 1.5.8:** as Muralhas da Babilónia

(…) no que diz respeito à própria muralha, e ao material empregue na construção e no acabamento, este não deve ser fixado de antemão, pois não podemos ter em todos os lugares a abundância do que escolhemos. Mas onde houver pedra de cantaria, ou sílex, ou cimento, ou tijolo cru ou cozido, são esses que devem ser usados.

Com efeito, na Babilónia, têm uma muralha de tijolo cozido unida com betume líquido, que existe em abundância, em vez de cal e de areia; mas nem todas as regiões, nem as qualidades próprias de cada lugar podem contar com vantagens de tal qualidade para, a partir de tais recursos, ter uma muralha construída sem defeitos e para durar uma eternidade (…)

***Tratado da Arquitectura* 2.8.10:** as construções do rei Mausolo, em Halicarnasso

Também em Halicarnasso, o palácio do poderoso rei Mausolo, ainda que estivesse todo coberto com mármore da Proconésia, tem paredes construídas com tijolos cozidos que dão, até aos nossos dias, testemunho de uma notável solidez, cujo trabalho de polimento da superfície parece ter a transparência do vidro. Ora, este rei não o construiu desta maneira por escassez de recursos, ele que reinava sobre toda a Cária e que, por isso, dispunha de infinitas receitas.

Merece ser aqui considerada a sua agudeza de espírito e a sua inteligência para a edificação de grandes obras.

Apesar de ter nascido em Mílasa, teria constatado que Halicarnasso era um lugar protegido pela natureza, bem colocado para as trocas comerciais, com um bom porto, e por isso aí mesmo construiu o seu palácio. Esse lugar tem, de facto, uma disposição natural semelhante à de um anfiteatro. Assim, o fórum foi construído na base, na continuação do porto; ao meio do anfiteatro natural, no estrado médio da plateia, foi construída uma praça ampla, no centro da qual foi edificado o Mausoléu, construção de tal modo notável que foi considerada uma das Sete Maravilhas. No alto, no centro da Acrópole, está o templo de Marte com um colossal acrólito ([19]), construído por uma mão célebre.

Alguns julgam que essa estátua foi feita por Leócares, outros por Timóteo. No canto extremo direito estão os templos de Vénus e de Mercúrio, perto da fonte Sálmacis. (…)

Tratado da Arquitectura 7, praef. 12, 16: o Templo de Ártemis em Éfeso

***praef.* 12** Depois Sileno publicou um livro sobre as proporções da ordem dórica; sobre o templo dórico de Juno, em Samos, foi Teodoro; sobre o templo iónico de Diana, em Éfeso, foi Quérsifron e Metágenes (…)

***praef.* 16** Em quatro lugares, portanto, encontram-se quatro templos cuja aplicação e ornamentos em mármore conferem aos nomes pelos quais são conhecidos uma fama ilustríssima.

([19]) Acrólito é uma estátua cujas extremidades visíveis para fora das roupagens são em pedra ou mármore. O resto do corpo é em madeira, ou apenas uma armação que suporta as vestes. Esta forma de construir permitia um maior tamanho às estátuas.

A perfeição e a técnica da sua concepção estimulam temor e admiração pelos deuses que aí têm culto. E em primeiro lugar temos o Templo de Diana, de ordem iónica, começado por Quérsifron de Cnossos e seu filho Metágenes, e que, mais tarde, segundo se diz, Demétrio, escravo da própria deusa Diana, e Paiónios de Éfeso acabaram.

Tratado da Arquitectura 8.3.8: as Muralhas da Babilónia

Na Babilónia existe um lago de uma enorme extensão chamado «Lago de Asfalto» que tem betume líquido a boiar à superfície das águas; foi com este mesmo betume e com tijolos de terra cozida que Semíramis edificou a muralha que circunda Babilónia. Também em Iopé, na Síria e na Arábia dos Númidas existem lagos gigantescos que lançam enormes quantidades de betume que os que habitam à volta recolhem (…)

(TRAD. PAULA BARATA DIAS)

DIODORO SÍCULO (séc. I a.C.)

Biblioteca Histórica 1.63-64: as Pirâmides do Egipto

63.1. Depois da morte deste [de Rênfis], sucederam-se no poder sete gerações de reis, todos eles ociosos que se entregaram apenas aos confortos e à luxúria. Por isso, nenhuma obra onerosa foi então registada nos escritos sagrados nem sequer nenhuma façanha digna de menção. A excepção foi um tal Nileu, por causa de quem o rio, que antes se chamava Egipto, passou a chamar-se Nilo. Aquele construiu um grande número de canais, em lugares adequados, e porque desejou aumentar a utilidade do Nilo, tornou--se a causa da actual designação do rio. **2.** O oitavo rei que se seguiu, Quémis o Menfita, governou cinquenta anos e construiu a maior das três pirâmides, a qual se inclui na lista das Sete Maravilhas. **3.** Estas pirâmides situam-se do lado da Líbia e distam cento e vinte estádios de Mênfis e quarenta e cinco do Nilo. A grandeza do trabalho e a sua qualidade artística provocam a admiração e a maravilha a quem as contempla. **4.** A maior tem forma quadrangular, sete pletros em cada um dos lados da sua base e mais de seis pletros de altura; e vai estreitando aos poucos até ao topo, e aí cada lado tem seis côvados. **5.** Toda a construção é feita de pedra dura, que é difícil de trabalhar, mas que dura quase para sempre. De facto, passaram já mais de mil anos até aos nossos dias, segundo dizem, ou, como escrevem alguns, mais de três mil e quatrocentos, e as pedras ainda mantêm a sua disposição original, conservando inalterada a sua construção. **6.** Diz-se que a pedra foi trazida de muito longe, da Arábia, e que a construção se fez através de rampas de terra, uma vez que naquele tempo ainda não se tinham inventado as gruas. **7.** E o mais espantoso é que, apesar de as construções terem sido de grande escala e todo o terreno em redor arenoso, não restou nenhum vestígio das rampas ou sequer da talha das pedras. É por isso que não parece ser obra de homens, mas a criação de um deus que a terá colocado subitamente sobre a areia que a rodeia. **8.** Alguns Egípcios disseram coisas extraordinárias sobre elas, contando que as rampas eram feitas de sal e de salitre e que o rio, desviado em direcção a elas, as dissolveu e fez desaparecer por completo, sem intervenção de mão humana. **9.** No entanto, nada disto é verdade, pois toda a obra acumulada nas rampas foi desmontada pelos mesmos numerosos homens que as ergueram. Pois, segundo dizem, utilizaram na empresa trezentos e sessenta mil homens e toda a estrutura foi terminada a custo em vinte anos.

64.1. Depois de este rei ter morrido, foi o seu irmão Quéfren que recebeu o poder e governou cinquenta e seis anos. No entanto, alguns dizem que quem recebeu o poder não foi o seu irmão, mas o seu filho, chamado Cábries. **2.** Todos concordam, porém, que o sucessor invejoso do seu antecessor decidiu construir a segunda pirâmide, a qual é semelhante à anterior na técnica de construção, mas muito menor em tamanho, uma vez que a base de cada um dos lados mede apenas um estádio. **3.** Na maior, há uma inscrição que dá conta da quantidade de dinheiro necessário para legumes e em rábanos para os trabalhadores, lendo-se que se gastaram mais de mil e seiscentos talentos. **4.** A menor não tem qualquer inscrição, mas degraus esculpidos num dos lados. Apesar de os dois reis as terem construído para servirem como seus túmulos, nenhum deles foi sepultado nas pirâmides. **5.** Pois a multidão, dada a dureza dos trabalhos e por causa dos muito cruéis e violentos actos destes reis, encheu-se de ira contra aqueles que tinham causado os seus sofrimentos e ameaçou destruir os seus corpos e lançá-los de modo profano para fora dos seus túmulos. **6.** Por isso, quando cada um deles estava prestes a morrer, encarregou os seus parentes de sepultar o seu corpo em segredo, num lugar não assinalado. Depois destes, tornou-se rei Miquerinos, a quem alguns chamam Menquerino e que era filho do construtor da primeira pirâmide. **7.** Foi este que iniciou a construção da terceira pirâmide, mas morreu antes de a obra estar terminada. Ele fez cada um dos lados da base com três pletros e até à décima quinta fileira ele ergueu as paredes com pedra negra, como aquela que se encontra em Tebas. O resto foi feito com pedra igual à que se encontra nas outras pirâmides. **8.** Em tamanho, esta obra fica atrás das já referidas. Mas pela técnica utilizada e pela qualidade da pedra, ela ultrapassa-as. Do lado norte, há uma inscrição que diz que foi construída por Miquerinos. **9.** Dizem que este, indignado com a crueldade dos que haviam reinado antes de si, se empenhou numa vida honrada e dedicada ao bem dos seus súbditos e que continuamente fazia muitas outras coisas para ganhar o mais possível o favor da multidão. Quando fazia audiências, gastava grandes quantias de dinheiro em presentes para aqueles que considerava honestos e que não haviam recebido a justiça devida. **10.** Há ainda três outras pirâmides, tendo cada uma delas um pletro de lado. No seu conjunto, a obra é semelhante às outras, excepto no tamanho. Dizem que estas pirâmides foram construídas pelos três reis acima referidos para as respectivas mulheres. **11.** Todos concordam que estas obras ultrapassam em muito todas as outras no Egipto, não apenas pelo seu tamanho e custo, mas também pela técnica dos seus construtores. **12.** E dizem que há que admirar mais os arquitectos das obras que os reis que proporcionaram os meios para a sua construção, pois aqueles concretizaram o projecto com o seu engenho e o seu desejo de honrarias, enquanto estes apenas fizeram uso da riqueza que herdaram e os sofrimentos de outros. **13.** Mas no que diz respeito às pirâmides, não existe acordo absoluto nem entre os habitantes do país nem entre os escritores, pois, segundo uns, os reis mencionados foram os seus construtores, segundo outros foram outros. Dizem, por exemplo, que Armeu fez a maior, que Amósis fez a segunda e que Inaro fez a terceira. **14.** Outros ainda dizem que esta última é o túmulo de uma hetera, Rodópis, por quem, dizem, se apaixonaram alguns nomarcas, que terão construído em conjunto a obra por amor a ela.

Biblioteca Histórica 2.7.2-10.6: as maravilhas de Babilónia atribuídas à lendária Semíramis

7.2. (…) Semíramis, que tinha uma natureza empreendedora e que desejava superar a fama daquele que reinara antes dela, decidiu construir uma cidade em Babilónia. Tendo juntado arquitectos e artesãos de todo o lado e tomado todas as providências, ela reuniu em todo o reino dois milhões de homens para executar a tarefa. **3.** Desviando o rio Eufrates para o meio da cidade, ela ergueu à sua volta uma muralha de trezentos e sessenta estádios, formada por contínuas torres de grande tamanho, separadas por intervalos, de acordo com o que diz Ctésias de Cnidos. Mas segundo escreveram Clitarco e os que mais tarde atravessaram a Ásia com Alexandre, tinha trezentos e sessenta e cinco estádios. E estes acrescentam ainda que a rainha desejava que tivesse tantos estádios quantos os dias que há num ano. **4.** Fixando tijolos de argila cozida com betume, ela construiu uma muralha com cinquenta braças de altura, segundo diz Ctésias. Mas, mais recentemente, alguns escreveram que tinha cinquenta côvados e uma largura suficiente para que dois carros de guerra, puxados por cavalos, ali passassem. As torres, em número de duzentos e cinquenta, tinham de altura e de largura medidas condizentes com a solidez do trabalho feito na muralha.

5. Não admira que não fosse importante que uma tão grande muralha fosse construída e equipada com poucas torres. Uma grande porção de terreno da cidade era rodeada por pântanos, pelo que, nesse lugar, ela decidiu não edificar torres, visto que os pântanos ofereciam uma defesa natural, forte e suficiente. Por todo o lado, entre as habitações e as muralhas, foi deixado um caminho com dois pletros. (…)

8.1. Para acelerar estas construções, ela atribuiu a cada um dos seus amigos um estádio, dando o necessário a cada um para executar a tarefa, e exortou-os a terminarem os trabalhos num ano. **2.** Ela acabou por ser honrada, pois o pedido foi concretizado com grande rapidez. A ela coube construir a ligação da parte mais estreita do rio, com uma ponte de cinco estádios de comprimento. Com perícia, ela assentou no fundo os pilares, que se mantinham doze pés separados uns dos outros. Ela uniu as pedras, assentando-as com cavilhas de ferro, e nivelou as juntas das cavilhas, despejando chumbo. Do mesmo modo, na frente dos pilares, nos lados que viriam a receber a corrente de água, ela construiu previamente pilares angulares, cujos ângulos afunilavam aos poucos, ao longo do pilar, de modo a que as pontas aguçadas cortassem o fluxo da corrente, enquanto as partes redondas sustinham a sua força, mitigando a impetuosidade do rio. **3.** Sendo a ponte coberta de vigas de cedro e cipreste e ainda de enormes toros de palmeira, e tendo uma largura de trinta pés, ninguém a achou inferior em técnica aos outros trabalhos de Semíramis. E em cada lado do rio ela construiu um sumptuoso molhe, semelhante em largura às muralhas, e com cento e sessenta estádios de comprimento. Ela construiu também dois palácios em cada uma das margens do rio, junto das extremidades da ponte, sendo sua intenção estar em cada um deles, podendo observar toda a cidade e, tal como devia ser, guardar as chaves dos lugares mais importantes da mesma. **4.** E como o rio Eufrates passava pelo meio de Babilónia, correndo para sul, um dos palácios estava virado para nascente e o outro para poente, tendo ambos sido construídos em grandes dimensões. No caso do que estava virado para ocidente, ela fez uma primeira muralha, externa e circular, com uma largura de sessenta estádios, tendo sido fortificada com paredes imponentes, que foram construídas com tijolos cozidos, o que constituiu uma grande despesa. E no interior, ela construiu uma outra, de forma circular, em cujos tijolos ainda crus foram gravadas imagens de animais selvagens de todo o tipo, que, pelo bom gosto e engenhoso uso das cores, reproduziam a realidade. **5.** Esta muralha circular tinha um comprimento de quarenta estádios, uma largura de trezentos tijolos e uma altura, segundo diz Ctésias, de cinquenta braças. A altura das torres era de setenta braças. **6.** No interior destas muralhas foi construída uma terceira muralha circular que envolvia uma acrópole, cujo perímetro era de vinte estádios. Mas a altura e a largura da construção ultrapassava a construção da muralha do meio. E tanto nas torres como nas muralhas havia também animais de todo o tipo, engenhosamente executados, através do uso de cores, bem como da imitação, fiel ao real. Tinham sido todos feitos para representar uma caça, mostrando-se na sua totalidade, havendo diversos tipos de animais selvagens, sendo o seu tamanho, no total, superior a quatro côvados. Entre eles, Semíramis foi também representada a cavalo e arremessando um dardo a um leopardo, e perto via-se o marido dela, Nino, no acto de trespassar a sua lança na parte anterior de um leão. **7.** Ela pôs ali também três portas, das quais duas eram de bronze e abertas de forma mecânica. Este palácio ultrapassava em grandeza, sem dúvida, tanto em construção como em tudo, o da outra parte do rio. Pois a muralha circular deste, feita de tijolos cozidos, tinha apenas trinta estádios de comprimento e, ao contrário da engenhosa imagens dos animais, tinha as estátuas de bronze de Nino e Semíramis e dos seus comandantes, bem como uma de Zeus, a quem os Babilónios chamam Belo. E ali havia ainda cenas de batalha e de caça de todo o tipo, que lavavam as almas dos que ali acorriam a oferecer-se prazeres.

9.1. Depois disto, ela escolheu o lugar mais baixo de Babilónia e construiu uma cisterna quadrada, com trezentos estádios de comprimento de cada lado. Foi construída com tijolo cozido e betume e tinha uma profundidade de trinta e cinco pés. **2.** Desviando o rio para a cisterna, ela construiu uma conduta subterrânea de um palácio para o outro. E construindo-as de tijolo cozido, ela cobriu completamente cada um dos lados das câmaras com betume quente, até atingir a espessura de quatro côvados. As paredes da conduta subterrânea eram da grossura de vinte tijolos e tinham doze pés de altura, excluindo a abóbada curva, e a largura era de quinze pés. **3.** E depois desta construção ter sido terminada em apenas sete dias, o rio regressou ao curso anterior, de modo que a corrente fluísse por cima da conduta subterrânea, podendo Semíramis passar de um lado para o outro do palácio sem ser necessário atravessar o rio. Em cada terminal da conduta subterrânea, ela colocou ainda portões de bronze, que se mantiveram ali até ao domínio persa. **4.** Depois, ela construiu, no centro da cidade, um templo dedicado a Zeus, a quem, como referimos, os Babilónios chamam Belo. Ora, uma vez que, em relação a este, os autores discordam e uma vez que o tempo fez com que a construção se esboroasse, não é possível dar a conhecer toda a verdade. Mas todos concordam que era extremamente alto e que nele os Caldeus faziam as suas observações dos astros, sendo que o seu levante e poente podiam ser observados na exactidão, dada a altura da construção. **5.** Na verdade, todo o edifício era habilmente executado, com muito betume e tijolo, e no topo da rampa, ela ergueu três estátuas de ouro martelado, de Zeus, Hera e Reia. Em relação a estas, a de Zeus estava de pé, com as pernas afastadas, tendo quarenta pés de altura e pesando mil talentos babilónicos. A de Reia mostrava-a sentada no assento de um carro de ouro e tinha o mesmo peso que a anterior. E sobre os joelhos dela estavam duas serpentes enormes de prata, pesando cada uma trinta talentos. **6.** A estátua de Hera estava também de pé, pesando oitocentos talentos. Na mão direita, ela segurava uma serpente pela cabeça e, na esquerda, um ceptro encrustado de pedras preciosas. **7.** Em frentes destas, estava uma mesa de ouro para serviço de todas as estátuas, feita de ouro martelado, com quarenta pés de comprimento, quinze de largura e pesando quinhentos talentos. **8.** Sobre esta estavam duas taças, que pesavam trinta talentos. E havia também o mesmo número de incensários, mas cada um deles pesava trezentos talentos; e havia também três *krateres* de ouro, dos quais o de Zeus pesava mil e duzentos talentos babilónicos e os outros dois pesavam seiscentos cada. **9.** Mas estes foram mais tarde pilhados pelos reis dos Persas. Em relação aos palácios e às outras construções, o tempo tanto os fez desaparecer totalmente como os deixou em ruínas. E, de facto, da própria Babilónia, senão uma pequena parte é habitada até hoje, e a maior parte do espaço dentro das muralhas é dedicada à agricultura.

10.1. Havia também, junto à acrópole, o chamado Jardim Suspenso, o qual foi construído, não por Semíramis, mas por um rei sírio posterior, para agradar a uma jovem concubina. Pois ela, segundo dizem, sendo de origem persa e sentindo falta dos prados, pediu ao rei que os imitasse, através de uma plantação engenhosa, a característica paisagem da Pérsia. **2.** O pomar tinha quatro pletros de cada lado e, uma vez que o caminho de acesso era como uma colina, as várias partes elevavam-se em filas sucessivas, parecendo, ao longe, um teatro. **3.** Debaixo das estruturas ascendentes, construíram-se galerias subterrâneas que suportavam todo o peso da plantação e erguiam-se umas sobre as outras, paulatinamente, ao longo do caminho. E a galeria mais elevada, que tinha cinquenta cúbitos de altura, ostentava a superfície mais alta do pomar, a qual foi nivelada com a muralha circular da cidade. **4.** Além disso, as muralhas que haviam sido construídas de forma sumptuosa, tinham vinte e dois pés de espessura, enquanto a passagem entre cada uma tinha dez pés de largura. Os telhados das galerias estavam cobertos com vigas de pedra, com dezasseis pés de comprimento, incluindo a cobertura, e quatro pés de largura. **5.** O telhado por cima dessas vigas tinha primeiro um tapete de canas colocado sobre grandes quantidades de betume. Sobre este havia duas fileiras de tijolos cozidos, unidos com cal, e como terceira fiada havia uma cobertura de chumbo, com o objectivo de fazer com que a humidade da terra não penetrasse por debaixo. Sobre tudo isto, a terra tinha sido amontoada numa profundidade suficiente para as raízes das árvores maiores. E o chão, quando aplanado, era plantado com árvores de todo o tipo para que, pelo seu grande tamanho ou por qualquer outro atractivo, encantassem o olhar. **6.** E as galerias, sobrepostas, recebiam todas luz, contendo muitos apartamentos reais, de todo o tipo. E havia uma que continha aberturas, localizadas na superfície mais elevada, e máquinas para verterem água, sendo a água tirada do rio por essas máquinas, em grande abundância, ainda que de fora ninguém o pudesse ver. Mas, como disse, este pomar foi uma construção posterior.

(Trad. Nuno Simões Rodrigues)

Tito Lívio (c. 59 a.C.-17 d.C.)

Desde a fundação da cidade **45.28.4-5:** Paulo Emílio emociona-se perante a estátua de Zeus

Dali [de Epidauro], dirigiu-se para a Lacedemónia, digna de memória não pela magnificência da arquitectura, mas pela disciplina e pelas instituições. A partir daqui, passando por Megalópolis, subiu até Olímpia, onde, tendo visitado outros lugares merecedores da sua contemplação, ficou sobretudo emocionado ao sentir como que a presença de Júpiter. E assim, tal como se estivesse para oferecer um holocausto no Capitólio, mandou preparar um sacrifício maior que o habitual.

(Trad. José Luís Brandão)

C. Júlio Higino (c. 64 a.C.-17 d.C.)

Fábulas **223:** as Sete Maravilhas

O templo de Diana em Éfeso, que a amazona Otrera, esposa de Marte, edificou. **2.** O monumento fúnebre do rei Mausolo, em mármore de Paros, com 80 pés de altura, 1 340 pés de perímetro. **3.** A estátua de bronze do Sol, em Rodes, um colosso com 90 pés de altura. **4.** A estátua de Júpiter Olímpico, que Fídias esculpiu sentado, de marfim e ouro, com 60 pés de altura. **5.** O palácio do rei Ciro em Ecbátana, que Mémnon construiu com pedras coloridas e brilhantes combinadas com ouro. **6.** A muralha em Babilónia, que Semíramis, filha de Dercétis, fez em tijolo cozido e betume unido com ferro, com 25 pés de largura, 60 pés de altura e 300 estádios de perímetro. **7.** As pirâmides no Egipto, cuja sombra não se vê, com 60 pés de altura.

(Trad. Luísa de Nazaré Ferreira)

ESTRABÃO (c. 64/63 a.C.-21 d.C.)

Geografia **5.3.8**: descrição do Mausoléu de Augusto

E assim, porque os Romanos reconheceram a este lugar um carácter particularmente sagrado, dispuseram nele os monumentos dedicados aos seus homens e mulheres mais ilustres. O mais notável de todos é o chamado Mausoléu [de Augusto], que consiste num grande túmulo situado junto do rio, sobre um envasamento de mármore branco, já de si elevado também. O túmulo está recoberto até cima por árvores de folha perene e no topo há uma imagem em bronze de César Augusto. Sob este monumento encontram-se depositados os restos mortais do príncipe, dos seus parentes e dos amigos mais íntimos; por detrás, existe ainda um bosque sagrado, através do qual é possível fazer magníficas caminhadas. No meio da planície fica o períbolo da pira de Augusto, igualmente em mármore branco e protegido a toda a volta por um gradeamento em ferro; o interior encontra-se plantado de choupos.

Geografia **8.3.30**: descrição da estátua de Zeus em Olímpia, esculpida por Fídias

O santuário está ornado com uma enorme quantidade de oferendas, que vieram de toda a Hélade. Entre elas encontra-se a imagem de

Zeus, em ouro martelado, que foi dedicada por Cípselo, tirano de Corinto; no entanto, a mais espectacular de todas é a estátua de Zeus, da autoria do ateniense Fídias, filho de Cármides. Foi esculpida em marfim e tem uma grandeza tal que, não obstante a considerável dimensão do templo, o artista até parece ter desrespeitado a correcta proporção da obra. Com efeito, representou o deus sentado, quase a tocar a ponta do telhado, dando assim a impressão de que, se ele se pusesse ao alto, arrancaria o telhado ao edifício. Alguns autores registaram por escrito as dimensões da estátua e Calímaco refere-as também num poema em verso iâmbico (fr. 196 Pfeiffer).

O pintor Paneno, sobrinho e colaborador de Fídias, deu-lhe também uma preciosa ajuda na decoração da estátua, em especial no arranjo das vestes. De resto, são exibidos ainda hoje no santuário muitos quadros espectaculares, da sua autoria. Conta-se, aliás, de Fídias que terá dado a Paneno a seguinte resposta memorável, quando ele lhe perguntou que modelo pensava usar para esculpir a imagem de Zeus: «O modelo que Homero deixou nestes versos:

Assim falou o Crónida, franzindo o sobrolho azul;
agitaram-se os cabelos perfumados de ambrósia na cabeça
do soberano imortal e estremeceu o imenso Olimpo.»

(Ilíada 1.528-530)

Parece, de facto, ser uma excelente evocação, pois através do pormenor do sobrolho, entre outros indícios, o poeta convida a nossa imaginação a visualizar a forte impressão de um enorme poder, digno de Zeus. Homero conseguiu idêntico resultado, aliás, com Hera, salvaguardando embora a especificidade própria de cada um deles. Na verdade, exprime-se desta forma:

Agitou-se em seu trono e estremeceu o vasto Olimpo.

(Ilíada 8.199)

O efeito, que com Hera se obtém através do movimento de todo o corpo, é conseguido no caso de Zeus com um simples franzir de sobrolho, acompanhado por uma leve agitação dos cabelos. Por outro lado, constitui também uma nota espirituosa afirmar que Homero foi o único capaz de ver e de representar a imagem dos deuses.

Geografia **14.1.22**: o Templo de Ártemis em Éfeso

Relativamente ao templo de Ártemis, o primeiro arquitecto responsável foi Quérsifron, havendo depois um segundo que tratou da ampliação. Quando certo Heróstrato o incendiou, os habitantes de Éfeso construíram outro, ainda mais belo, depois de recolherem as jóias das mulheres e os próprios pertences, procedendo também à venda das colunas do primeiro templo. Constituem prova disso mesmo os decretos que foram promulgados por essa altura. Artemidoro sustenta que Timeu de Tauroménio deveria ignorar a existência desses decretos, a ponto de afirmar – pois era aliás uma pessoa invejosa e dada a calúnias (característica que lhe valera a alcunha de Epitimeu [20]) – que os Efésios conseguiram arranjar fundos para a reconstrução do templo à custa dos depósitos que os Persas haviam deixado à sua guarda. No entanto, por essa altura não havia depósitos ao seu cuidado e, mesmo que existissem, teriam ardido juntamente com o templo. Para mais, depois do incêndio o tecto desabou completamente e, por isso, quem iria fazer um depósito num santuário e deixá-lo num edifício a céu aberto? Aliás, Artemidoro conta que Alexandre prometera aos Efésios custear todas as despesas, tanto já feitas como a fazer no futuro, desde que o seu nome figurasse na inscrição dedicatória do novo templo; eles, porém, recusaram. Por isso, recusariam ainda muito mais granjear glória à custa de um sacrilégio e dos despojos de um templo! De resto, Artemidoro louva inclusive a resposta da pessoa que, entre os Efésios, teria dito ao rei macedónio que não ficava bem a um deus dedicar oferendas a outros deuses.

---

[20] À letra o «caluniador», num evidente jogo de palavras com o nome da pessoa.

Geografia **14.2.5**: o Colosso de Rodes

A cidade de Rodes está situada no promontório oriental [da ilha de Rodes] e destaca-se de tal forma entre as restantes no que se refere a portos, arruamentos, muralhas e demais infra-estruturas que eu não consigo referir qualquer outra cidade que tampouco se lhe compare, quanto mais que seja superior a ela. É notável ainda pela excelência das suas leis, pelo cuidado posto na administração das questões de Estado em geral, e nos assuntos navais em particular, preocupação que lhe garantiu durante muito tempo o domínio dos mares, bem como o extermínio da pirataria, granjeando assim a amizade dos Romanos e de todos os reis que fossem favoráveis tanto aos Romanos como aos Gregos. Por estes motivos, conseguiu não só manter a autonomia, como ainda ver-se embelezada pelo esplendor de múltiplas oferendas, que se encontram na sua maioria no templo de Diónisos e no ginásio, estando as restantes dispersas por outros lugares. Ainda assim, a mais espectacular de todas é o Colosso de Hélios, a respeito do qual um poeta iambógrafo diz o seguinte:

Sete vezes dez côvados,
é a altura que tem o trabalho de Cares de Lindos.

Mas jaz agora por terra, derrubado por um sismo que o partiu pelos joelhos; em obediência a certo oráculo, os Ródios não voltaram a erguê-lo. É esta, por conseguinte, a mais espectacular das oferendas – a qual, de resto, tem sido universalmente considerada como uma das Sete Maravilhas.

Geografia **16.1.5**: as Muralhas e os Jardins de Babilónia

Babilónia está também situada numa planície. O perímetro das suas muralhas atinge os trezentos e oitenta e cinco estádios, por trinta e dois pés de espessura; a altura no intervalo das torres é de cinquenta côvados e as torres em si medem sessenta côvados. A entrada existente no topo da muralha permite o cruzamento de duas quadrigas com toda a facilidade. É por tal motivo que esta construção e os jardins suspensos são considerados umas das Sete Maravilhas. O jardim possui uma forma quadrangular e cada lado tem uma largura de quatro pletros. Consiste em abóbadas sustentadas por arcadas, que assentam, uma após a outra, em pilares de forma cúbica. Os pilares são ocos por dentro e foram preenchidos com terra, de forma que podem aguentar com as árvores mais frondosas; tanto os pilares, como as abóbadas e as arcadas estão construídos com tijolo cozido e asfalto. O acesso aos terraços superiores é feito através de uma escadaria, ao longo da qual se encontram dispostas espirais hidráulicas, por onde a água é continuamente bombeada para o jardim a partir do Eufrates, por acção das pessoas destacadas para essa função. Com efeito, o rio atravessa a cidade ao meio e tem a largura de um estádio; o jardim fica mesmo sobre a margem do rio.

Geografia **17.1.6 e 9**: o Farol de Alexandria

O promontório extremo da ilhota de Faros é um rochedo batido pelo mar de todos os lados, sobre o qual fica uma torre espectacular, construída em mármore branco, com vários andares, e que tem o mesmo nome da ilha. Foi erigida por Sóstrato de Cnidos, amigo dos reis, a pensar na segurança dos marinheiros, conforme atesta a inscrição. De facto, porque a costa não oferecia abrigo natural e era pouco elevada de ambos os lados, além de estar pejada de baixios e escolhos, tornava-se necessário facultar num sítio alto e bem visível um sinal claro que guiasse os marinheiros provenientes de alto mar, ajudando-os a encontrar a entrada do porto. A passagem que se encontra a ocidente também não é de entrada fácil, embora não exija tantas precauções. Forma também ela um outro porto, chamado Eunosto [21] e serve de enseada ao porto arti-

---

[21] À letra, «porto do bom regresso».

ficial fechado. Com efeito, o porto cuja entrada está dominada pela Torre de Faros, antes referida, trata-se do Grande Porto, sendo que aqueles dois se encontram unidos a este pelas profundezas, estando separados somente pelo molhe conhecido por Heptastádion [22].

À direita da entrada do Grande Porto, encontra-se a ilha e a Torre de Faros; do outro lado, ficam os baixios e o promontório Lóquias, sobre o qual existe um palácio real. E à medida que se navega para dentro do porto, aparecem, à esquerda, os palácios reais interiores, que surgem na continuação do de Lóquias, e onde existem muitas construções decoradas com cores variegadas e pequenos bosques. Logo abaixo deles fica o porto artificial, oculto à vista, que serve para uso privativo dos reis; encontra-se aí também Antirrodes, uma ilhota situada um pouco ao largo do porto artificial, que possui um palácio real e um pequeno porto. Dão-lhe este nome, como se fosse uma espécie de rival de Rodes.

Geografia **17.1.33-34**: as Pirâmides do Egipto

A uma distância de quarenta estádios da cidade [de Mênfis] fica uma colina montanhosa, sobre a qual se encontram numerosas pirâmides, que constituem os túmulos reais. Três delas são dignas de registo; aliás, dentre estas, duas integram mesmo o número das Sete Maravilhas. De facto, têm a altura de um estádio, possuem forma quadrangular e a altura é ligeiramente superior ao comprimento de cada um dos lados; uma das pirâmides [a de Quéops] é apenas um pouco maior do que a outra [a de Quéfren]. Aproximadamente a meia altura de um dos lados, há uma bloco de pedra amovível; uma vez retirado, põe a descoberto uma passagem inclinada que dá acesso à câmara funerária. Ora estas pirâmides estão perto uma da outra e ao mesmo nível; a maior distância, porém, num ponto mais elevado da montanha, existe uma terceira pirâmide, bastante mais pequena que as outras duas, embora tenha dado uma despesa bem maior a construir. De facto, desde as fundações

---

[22] Designação derivada do facto de ter «sete estádios» de comprimento.

AS SETE MARAVILHAS DO MUNDO ANTIGO

quase até meio, foi construída em pedra negra, a mesma pedra usada para fazer almofarizes e que é trazida de muito longe, na medida em que provém das montanhas da Etiópia. Além disso, porque é muito dura e difícil de trabalhar, tornou o projecto particularmente custoso. Esta pirâmide é conhecida por «Túmulo da Cortesã» e teria sido construída pelos seus amantes – trata-se da cortesã a quem Safo, a poetisa lírica, chama Dórica e que havia sido amada pelo seu irmão Caraxo, o qual fora incumbido de transportar vinho de Lesbos para Náucratis, a fim de aí ser comercializado; outros porém chamam-lhe antes Rodópis. E contam a história de que, estando ela a tomar banho, uma águia teria arrebatado das mãos da serva uma das suas sandálias, levando-a em seguida até Mênfis. E porque nessa altura o rei se encontrava a fazer a administração da justiça, ao ar livre, a águia, ao passar por cima da cabeça dele, deixou-lhe cair a sandália no colo. O rei ficou tocado pela bela aparência da sandália e pela insólita ocorrência, de forma que enviou emissários por toda a região, em busca da pessoa que usaria a tal sandália. Depois de a encontrarem, na cidade de Náucratis, trouxeram-na à presença do rei, que a tomou como esposa; e quando ela morreu, foi honrada com o túmulo atrás referido.

Uma das coisas espantosas que notei ao observar as pirâmides não pode deixar de ser registada: de facto, junto delas há umas quantas pilhas de lascas de pedra e no meio desse entulho encontram-se algumas lascas que se parecem com lentilhas, tanto na forma como no tamanho; sob algumas das pilhas há mesmo cascas, como se proviessem de vagens meio debulhadas. Ora conta-se que os restos da comida dos trabalhadores acabaram por petrificar, o que até nem será uma explicação improvável.

(Trad. DELFIM FERREIRA LEÃO)

Valério Máximo (séc. I)

Feitos e ditos memoráveis **3.7.4:** a estátua de Zeus Olímpico de Fídias

Também Fídias fez alusão a uns versos de Homero num dito memorável. Depois de terminada a estátua de Júpiter Olímpico, de tal forma que nada de mais excelso ou mais admirável foi fabricado por mãos humanas, interrogado por um amigo sobre o que é que tinha em mente, ao delinear em feições de marfim um rosto de Júpiter, retirado, por assim dizer, do próprio céu, respondeu que tomou por mestre aqueles famosos versos (*Ilíada* 1.528-530):

> Disse, e do alto das sobrancelhas negras assentiu o filho de Cronos;
> E logo a divina cabeleira do senhor se agitou
> sobre a eterna fronte; e fez tremer o vasto Olimpo.

(Trad. José Luís Brandão)

Plínio, o Antigo (c. 23-79)

História Natural **34.41:** o Colosso de Rodes

Mas, à frente de todas as outras [estátuas], foi motivo de admiração o colosso do Sol, em Rodes, que havia sido feito por Cares de Lindos, discípulo do acima referido Lisipo. Tinha 70 cúbitos de altura. Esta representação, derrubada por um terramoto 66 anos depois, mesmo por terra ainda é considerada uma maravilha. Poucos conseguem abraçar o seu polegar, os dedos são maiores do que muitas estátuas. Concavidades enormes abrem-se entre os membros separados das junturas, no interior podem avistar-se pedras de um tamanho enorme, cujo peso garantia a sua estabilidade enquanto se construía. Diz-se que foi concluída em doze anos e por trezentos talentos, soma gerada pelos aprestos do rei Demétrio, abandonados, por cansaço com a demora, aquando do cerco de Rodes.

História Natural **34.49, 54:** a estátua de Zeus em Olímpia

49. Uma multidão quase incontável de artistas tornou-se célebre com representações e figuras de menor dimensão, e, à frente de todos, o Ateniense Fídias com o Júpiter de Olímpia; é certo que é feito de marfim e ouro, mas ele também fez figuras de bronze. Atingiu o auge durante a 83ª Olimpíada, pelo ano 300 da nossa cidade (...).

54. Para além do Júpiter de Olímpia, que ninguém conseguiu igualar, Fídias fez, igualmente em marfim, a Minerva de Atenas, pedestre, que está no Pártenon, e, em bronze, para além da já referida Amazona, uma Minerva de tão exímia beleza que recebeu um cognome tirado da sua aparência [«A Bela»] (...).

História Natural **36.18:** a fama de Fídias

Que Fídias é o mais ilustre entre todos os povos que podem constatar a fama do Júpiter de Olímpia, ninguém tem dúvidas; mas para que saibam que é louvado merecidamente até aqueles que não viram as suas obras, iremos apresentar provas de pormenor e tão-só do seu talento. Para tal, não vamos invocar a beleza do Júpiter de Olímpia, nem a grandeza da Minerva feita em Atenas, a qual tem 26 côvados e é constituída de marfim e de ouro (...).

História Natural **36.30-31:** o Mausoléu de Halicarnasso

30. Escopas teve como rivais contemporâneos Briáxis e Timóteo e Leócares, dos quais se deve falar em simultâneo, uma vez que decoraram o Mausoléu em pé de igualdade. Este túmulo foi mandado fazer pela sua esposa Artemísia para Mausolo, um pequeno rei [sátrapa] da Cária, que morreu no segundo ano da 107ª Olimpíada [351 a.C.]. Foram estes artistas que mais contribuíram para que tal obra estivesse entre as sete maravilhas. A sul e a norte estende-se por [cento e] sessenta e três pés, é mais curto nas duas frontarias, com um perímetro total de 440 pés, eleva-se à altura de 25 côvados, é rodeado por 36 colunas. A este perímetro [de colunas] chamaram *pteron* [peristilo]. **31.** A oriente, decorou-o Escopas, a norte Briáxis, a sul Timóteo, a poente Leócares, e a rainha morreu antes de o terminarem. Todavia, não o abandonaram antes de acabado, pois consideravam-no um monumento à sua própria glória e à sua arte, e ainda hoje competem pelo prémio. Acrescenta-se um quinto artista. Ora, por cima do *pteron*, uma pirâmide iguala a altitude da parte de baixo e, com os seus vinte e quatro degraus, vai adelgaçando até ao topo do cone. No cimo está uma quadriga de mármore, que Pítis executou.

História Natural **36.75-76, 78-82:** as Pirâmides do Egipto

75. De passagem, falemos também das pirâmides existentes nesse mesmo Egipto, inútil e insensata ostentação da fortuna dos reis, pois que no geral se conta que a razão para as construírem foi para não deixarem dinheiro aos sucessores ou aos rivais que conspiravam, ou para a plebe não estar ociosa. Enorme foi a vaidade desses homens por causa delas. **76.** Restam vestígios de várias que estão inacabadas. Uma fica no nomo [distrito ou circunscrição] de Arsínoe, duas no de Mênfis, não longe do Labirinto, aquele mesmo de que também havemos de falar, outras tantas no local onde existiu o lago de Méris, que é uma fossa enorme, todavia incluída pelos Egípcios no rol das maravilhas e coisas dignas de memória. Os seus topos, diz-se, erguem-se <200 côvados> acima da água. As restantes três, que encheram o orbe terrestre com sua fama, totalmente visíveis para quem se aproxima de navio de qualquer direcção, estão situadas numa região da África, num monte rochoso e estéril, entre a cidade de Mênfis e o que dissemos chamar-se Delta, a menos de 4 000 passos do Nilo, a 7 500 de Mênfis, junto de uma aldeia a que chamam Busíris; aí existe o costume de as escalar. (...)
78. A maior das pirâmides é constituída de material de pedreiras da Arábia. Relata-se que 360 000 homens trabalharam

durante 20 anos na sua construção. Na realidade, as três foram feitas em 88 anos e 4 meses. **79.** Os que sobre elas escreveram são Heródoto, Evémero, Dúris de Samos, Aristágoras, Dionísio, Artemidoro, Alexandre Poliistor, Butórides, Antístenes, Demétrio, Demóteles, Ápion: entre todos eles não há acordo sobre quem as construiu; com toda a justiça se deu o caso de ficarem esquecidos os autores de tamanha vaidade. Alguns deles escreveram que foram gastos 1 600 talentos em rábanos e alho e cebolas. **80.** A pirâmide maior ocupa sete jeiras de terreno. Com intervalos iguais entre os quatro ângulos, de 783 pés em cada lado, a altura atinge os 725 pés do topo ao solo, o perímetro do topo 16,5 pés. Na segunda, os intervalos entre os quatro ângulos alcançam 757,5 pés cada um. A terceira, sem dúvida mais pequena do que as já referidas, mas muito mais espectacular, de pedra da Etiópia, ergue-se com 363 pés entre os ângulos. **81.** Não restam quaisquer vestígios da construção, há areia em abundância, pura, em derredor, com a aparência de lentilhas, como na maior parte da África. A questão principal é saber com que método as pedras de alvenaria foram elevadas a tal altura. Opinam uns que foi por meio de nitro e sal amontoados à medida que a obra crescia, e, acabada esta, dissolvidos por irrigação com água do rio; opinam outros que foram construídas rampas com tijolos feitos de terra amassada, sendo os tijolos distribuídos para casas particulares depois de acabada a obra; é que, consideram eles, o Nilo, com um nível muito mais baixo, não teria podido fazer a irrigação. No interior da pirâmide maior existe um poço de 86 côvados. Acreditam que foi aí que o rio chegou. **82.** Tales de Mileto inventou a maneira de lhes tomar a altura, e em todos os casos similares, medindo a sua sombra à hora em que costuma ser igual ao seu tamanho. São estas as maravilhas das pirâmides, e, o que é o cúmulo – não vá alguém ficar admirado com a riqueza dos reis! –, a mais pequena, e a mais louvada, foi mandada construir por uma simples meretriz, Rodópis. Outrora fora escrava juntamente com Esopo, um filósofo autor de fábulas, e sua companheira. Maravilha maior é tamanha riqueza ter sido alcançada no ofício de meretriz.

História Natural **36.83:** o Farol de Alexandria

É também muito exaltada outra torre, mandada fazer por um rei na ilha de Faros, para indicar o porto de Alexandria. Diz-se que custou 800 talentos, fornecendo um exemplo da magnanimidade, para nada omitirmos, do rei Ptolomeu, o qual permitiu que nela, na sua própria estrutura, fosse gravado o nome do arquitecto Sóstrato de Cnidos. A sua função é projectar, para orientação nocturna dos navios, luzes que assinalam os baixios e a entrada do porto, iguais às que já flamejam em muitos lugares, como Óstia e Ravena. O perigo destas luzes contínuas é serem consideradas estrelas, pois, de longe, o aspecto do seu brilho é similar. Este mesmo arquitecto foi de todos o primeiro que, segundo se conta, construiu um passeio suspenso, em Cnidos.

História Natural **36.95-97:** o Templo de Ártemis em Éfeso

95. Verdadeira admiração perante a magnificência grega é a que se revela diante do templo de Diana em Éfeso, construído pela Ásia inteira durante 120 anos. Construíram-no em solo pantanoso, para não ficar sujeito a terramotos nem temer cedências de terreno; por outro lado, para não colocarem as fundações de tão grande massa em solo movediço e instável, colocaram-lhe por debaixo uma camada de carvão batido e depois velos de lã. No total, o templo tem o comprimento de 425 pés, a largura de 225 pés, 127 colunas de 60 pés de altura, cada uma mandada fazer por um rei, entre elas há 36 esculpidas, uma por Escopas. O responsável pela obra foi o arquitecto Quérsifron. **96.** O cúmulo da maravilha é ter-se podido içar arquitraves de tamanha grandeza. Ele conseguiu-o por meio de cestos cheios de areia, apoiados nos capitéis das colunas com uma suave inclinação, esvaziando os do fundo pouco a pouco, de modo a colocar a obra no lugar sem se dar conta. Do mesmo modo teve muita dificuldade com o próprio lintel que queria colocar sobre a porta. O seu peso era de facto enorme e não assentou no lugar, com o artífice, cheio de ansiedade, em desesperado projecto de suicídio. **97.** Conta-se que, no meio de tal cisma, cansado, de noite, durante o sono, sentiu a presença da deusa para quem se edificava o tempo, a exortá-lo a viver: ela tinha aparelhado a pedra! E foi assim que esta apareceu, no dia seguinte. Era como se tivesse sido posta no lugar pelo seu próprio peso! Os outros ornamentos dessa obra encheriam vários livros, em nada consentâneos com o modelo da natureza.

(Trad. FRANCISCO DE OLIVEIRA)

FLÁVIO JOSEFO (37-100)

Contra Ápion **1.139-141:** as construções na cidade de Babilónia atribuídas a Nabucodonosor

139. O próprio [Nabucodonosor], com o despojo de guerra, arranjou zelosamente o templo de Belo, bem como os restantes templos; recuperou a velha cidade, fundando uma outra no exterior; e para que os sitiantes não mais pudessem desviar o rio e usá-lo como arma contra a cidade, ergueu três muralhas à volta do espaço interior e outras três à volta do exterior. As primeiras muralhas eram de tijolo cozido e em betume, as outras eram em tijolo simples.
140. Depois de ter construído uma notável muralha e ornamentado as portas de acordo com a sua sacralidade, ele construiu junto do palácio do seu pai um outro imediatamente ao lado. Seria talvez demasiado descrever com pormenor a sua altura e restante sumptuosidade. Direi apenas que, excessivamente grande e sumptuoso, foi terminado em quinze dias.
141. Neste palácio, ele ergueu altos terraços de pedra, deu-lhes a aparência de uma montanha e depois, plantando ali árvores de todo o tipo, dispôs e executou o que se chama o Pomar Suspenso, porque a sua mulher, criada na Média, gostava de lugares montanhosos.

Guerra Judaica **4.612-613, 5.168-169:** a Torre da ilha de Faros

4.612. O porto de Alexandria não facilita a aproximação dos navios, mesmo em tempo de paz, pois a sua entrada é estreita e os rochedos submersos obrigam a desvios. **613.** Do lado esquerdo, está protegido por molhes artificiais, e do lado direito está a ilha de Faros, que tem uma enorme torre, que alumia os marinheiros até uma distância de trezentos estádios, para que à noite possam fundear as suas embarcações longe, dada a dificuldade em aproximarem-se da costa.

5.168. Erguendo-se na parte central do pórtico, estava outra torre, provida de luxuosos aposentos que incluíam uma sala de banho, o que fazia com que a esta torre nada faltasse para que se parecesse com um palácio. A parte de cima estava adornada em toda a sua volta com parapeitos e pequenas torres. **169.** No total, a sua altura atingia quase os noventa côvados. A forma desta torre era semelhante à de Faros, que alumia os navegadores que se dirigem para Alexandria, mas o seu perímetro era muito maior.

(Trad. Nuno Simões Rodrigues)

Marco Valério Marcial (c. 40-103/4)

Livro dos espectáculos **1:** o Coliseu, nova maravilha de Roma

Cale a bárbara Mênfis o prodígio das suas pirâmides,
    não mais o labor assírio se ufane da Babilónia;
o templo de Trívia glória não procure aos requintados Iónios,
    ofusque-se em Delos o altar de múltiplos cornos;
nem, suspenso no vazio do ar, o Mausoléu,
    com louvores desmedidos, os Cários aos céus elevem.
Todo o labor ao anfiteatro de César o posto cede:
    a única obra que, pelas outras juntas, a fama há-de celebrar.

(Trad. Delfim Ferreira Leão)

S. Lucas (séc. I)

Actos dos Apóstolos 19.24-35: «*Grande é a Ártemis dos Efésios!*»

Por esse tempo, levantou-se um grande conflito a respeito da «Via» ([23]).

Um certo ourives de nome Demétrio que, fabricando templos de Ártemis em prata, proporcionava aos artífices negócios consideráveis. Depois de os reunir, assim como a outros que se dedicavam a trabalhos parecidos, disse: «Sabeis, amigos, que a prosperidade que temos é por causa desta arte. Mas podeis ver e ouvir que não só em Éfeso, mas também em toda a Ásia, esse Paulo desviou imensa gente com seduções, afirmando que os deuses não são criados pelas mãos do homem. Isto não só ameaça a nossa indústria do perigo de cair em descrédito, mas também leva a que o templo da grande deusa Ártemis seja tido como nada, e a que no futuro aquela a que a Ásia inteira e todo o mundo prestam culto venha a ser despojada do seu prestígio.»

Ao ouvirem isto, cheios de ira diziam em altos brados: «*Grande é a Ártemis dos Efésios!*»

A cidade encheu-se de desordem e todos em conjunto se dirigiram para o teatro, arrastando consigo os companheiros de viagem de Paulo, os macedónicos Gaio e Aristarco.

Tendo Paulo pretendido apresentar-se ao povo, os discípulos não o deixaram. E até alguns dos asiarcas, sendo seus amigos, lhe enviaram pedidos a aconselhá-lo de que não se apresentasse no teatro. Cada qual gritava para seu lado, já que a assembleia estava em confusão e a maioria nem sabia a que era devido aquele ajuntamento. Incentivado pelos Judeus, Alexandre saiu do meio da multidão. Com um sinal de mão, este deu a entender que desejava

---

([23]) Em S. Lucas (*Luc.* e *Act.*), o termo grego *he odós* significa a opção religiosa pelo Cristianismo tomada pelos convertidos. Num contexto de rivalidade religiosa como o que aqui é narrado, levantou-se um grande tumulto quanto à proposta religiosa cristã, ou seja a «via cristã».

dar explicações ao povo. Mas quando tomaram conhecimento que ele era judeu, uma só voz se ergueu de todos, durante cerca de duas horas: «*Grande é a Ártemis dos Efésios!*»

Por fim, o secretário acalmou a multidão e disse: «Homens de Éfeso! Existirá algum homem que ignore que a cidade de Éfeso é a guardiã do templo da grande Ártemis e da sua estátua caída do céu? Portanto, sendo isto incontestável, é necessário que permaneçam tranquilos e que nada façam com precipitação. Trouxestes aqui estes homens, que não são culpados nem de sacrilégio nem de blasfémias em relação à nossa deusa. Consequentemente, se Demétrio e os artífices que estão com ele têm algo a dizer contra alguém, há audiências públicas e há procônsules. Que venham debater-se em juízo! E se tiverdes qualquer outra questão a debater, ela será resolvida na assembleia legal. É que corremos o risco de ser acusados de insurreição por causa do que hoje sucedeu, pois não havendo motivo, não poderemos apresentar nenhuma razão para este ajuntamento.» E com estas palavras desfez a assembleia.

(Trad. PAULA BARATA DIAS)

POMPÓNIO MELA (séc. I)

***Descrição do mundo* 1.88:** o Templo de Ártemis em Éfeso

Aí se encontra uma terra, fundada por fugitivos, ao que se diz, e o seu nome condiz com a fama – Frigela. Aí fica Éfeso e o tão famoso templo de Diana que, segundo a tradição, as Amazonas consagraram, quando conquistaram a Ásia. Aí corre o rio Caístro. Aí fica Lebedos e o templo de Apolo Claros que Manto, filha de Tirésias, edificou quando fugia dos Epígonos vencedores dos Tebanos; e também Cólofon que Mopsos, nascido da mesma Manto, fundou.

(Trad. JOSÉ RIBEIRO FERREIRA)

QUINTO CÚRCIO RUFO (séc. I)

História de Alexandre Magno **5.1.32-35**: descrição dos Jardins
Suspensos de Babilónia

No topo da cidadela, ficam os jardins suspensos, maravilha
celebrada nos relatos dos Gregos; igualam a altura máxima das
muralhas e devem o seu encanto à sombra de muitas e frondosas
árvores. Os pilares que sustentam toda a estrutura da obra foram
construídos em pedra; sobre os pilares, colocaram uma base de lajes
quadrangulares, capaz de suportar o peso da terra que lançaram por
cima, até grande altura, bem como a água com que irrigam o solo.
E é tal o porte das árvores suportadas pela estrutura, que os troncos
chegam a medir oito côvados de diâmetro; alcançam ainda uma
altura de cinquenta pés e produzem tanto fruto como se estivessem
a crescer no solo de origem. Geralmente o tempo costuma corroer
e destruir, a pouco e pouco, não apenas os trabalhos feitos por mão
humana, mas até as obras da própria natureza; contudo, esta enorme
estrutura, comprimida embora pelas raízes de tantas árvores e carre-
gada com o peso de um bosque tão frondoso, ainda assim continua
a resistir, sem nada sofrer. Com efeito, está reforçada por muros
com vinte pés de largura que a atravessam, separados por intervalos
de onze pés, de maneira que, vistos ao longe, parecem bosques a
coroar a montanha onde teriam nascido. Conta a tradição que certo
rei da Síria, que governava a Babilónia, terá metido mãos a esta
empresa movido pelo amor à esposa, a qual, por andar saudosa da
sombra dos bosques e das florestas numa zona de planícies, conseguiu convencer o marido a imitar, com uma obra como esta, os
encantos da natureza.

(Trad. DELFIM FERREIRA LEÃO)

C. Suetónio Tranquilo (séc. I-II)

Calígula **22.2, 57.1:** a estátua do Zeus de Olímpia em Roma

22.2. De facto, advertido de que já tinha excedido a grandeza dos imperadores e dos reis, começou, desde logo, a reivindicar para si próprio a majestade dos deuses. E, feitas as diligências para que fossem trazidas da Grécia as estátuas de divindades, famosas pelo valor religioso e artístico, entre as quais a de Júpiter Olímpico, para, depois de as decapitar, lhes substituir a cabeça pela sua, tratou de estender uma ala do palácio até ao foro.

57.1. Muitos prodígios relativos ao subsequente assassinato [de Calígula] se manifestaram. A estátua de Júpiter de Olímpia, que ele tinha decidido desmontar e transladar para Roma, lançou subitamente tamanha gargalhada, que os mecanismos abanaram e os operários fugiram cada qual para seu lado.

(Trad. José Luís Brandão)

Plutarco de Queroneia (séc. I-II)

Vida de Paulo Emílio **28.5:** palavras de Paulo Emílio, a propósito da Estátua de Zeus

Em Olímpia, dizem que terá feito aquele comentário muitas vezes repetido: «Foi o Zeus de Homero que Fídias esculpiu!»

(Trad. Delfim Ferreira Leão)

Pausânias (séc. II)

Descrição da Grécia **4.31.6:** restauro do Zeus de Olímpia

E não menos digna de se recordar é a estátua da Mãe dos Deuses, de mármore de Paros, obra de Demofonte, aquele que, quando o marfim de Zeus de Olímpia rachou, o uniu de novo com a máxima perfeição.

***Descrição da Grécia* 5.10.2:** autoria da estátua de Zeus de Olímpia

O templo e a estátua de Zeus foram construídos graças aos despojos de guerra, na altura em que o Elidenses submeteram Pisa e quantas terras vizinhas se lhe tinham aliado na guerra.

Que Fídias foi quem modelou a estátua é testemunho por uma inscrição gravada por baixo dos pés de Zeus: «Fídias, filho de Cármides, Ateniense, me fez.»

***Descrição da Grécia* 5.11.1-10:** descrição do Zeus de Fídias

1. O deus está sentado num trono e é feito de ouro e marfim. Tem na cabeça uma coroa que imita ramos de oliveira. Na mão direita segura uma Vitória, também de marfim e ouro, a qual tem uma fita e, na cabeça, uma coroa. Na mão esquerda do deus encontra-se um ceptro adornado com toda a espécie de metais; a ave pousada no ceptro é uma águia. De ouro é também o calçado do deus, e o manto igualmente. No manto estão gravadas figuras de animais e flores de açucena.

2. O trono está adornado de ouro e pedrarias, bem como de ébano e marfim. Sobre ele estão também gravados animais e insculpidas imagens. Em cada um dos pés do trono estão representadas quatro Vitórias a dançar, e outras duas na base de cada um dos pés. Em cada um dos pés dianteiros estão crianças tebanas a serem arrebatadas por esfinges, e abaixo das esfinges Apolo e Ártemis lançam dardos contra os filhos de Níobe.

3. Há quatro listeis entre os pés do trono, cada um dos quais se estende no espaço de um para o outro pé. Sobre o listel que está imediatamente à entrada, encontram-se sete imagens: ao passo que, em relação à oitava de entre elas, não se sabe de que maneira desapareceu. Tudo isto seria uma figuração das antigas competições, porquanto no tempo de Fídias ainda não estava criado o pancrácio para jovens. Dizem mas é que o que está a atar uma fita na cabeça se parece com Pantarces, e que Pantarces era um rapaz da Élide favorito de Fídias. Ora esse Pantarces ganhou a vitória na luta entre jovens na octogésima sexta olimpíada.

4. Sobre os restantes listeis fica o grupo que, juntamente com Hércules, lutou contra as Amazonas. O número de um e de outro lado é de vinte e nove, e Teseu também está colocado entre os aliados de Hércules. Não são os pés que sustentam o trono, mas também colunas das mesmas dimensões dos pés, que se erguem entre eles. Não é possível passar por baixo do trono, do mesmo modo que em Amiclas se atravessa pela parte interior; em Olímpia o impedimento é uma barreira construída em forma de parede.

5. Dessas barreiras, a parte que fica em frente das portas está só pintada de azul, ao passo que as restantes exibem pinturas de Paneno. Entre essas encontra-se Atlas a segurar o céu e a terra e ao lado perfila-se também Hércules a querer tomar conta do fardo de Atlas; e ainda Teseu e Pirítoo, Hélade e Salamina. Esta última tem na mão um adereço feito da proa dos navios.

6. Dos trabalhos de Hércules estão o do Leão de Nemeia; segue-se o ultraje de Ájax contra Cassandra; depois, Hipodamia, filha de Enómao, com a mãe, e Prometeu ainda com as algemas, e Hércules a vir tirar-lhas. De facto, também se conta a respeito de Hércules que matou a águia que atormentava Prometeu no Cáucaso e que libertou das algemas o próprio Prometeu. Na última pintura está Pentesileia a exalar o último suspiro e Aquiles a segurá-la. E ainda duas Hespérides a trazer as maçãs cuja guarda se diz que lhes fora confiada. Ora este Paneno era irmão de Fídias, e também é dele a pintura da batalha de Maratona que está no Pórtico Pintado em Atenas.

7. Nas partes mais elevadas do trono Fídias esculpiu, sobre a cabeça da estátua, de um lado as Graças, do outro as Horas, três de cada grupo. Com efeito, afirma-se na poesia épica que também estão são filhas de Zeus. E Homero, na *Ilíada*, imaginou as Horas

AS SETE MARAVILHAS DO MUNDO ANTIGO

como encarregadas do céu, tal como as guardas do palácio real. A base que fica por baixo dos pés de Zeus, aquilo a que na Ásia se chama escabelo, ostenta leões de ouro e tem lavrada a luta de Teseu com as Amazonas, o primeiro grande feito bélico dos Atenienses contra um povo que não era da mesma tribo.

8. Na base que sustenta o trono e toda a restante decoração em volta de Zeus, sobre essa base, há lavores em ouro: Hélios a subir no seu carro e Zeus, bem como Hera, e ainda Hefestos e, ao lado dele, a Graça; junto desta, Hermes e, ao pé de Hermes, Héstia. A seguir a esta, encontra-se Eros a receber Afrodite; está também esculpido Apolo com Ártemis e Atena, bem como Hércules. E, já perto do limite da base, Afrodite e Poséidon e Selene, que, segundo me parece, avança a cavalo. Há quem diga que a deusa monta uma mula, e não um cavalo, e sobre essa mula conta-se uma história tola.

9. Quanto ao que está escrito em relação às medidas da altura e da largura do Zeus de Olímpia, conheço-o, mas não elogio quem as fez, uma vez que as medições apresentadas ficam bem longe do esplendor que proporciona a sua visão, a tal ponto que se conta que o próprio deus se fez testemunha da arte de Fídias. Efectivamente, quando a estátua já estava terminada, Fídias rogou ao deus que lhe desse um sinal, se a obra estava a seu contento. Imediatamente, dizem, caiu um raio no chão; e aí estava, ainda no meu tempo, uma hídria de bronze a atestá-lo.

10. Toda a porção do solo que fica em frente da estátua, toda ela está aparelhada, não com pedra mármore, mas negra, e corre a toda a volta da parte negra um rebordo de mármore de Paros, para servir de protecção contra o gotejar do azeite. Efectivamente, o azeite é útil à estátua de Olímpia, e é esse azeite que impede que se danifique o marfim, devido ao facto de a Áltis ser pantanosa. Ao passo que na Acrópole de Atenas não é o azeite, mas a água, que é útil ao marfim da chamada Atena Partenos. De facto, como a Acrópole é seca, devido à sua grande elevação, a estátua, que é feita de marfim, precisa de água e da humanidade que dela procede.

***Descrição da Grécia* 5.14.5:** preservação do Zeus de Fídias

À [Atena] laboriosa é que os descendentes de Fídias, os chamados polidores, que receberam da parte dos Elidenses a honra de limpar a estátua de Zeus da sujidade que nela se deposita, executam aí sacrifícios, antes de começarem a polir a estátua.

(Trad. M. H. ROCHA PEREIRA)

LUCIANO DE SAMÓSATA (c. 125-post 180)

***Diálogos dos Mortos* 24 (29):** evocação do Mausoléu de Halicarnasso, num contexto de crítica às limitações da riqueza material

Diógenes e Mausolo

Diógenes

Ó Cário, porque és tão orgulhoso e te julgas digno de maior honra que todos nós?

Mausolo

Não só pela realeza, ó homem de Sinope, que exerci sobre toda a Cária, mas também governei alguns dos Lídios, e submeti algumas ilhas e subi até Mileto, subjugando a maior parte da Iónia. Além disso, era belo e grande e poderoso nas guerras. Mas o motivo maior é que possuo em Halicarnasso, como nenhum outro morto, um monumento imenso erguido em minha honra, e também nenhum tão aprimorado em beleza, em cavalos e homens esculpidos ao natural, da maneira mais perfeita na mais bela pedra. Que se lhe compare nem um templo se encontrará facilmente! Não te parece que, com tudo isto, tenho razões para me ensoberbecer?

Diógenes

Falas da realeza e da beleza e da grandiosidade do túmulo?

Mausolo

Por Zeus, por todos esses motivos.

Diógenes

Mas, ó belo Mausolo, tu não possuis mais essa força nem essa beleza! Pelo menos, se escolhermos um juiz para julgar de beleza, não posso dizer por que razão o teu crâneo merece mais honras do que o meu, porque ambos estão calvos e nus! E ambos exibimos os dentes e estamos privados de olhos e temos o nariz achatado. Quanto ao túmulo e a essas pedras de elevado preço, talvez os Halicarnassenses os possam mostrar e ser orgulhosos deles perante os estrangeiros, como de uma grande edificação. Mas tu, meu caro, não sei o que ganhas com isso, a não ser proclamares que aguentas uma carga maior do que nós, esmagado como estás por pedras tão grandes.

Mausolo

Então, tudo isso me não traz vantagem? E Diógenes merece consideração igual a Mausolo?

Diógenes

Não é a mesma honra, ó nobilíssimo, não, de certo. Mausolo vai gemer, lembrado do que ficou na terra, daquilo em que acreditava ser feliz, ao passo que Diógenes vai rir-se dele. E Mausolo falará do túmulo de Halicarnasso, o túmulo que em sua honra fez construir Artemísia, sua mulher e sua irmã, enquanto Diógenes nem mesmo sabe se o seu corpo tem um túmulo, porque nunca se preocupou com isso. Mas, depois de viver uma vida de homem, deixa sobre ela aos melhores uma reputação mais alta do que o teu monumento, ó tu, o mais vil dos escravos da Cária! E uma reputação erguida em terreno mais firme!

(Trad. Américo da Costa Ramalho)

FONTES GREGAS E LATINAS

***Galo ou o Sonho* 24**: referência às estátuas de Fídias, Míron e Pra-
xíteles, num contexto de crítica ao falso poder da monarquia

Galo

Eu, todavia, porque estava bem ciente de quantas aflições
e canseiras tinha de suportar, perdoava a ignorância dos
meus súbditos. Ainda assim, não deixava de ter pena de
mim mesmo, pois acabava por ser como aqueles impressionantes colossos de Fídias, Míron e Praxíteles: de
facto, por fora, cada um deles tem a bela aparência de um
Poséidon ou de um Zeus, trabalhados em ouro e marfim,
a segurar na mão direita um raio, um relâmpago ou um
tridente; no entanto, se te baixares e deres uma esprei-
tadela para o interior, irás deparar-te com uns quantos
barrotes, cavilhas e pregos, espetados de um lado ao
outro, vigotas, cunhas, e ainda pez e argamassa – entre
muitas outras coisas feias ali disfarçadas. Isto já para não
falar de uma colónia de ratos e de musaranhos que por
vezes estabelecem lá dentro a sua casa. A realeza é
precisamente isto!

***Sobre a forma de escrever história* 62**: o Farol de Alexandria

Estás a ver o que fez aquele ilustre arquitecto de Cnidos?
Construiu a Torre de Faros, a mais impressionante e mais bela de
todas as obras, com o objectivo de lançar a partir dela um sinal de
fogo que chegasse aos marinheiros que navegam ao largo, no mar,
evitando assim que fossem arrastados para a Paretónia, que é
conhecida por ter uma costa particularmente perigosa e sem esca-
patória possível, no caso de alguém embater contra os seus rochedos. Com efeito, depois de haver edificado esta obra, ele inscreveu
o seu nome sobre a pedra na interior da alvenaria, cobriu a seguir a
inscrição com gesso, ocultando-a, e escreveu por cima o nome do
rei que se encontrava então no poder. Estava consciente – como

veio depois a verificar-se – de que passado pouco tempo as letras acabariam por cair, juntamente com o gesso, pondo a descoberto os seguintes dizeres: «Sóstrato de Cnidos, filho de Dexífanes, aos deuses salvadores, em benefício dos que navegam pelo mar». Desta forma, ele não teve em conta nem a circunstância imediata nem a pouca duração da própria vida: olhou antes para o nosso tempo e para toda a eternidade, pois enquanto a Torre ficasse de pé também a sua habilidade técnica haveria de permanecer.

***Zeus trágico* 25**: referência paródica à estátua de Zeus em Olímpia

Zeus

Estás para aí a gozar, Poséidon, ou já terás esquecido por completo que nenhuma dessas coisas se encontra nas nossas mãos, pois são as Moiras que fiam o destino de cada um, estabelecendo que este há-de ser vítima de um raio, aquele de uma espada, aqueloutro da febre ou do esgotamento? De facto, se isso estivesse ao alcance do meu poder, julgas que, há tempos, eu teria deixado escapar de Pisa [i.e. Olímpia], sem apanharem com o raio, os ladrões que cortaram e levaram dois anéis do meu cabelo, que pesavam umas boas seis minas cada um?

(Trad. DELFIM FERREIRA LEÃO)

AULO GÉLIO (c. 130-180)

***Noites Áticas* 10.18**: história de Artemísia, esposa de Mausolo

Conta-se que o amor de Artemísia pelo marido, Mausolo, superou todas as histórias de paixão e o que se acredita ser a afeição humana. Ora, Mausolo foi, como Marco Túlio nos diz (*Tusculanas* 3.31.75), rei da terra da Cária; segundo alguns historiadores gregos, governador de uma província – sátrapa chamam-lhe os Gregos.

Quando este Mausolo cumpriu o destino no meio de lamentos e nas mãos da esposa, e foi sepultado com exéquias magníficas, Artemísia, a esposa inflamada pela dor e saudade do marido, misturou os ossos e as cinzas dele com unguentos, reduziu-os à forma de pó que deitou em água e bebeu; e diz-se que deu muitas outras provas da violência do seu amor. Deixou-se também levar pelo impulso desmedido de erguer uma obra que perpetuasse a memória do marido, aquele túmulo famosíssimo e digno de figurar entre as sete maravilhas de todas as terras. Quando dedicou este monumento, consagrado aos deuses Manes de Mausolo, institui um *agon*, isto é um concurso de encómios em honra dele, e propõe importantes prémios em dinheiro e muitas outras coisas valiosas. Diz-se que para disputar estas homenagens se apresentaram três homens notáveis pelo seu talento e distinta eloquência: Teopompo, Teodectes e Náucrates. Até há quem tenha afirmado que Isócrates em pessoa concorreu ao panegírico. Mas neste concurso foi declarado vencedor Teopompo, que foi discípulo de Isócrates.

Ainda existe agora a tragédia de Teodectes, intitulada *Mausolo*, na qual despertou mais agrado, afirma Higino nos *Exemplos*, do que nos escritos em prosa.

(Trad. Luísa de Nazaré Ferreira)

ARRIANO (séc. II)

***Anábase de Alexandre* 7.23.6-7**: Alexandre manda construir um monumento em honra do general Heféstion, junto ao Farol de Alexandria

Chegaram entretanto os emissários especiais que ele tinha enviado a Ámon, a fim de se informarem sobre a forma legítima de ele prestar honras a Heféstion. Os emissários transmitiram a Alexandre que Ámon havia dito que seria legítimo oferecer sacrifícios a Heféstion na qualidade de herói. Exultante com a resposta do oráculo, Alexandre concedeu-lhe honras de herói a partir dessa altura. Enviou também uma carta a Cleómenes, que era má pessoa e havia cometido muitas injustiças no Egipto. No que me diz respeito, não vou censurar esta deferência em relação a Heféstion, mesmo depois da sua morte, motivada pela amizade e recordação que dele tinha, embora o censure por muitas outras coisas. Com efeito, na carta dava instruções para serem construídos memoriais em honra do herói Heféstion, na Alexandria do Egipto, sendo que um ficaria na própria cidade e outro na ilha de Faros, precisamente no mesmo lugar onde se encontra a Torre. Os memoriais deveriam distinguir-se pela enorme grandeza e pela desmesurada despesa.

(Trad. DELFIM FERREIRA LEÃO)

LACTÂNCIO (c. 240-320)

Instituições Divinas, *Patrologia Latina* **6.3.24, col. 425B-426A:**
os Jardins Suspensos

(...) E as coisas que alegam aqueles que acreditam na existência de antípodas, na posição inversa à dos nossos pés? Haverá alguém tão desprovido de bom senso que pense que há homens cujos pés estão numa posição mais acima do que as cabeças? E que nesses lugares, aquilo que entre nós está por baixo se suspende ao contrário? Que os vegetais e as árvores crescem ao inverso, de cima para baixo? Que as chuvas, as neves e a geada caem debaixo para cima sobre a terra? Alguém se pode então admirar que jardins suspensos sejam descritos entre as Sete Maravilhas, quando filósofos afirmam existir campos, mares, cidades e montes suspensos? Ora, é também nosso dever expor a origem deste erro. De facto, enganam-se sempre da mesma maneira. Sempre que, no início, são induzidos pelas aparências do que é verdadeiro, chegam a uma premissa falsa, torna-se obrigatório confirmar a posição a que tinham chegado antes. E desse modo caem em muitas afirmações ridículas (...)

(Trad. PAULA BARATA DIAS)

GREGÓRIO DE NAZIANZO (329/330-390)

Epigrama 50 (*Antologia Palatina* **8.177**): a oitava maravilha

São sete as maravilhas do mundo que aqui se apresentam:
[muralha, estátua,
jardins, pirâmides, templo, estátua, túmulo.
A oitava sou eu, este monumento prodigioso que, apontando
[para o céu,
se ergue fixo do chão, para longe destes rochedos.
Sou o primeiro digno de ser cantado entre os que pereceram
pelo labor insaciável do teu punho enfurecido, ó assassino!

Carta a Basílio de Cesareia (*Patrologia Grega* **32.37**): a filantropia, a nova maravilha

O que mais? É bela a filantropia, o dar de comer aos pobres, o auxílio às fraquezas humanas.

Afasta-te um pouco da cidade e contempla a parte nova da mesma, esta reserva de piedade e o tesouro comum dos recursos, no qual se deposita o que sobra da sua riqueza, e até, graças aos apelos que ele fez, se entrega o necessário para diminuir as privações, prevenir os roubos, neutralizar as carências de pão e as dificuldades provocadas pelos desastres naturais. Nesse local, a enfermidade é vivida com sabedoria, a provação é suportada com alegria, e a compaixão é posta à prova.

O que me importa, depois de contemplar esta obra, Tebas, a das Sete Portas e a do Egipto, e as muralhas da Babilónia, e o túmulo de Mausolo na Cária e as Pirâmides, e o brônzeo gigante de Colossos, a beleza e a grandeza dos templos que já não existem, mas cujas dimensões maravilham os homens e são relatadas pelos historiadores, que em nada beneficiaram os seus construtores, além de lhes terem oferecido uma glória bem pequena?

Para mim, a suprema maravilha é o recto caminho da salvação, e a doce escalada para o céu. A maravilha, corrompida e digna de piedade, já não deslumbra os nossos olhos, os homens, os mortos e os homens que estão destinados à morte, dando fama mais aos nomes do que aos corpos, expulsam a maior parte das preocupações carnais, e não querem saber de cidades, casas, praças, fontes, ou outras coisas mais queridas.

Pois ele, mais do que todos, ensinou os homens a não desprezar a existência dos outros homens, a não desonrar Cristo, a única cabeça de todos, tudo em nome da humanidade para com os outros.

(Trad. PAULA BARATA DIAS)

AMIANO MARCELINO (c. 330-395)

História de Roma 22.15.28-29: as Pirâmides do Egipto

(…) Nessas terras, deve contar-se com muitos monumentos de grande envergadura. Vamos aqui descrever apenas alguns desses. Por todo o lado há templos edificados com grandes blocos de pedra. As pirâmides, consideradas entre as Sete Maravilhas, cujas dificuldade e demora em ser construídas Heródoto nos dá conta, são torres que ultrapassam tudo o que a mão do homem pôde construir. Larguíssimas na base, no vértice superior terminam numa ponta aguçadíssima. Os geómetras chamam esta figura de «pirâmide» porque está rematada com um pico semelhante ao aspecto de uma chama (*to pyr*, na nossa língua). A sua grandeza torna-se progressivamente mais fina à medida que se vai subindo ao seu ponto mais alto, o que elimina também, pelas leis do próprio movimento, as sombras.

(Trad. PAULA BARATA DIAS)

FLÁVIO MAGNO AURÉLIO CASSIODORO (485-580)

Miscelâneas 7.15.4: Roma, a suprema maravilha

(…) Contam os autores dos tempos antigos que foi considerado, de entre as muitas criações humanas, haver na terra sete maravilhas: o templo de Diana de Éfeso; o belíssimo monumento fúnebre do rei Mausolo, razão pela qual também o chamam de Mausoléu; em Rodes, a estátua do sol, em bronze, que é chamado de Colosso; a estátua de Zeus Olímpico, que Fídias, com suprema elegância, foi o primeiro escultor a criar em marfim e ouro; o palácio do rei Ciro dos Medos, que Mémnon, com arte abundante construiu ao conjugar o ouro e as pedras; os muros da Babilónia, que a rainha Semíramis construiu com tijolo cozido numa liga de enxofre e ferro; as pirâmides do Egipto, cuja sombra é consumida pela sua grandeza, não restando em lado nenhum espaço para outra construção.

Mas quem, ao contemplar uma cidade de tamanho esplendor, as julgará ainda especiais?

O prestígio de tais obras explica-se porque surgiram antes, e, na rudeza do passado, tudo o que aparecesse como novidade era naturalmente avaliado pela opinião dos homens como exímio. Mas hoje pode ter-se como verdade se toda a Roma for considerada uma maravilha.

Porque é normal que o mais sábio dos homens a considere assim, pois parecer-lhe-á que não existe nenhuma que ultrapasse o seu engenho. Também um ferreiro não poderá compreender as obras que a Antiguidade realizou da mesma forma como são compreendidas pelos homens do passado.

E por esse motivo se dedicará aos livros, prestará atenção às instruções dos antigos, para que não saiba menos do que aqueles nessas matérias de cujo assunto se reconhece como aprendiz.

(Trad. PAULA BARATA DIAS)

GREGÓRIO DE TOURS (540-594)

Acerca do movimento dos corpos celestes **1 sqq.:** as novas maravilhas são os milagres da criação

Muitos filósofos, ao dedicarem-se aos estudos das letras, escreveram que havia sete maravilhas que eram superiores às restantes. Foi minha vontade, contudo, não as mencionar, e lembrar outras que são mais merecedoras de admiração, cujo aspecto e construção a seguir de apresenta :

Deste modo, consideramos ser a primeira maravilha a Arca de Noé, cuja construção foi o próprio Deus que a ordenou: tinha um comprimento de trezentos côvados, cinquenta de largura e trinta de altura. Sabemos que esta arca estava dividida em dois comparti-mentos e em três andares. O trabalho foi totalmente executado usando o côvado como medida. Tinha uma abertura ou uma janela de lado. Nela foram guardados as raças de todas as aves do céu, os animais da terra e os répteis, com oito homens para o repovoamento do mundo após o cataclismo do dilúvio.

O segundo, pensamos que é a Babilónia, acerca da qual Orósio faz a seguinte descrição: «visível de toda a parte por causa da ausência de relevo na planície, com um exterior muito bem refor-çado por baluartes dispostos em muralhas que formam um qua-drado perfeito; a robustez e a grandeza dos seus muros é quase inacreditável de relatar, cinquenta côvados de largura, e quatro de altura. Além disso, o seu perímetro tem o tamanho total de quatro-centos e setenta estádios; a muralha é de pedra cozida, a qual é reforçada com betume nas ligações [24]. Na parte de fora dos muros há cem portas de bronze.

Quanto ao comprimento dos seus muros [25], foram dispostos lugares de vigias, simetricamente dos dois lados, no alto dos vigias para o lançamento das flechas, dispostos de igual modo em cada um dos lados no cimo dos baluartes, entre os quais podem passar duas quadrigas de par a par; no interior das muralhas, há casas de quatro andares, moradias admiráveis, de altura ameaçadora.» Esta foi a

---

[24] Temos neste ponto uma curiosa manifestação do introduzir de ruído na recepção do texto de Orósio por Gregório de Tours: o texto de Orósio é coerente na sua descrição do construir das muralhas de Babilónia, falando de *murus coctili latere*, «muro de tijolos cozidos». Gregório leu *murus coctili e lapide,* «muro em pedra cozida».

[25] Gregório fala de *longitudo*, mas o texto de Orósio menciona *latitudo*, o que está mais adequado à descrição subsequente.

primeira, depois do reaparecimento do homem na terra, a ser construída pelo gigante Nebroth.

A terceira é o templo de Salomão, que foi um milagre, não só pela magnitude da obra mas também pela sua ornamentação [26]: «Construiu no interior das casas paredes revestidas a cedro, desde o pavimento da casa até ao cimo das paredes e mesmo até aos lambris, e revestiu todo o seu interior em madeira, e pavimentou o chão com tábuas de cipreste. E construiu vinte côvados na parte traseira do templo, forrada a madeira de cedro desde o chão até ao tecto, e fez no interior da casa o Santo dos Santos do oráculo. Entre o templo e a entrada do oráculo distavam cerca de quarenta côvados, e todo o interior da casa estava revestido a cedro, tendo todas as decorações e embutidos sido fabricados e os gravados postos em alto-relevo; tudo estava revestido com madeira de cedro, a pedra não podia ver-se em nenhum lugar da parede. Assim, o santuário tinha sido construído no interior do palácio para aí ser colocada a arca da aliança do Senhor.

O santuário foi construído numa forma rectangular com cerca de vinte côvados de comprimento e vinte de largura, e revestiu-o Salomão com ouro puríssimo; já o altar foi revestido com cedro. Construiu também um palácio com ouro puríssimo, diante do altar e fixou nele placas com cavilhas de ouro. Não havia lugar nenhum no templo que não fosse revestido a ouro; do mesmo modo, todo o altar do santuário foi coberto com ouro; e esculpiu no santuário dois querubins em madeira de oliveira, com dez côvados de altura; cada asa do querubim tinha cinco côvados, ou seja, desde a extremidade de asa de um querubim até à extremidade da asa do outro distavam dez côvados. Media também dez côvados o segundo querubim, e colocando-os no centro do interior do templo, revestiu-os também de ouro.

Também em torno de todas as paredes do templo foram esculpidas variadas cercaduras e volteios, incluindo nelas querubins,

---

[26] A fonte directa acerca da consagração da arca é *1 Reg* 7.1-51. Mas o texto de Gregório segue de perto *II Cron*. 3.

palmas e muitas cadeias de decorações em alto-relevo, a sobressaí-rem das paredes, como se saltassem para fora. Já o pavimento do palácio, tanto dentro como fora, revestiu-o com ouro. E na entrada do santuário construiu uma porta de madeira de oliveira e nela esculpiu a representação de um querubim, cinco colunas quadradas e dois pórticos de madeira de oliveira, e neles esculpiu imagens de querubins, representações de palmas, sempre em alto-relevo, e revestiu-os em ouro.

E colocou à entrada do templo colunas quadradas de madeira de oliveira e, do outro lado, dois pórticos de madeira de cipreste. Cada um dos pórticos era duplo e, só segurando um deles é que o outro se abria. E esculpiu querubins e palmas e cercaduras de enorme beleza.»

Muitas, com efeito, foram as outras maravilhas que aí cons-truiu, e por isso é correcto descrevê-las com absoluto detalhe.

A quarta é o sepulcro do rei Persa esculpido com uma só pedra de ametista, lavrada e ornamentada com maravilhosa habilidade, apresentando na superfície externa imagens de homens, de animais terrestres e de aves, visíveis nas portas; também apresenta árvores esculpidas, com folhas e frutos em trabalho de cinzel.

A quinta é a estátua do colosso erigida na ilha de Rodes, feita em bronze fundido, cuja altura é tão grande que a custo foi a alguém possível finalizar com pedra a sua cabeça, que é também dourada. Muitos dizem até que é possível a um homem subir pela sua perna até à cabeça, se se tivesse construído por onde entrar. Confirmam também que a cabeça da estátua pode acolher vinte e duas medidas de trigo.

O sexto é o teatro que existe em Heracleia, que foi construído numa só colina, de maneira a que tudo seja visível de qualquer lado em que se esteja colocado, e tanto as paredes exteriores como, por dentro, os arcos, as fundações, as escadas, os aposentos; e todo a sua obra foi criada de uma só pedra. Está também revestido a már-more de Heracleia [27].

---

[27] Cf. também Ps.-Beda, para quem o teatro de Heracleia é a quinta maravilha (vide texto seguinte).

O sétimo é o Farol de Alexandria[28], cuja magnificente maravilha se diz que foi edificada sobre quatro sapatas de estacas; que, não poderiam ser pequenas, já que suportam um tão imenso peso, tanto em altura como em largura. Dizem até que se um homem se deitar sobre um dos grampos destas sapatas, não o consegue deslocar. Quanto a este farol, graças à palha fornecida pelo Estado, acende-se de noite de modo a que os marinheiros que navegam durante a noite com o vento e com a chuva, se não conseguirem ver as nuvens, saibam para onde devem dirigir a vela.

Mas estas, ainda que algumas tenham sido construídas pela vontade de Deus e outras pela habilidade do homem, já que consta que algumas foram edificadas pelos homens, e por essa razão algumas já caíram, enquanto outras têm a sua ruína próxima...

Com efeito, existem ainda as que o nosso próprio Deus omnipotente renova em cada dia, com a sua acção neste mundo, e as que faz aparecer ao longo do fluir do ano, que também se manifestam pela abundância das dádivas, como são o movimento das marés do oceano e a fertilidade da terra; outras há que se mostram na dimensão de toda a sua força, como é o sol, a lua, as estrelas, a fénix; algumas destas também, argumentam os pecadores, até assumem a imagem infernal do fogo, como é o caso do Etna e da fonte de Gracianópolis[29].

São estes, na verdade, milagres, que em nenhuma época envelhecem, não sofrem ocaso com nenhum poente, não são desgastados por nenhuma ruína, a não ser quando Deus determinar pôr fim ao mundo.

Portanto, a primeira maravilha de todas é o movimento das marés do mar e dos oceanos, que em cada dia cresce, e subindo,

---

[28] Para Ps.-Beda, o Farol de Alexandria é a segunda maravilha (vide texto seguinte).

[29] Pensamos que Gregório de Tours se refere à cidade pré-alpina de Gratianópolis, actual Grenoble, nas imediações da qual há manifestações de termalismo. O mundo romano apresenta, na Numídia, uma cidade com o mesmo nome, mas a referência a Hilário de Poitiers e o facto de o autor deste texto ser um autor franco levam-nos a pensar que esta referência às fontes que emanam «fogo e água», sem paralelo até agora entre outros autores de textos similares, diz respeito a um fenómeno de localização próxima à do mundo franco.

enche a linha da costa para logo, recuando, deixar seco o caminho que fizera; então, as pessoas caminham pela costa seca e uma copiosa imensidão de peixes e de frutos variados é recolhida. Este é o primeiro milagre que Deus ofereceu ao homem. Por isso seja engrandecido com louvor e cumulado com a nossa gratidão.

O segundo é semelhante a este, ou seja, a geração dos cereais e dos frutos das árvores: as sementes, quando são lançadas à terra e abertos os sulcos, crescem em direcção aos céus vindo o bom tempo; e ornadas com folhagem e com espigas, são engrossadas no seu interior com copiosa seiva. Essas, o Senhor semeador da doutrina espiritual que pregava aos povos, transformou-as em parábolas, dizendo que a sementeira significava as suas palavras:

«Assim é a palavra de Deus, como um homem que lançou a semente à terra. Quer se levante de noite e de dia, a semente germina e cresce sem ele saber como. A terra produz por si, primeiro o caule, depois a espiga e, finalmente, o trigo perfeito na espiga» (*Mc* 4.26-28).

Também o apóstolo Paulo se serviu deste raciocínio para explicar a ressurreição, dizendo: «O que semeias não ganha vida se não morrer primeiro» Assim é também a ressurreição dos mortos, segundo as suas palavras «Semeia-se na corrupção, ressuscita-se na incorrupção» (*1 Cor* 15.36, 42-43).

Assim, é idêntica a natureza das árvores a qual penso simbolizar a própria ressurreição, quando, no Inverno, se apresentam despidas de folhagem tal como os mortos, mas no tempo do Verão se vestem com folhas e se enfeitam de flores, e se enchem de frutos estivais. Ora este milagre, embora seja usado pela semelhança com este, é aqui evocado para significar as dádivas aos povos, para que o homem compreenda, e saiba reconhecer-se a si próprio como Seu submisso, que a partir do nada foi criado.

O terceiro é a Fénix, contado por Lactâncio [30]. «É grandiosa – diz – em corpo e em graciosidade, nas penas, nas garras, nos olhos, e não vive com mais nenhuma ave, em bando, nem tem companheiro. E, de facto, é sabido que os homens desconhecem de que

---

[30] *Carmen De Ave Phoenice*, texto anónimo atribuído erradamente a Lactâncio.

género ela é, se é macho ou fêmea ou nenhum deles. Ela, passados mil anos, procura um lugar elevado, afastado de todos os lugares do mundo, no qual existe, mantendo-se sempre verde, a mesma folhagem quer de Inverno quer de Verão. No meio dele está uma grande nascente, de caudal abundante e de cristalina leveza. Nas margens dela está uma árvore de porte nobre, distinguindo-se das restantes árvores pela luminosidade e pela altura; no cimo dessa árvore, esta ave multicolor constrói para si um ninho e um sepulcro, e sentando--se no seu meio, com o seu bico aplica unguentos, cobrindo-se com eles. Depois começa a entoar suaves cantos, em várias modulações, e saindo do ninho, mergulha nas ondas das águas. Depois de ter repetido o gesto três ou quatro vezes, voa de novo até ao ninho, derrama novamente sobre si os unguentos que havia retirado. Virando-se para o sol, primeiro o seu brilho incendeia-a e, mantendo-se no ninho, é consumida totalmente pelas chamas. Depois de reduzida a cinzas, esta é recolhida e é reunida numa massa com a forma aproximada de um ovo. Dela uma vida renascida se alimenta, erguendo-se novamente, e, enquanto está sem penas, não cabe a nenhum homem cuidar dela. Alimentada por orvalho celeste, retoma o aspecto anterior, é novamente vestida, e com as penas da mesma cor que apresentava antes da morte, retoma o movimento. De facto, simboliza e representa o milagre da ressurreição humana, pois tal como o homem que é pó ao pó retorna, também será ressuscitado das mesmas cinzas quando a trombeta soar.

O quarto é o monte Etna situado na ilha da Sicília, que arde em fogo vivo, vomitando chamas fortes, e o enxofre é exalado de modo terrível sobre toda a região: acerca dele, o Mantuano Públio, no terceiro livro da *Eneida*, diz:

Vasto porto, impenetrável ao acesso dos ventos
Mas junto ao qual troa o Etna com horríveis explosões
Rasga o funesto céu uma nuvem de fumo,
ora com um negro turbilhão ora com cinza incandescente,
E lança bolas de chamas que lambem os cumes...

(Eneida 3.570-574)

Mas, se acontecer que alguma coisa seja lançada nas aberturas de onde são expelidas estas chamas, as erupções ganham ainda mais vigor. O célebre Júlio Ticiano recorda nas suas palavras essa montanha, dizendo:

«As montanhas mais altas da Sicília são quatro, o Eriço, o Nebrodes, o Neptúnio e o Etna, o qual por se ver que as chamas assolam o seu cume com frequência, apesar de se considerar que é um lugar propício para a fé dos crentes, mal foi anunciado em Roma que o Etna ardeu, este foi incluído no número dos prodígios» [31].

O quinto são as nascentes de Gratianópolis, das quais emanam, em simultâneo, líquido e fogo. De facto, verás as chamas a flutuarem sobre a água, colhes água do meio do fogo sem te queimares, bebe-la sem arderes, leva-la contigo e as chamas não te envolvem. Mas se puseres sobre elas cera ou tábuas de pinho, imediatamente são envolvidas, mal as chamas lhe toquem. E se mergulhas a tua mão, esta não se queima. Acerca deste milagre disse Hilário algumas palavras:

Se na verdade se apagam as chamas, porque viveis, ó ondas?
Se na verdade se esgotam as águas, porque viveis, ó fogo?
O fogo inimigo conquistou a união das águas
E uma poderosa mão ordena que se libertem em conjunto, etc. [32]

Ó admirável mistério da potência divina! Um só caminho de fogo e de água conduz de igual modo a linfa. Ou seja, para que todos saibam, pelo seu poder, reconhecer o refrigério da vida gloriosa e o julgamento da morte eterna, e compreendam que não é concedida a estas formas de fogo licença para atingir o corpo humano, mas que após o juízo, se estiver ferido pelo pecado, vão ser conduzidos ao fogo perpétuo.

---

[31] A fonte evocada por Gregório de Tours é desconhecida.

[32] Este texto, aqui atribuído a Hilário de Poitiers, não figura na sua obra conhecida.

O sexto é aquele que, apesar de ter sido criado pela obra de Deus antes dos anteriores, é todavia colocado no extremo, pelo motivo que passamos a apresentar, ou seja, porque Deus ordenou que fosse celebrado tudo o que é criado pelo labor do sol: por isso ele é distinguido, não sem grande admiração, pois todos os dias o próprio sol, como se fosse um operário, derrama a sua luz sobre o mundo, com a qual ilumina o Oriente e o Ocidente. Tornando férteis as terras com o seu calor, é ele que faz brotar a semente.

O sétimo é de facto um milagre, pois em ciclos de quinze dias, a lua ora cresce até ao seu tamanho total, ora diminui até o desaparecimento. Ficamos admirados também pelo seguinte, as estrelas que brilham no Oriente fenecem no Ocidente, aparecendo algumas delas no meio do céu, outras aproximam-se do norte, e percorrem movimentos circulares sem desenharem percursos em linha recta, de tal modo que algumas são visíveis durante o ano inteiro, e outras aparecem apenas em alguns meses, sempre constantes.

(Trad. PAULA BARATA DIAS)

Ps.-Beda, o Venerável (672-735)

Sobre as sete maravilhas deste mundo (Patrologia Latina 90.803--6.1/16): o Capitólio, o Farol de Alexandria, o Colosso de Rodes, a estátua equestre de Belerofonte, o Teatro de Heracleia, o Balneário de Apolónio e o Templo de Ártemis

O primeiro milagre é o Capitólio de Roma, a cidade das cidades de todo o mundo. Aí estavam presentes estátuas que representavam todos os povos. Estas estátuas tinham gravados no peito os nomes dos povos que representavam, e havia uma campainha no pescoço de cada uma das estátuas; quer de dia quer de noite guardavam-nas os sacerdotes, sempre vigilantes. E quando um povo intentava erguer-se em rebelião contra o império romano, a estátua que lhe correspondia mexia-se, e a campainha no seu pescoço soava de maneira a que imediatamente os sacerdotes fizessem chegar aos governantes o nome escrito, e estes, sem demora, enviavam o exército para reprimir a rebelião daquele povo.

O segundo é o Farol Alexandrino, que foi fixado sobre quatro espigões de vidro, a vinte pés de profundidade. É, de facto, uma grande maravilha o modo como foi construído, e difícil de entender como tão grandes calços foram fundidos, ou a maneira como foram transportados por mar e não se quebraram, o processo pelo qual puderam instalar em cima deles fundações em betão, e como esse betão pôde resistir submerso na água, como é que até agora não estão desfeitos, ou como é que as fundações não escorregam sobre eles.

O terceiro é a estátua feita em bronze fundido do Colosso na ilha de Rodes, com cento e vinte e cinco pés de altura. É admirável o modo como tamanha quantidade de metal pôde ser fundida e erguida de maneira a suster-se em pé; já que esta é doze pés mais alta do que a que existe em Roma.

A quarta é a estátua equestre de Belerofonte, em ferro, na cidade de Esmirna. Mantém-se suspensa no ar, aí permanecendo sem precisar de cabos, nem de nenhum outro tipo de apoio, pois existem, posicionadas no arco sobre ela, grandes pedras magnéticas, de tamanho equivalente que, em levitação a fazem mover-se de um lado para o outro. O seu peso em ferro é calculado em cerca de cinco mil libras.

O quinto é o Teatro da cidade de Heracleia, construído todo ele em mármore, de tal modo que todas as bancadas, camaratas, muros e celas dos animais são de uma pedra só, e, apoiado em sete suportes construídos da mesma rocha, em suspenso, se sustém. E dentro do edifício ninguém pode falar tão secretamente, consigo próprio, ou com outrem, que os outros, colocados no interior circular do edifício, não sejam capazes de ouvir.

O sexto é o Balneário que Apolónio de Tiana criou ao acender uma só vela que aquece as termas com um fogo permanente sem ser preciso juntar nenhuma lenha.

O sétimo é o Templo de Diana: começa, na base, por apresentar quatro colunas sobre as quais se construiu um arco; depois, subindo gradualmente, sobre as pedras larguíssimas dos primeiros quatro arcos se erguem mais quatro. Sobre os quatro, oito colunas e mais oito arcos, de modo a que, no terceiro nível a subir, com idêntica proporção, este se divide em quatro partes, suportadas em pedras enormes. Nestes oito foram firmados dezasseis, sobre os dezasseis trinta e dois, e este é já o quarto nível. No quinto nível, erguem-se sessenta e quatro colunas e arcos; e sobre os sessenta, quatrocentos e vinte e oito colunas rematam tão extraordinário edifício.

(Trad. PAULA BARATA DIAS)

ISIDORO DE SEVILHA (séc. VII)

Acerca dos edifícios públicos, in *Etimologias* 15.2.327: o Farol de Alexandria

O farol é uma torre gigantesca que Gregos e Latinos chamaram de «farol» pela função que lhe foi atribuída, ou seja, porque o sinal das chamas pode ser avistado ao longe pelos navegantes, tal como o que afirmam que Ptolomeu construiu perto de Alexandria por oitocentos talentos.

Tem por função acender fogos durante o percurso nocturno dos navios para indicar os baixios e a embocadura dos portos, de modo a que os navegantes não choquem contra escolhos, induzidos em erro pela escuridão. É que Alexandria apresenta uma costa traiçoeira, com baixios perigosos. É essa, portanto, a razão por que se chamam de faróis os engenhos construídos para o serviço de iluminação nos portos. É que *fôs* significa «luz» e *oros* significa «visão».

(Trad. PAULA BARATA DIAS)

Ciríaco Pizzicolli de Ancona (1391- c. 1455)

Comentário em latim ao texto de Gregório de Nazianzo: Tebas do Egipto, as Muralhas de Babilónia, o Mausoléu, as Pirâmides, o Colosso de Rodes, o Capitólio e o Palácio de Adriano

Breve exposição em latim baseada na obra *Acerca das Sete Maravilhas do mundo*, da autoria do teólogo e doutor da Igreja Gregório de Nazianzo, para o Bispo de Pádua Reverendíssimo Pedro Donato:

De facto, a primeira maravilha do mundo é Tebas, grande cidade, no Egipto e não na Grécia, esta que tem sete portas, provida com cem portas grandiosas e dignas de serem vistas.

A segunda é, com efeito, os muros da Babilónia que Semíramis construiu com tijolo e betume. Consta que a vastíssima cidade, medindo no seu perímetro quatrocentos e oitenta estádios, tinha muros com altura de duzentos côvados e com largura de cinquenta.

A terceira obra notável era um sepulcro com decorações abundantíssimas por todo ele e bem ornamentado com variadas esculturas, na Cária, que Mausolo, o rei de tal lugar, dedicou a si próprio.

A quarta eram as Pirâmides, uns edifícios gigantescos no Egipto.

A quinta era aquele famoso e nobilíssimo Colosso em Rodes, a maior de todas as estátuas de Apolo. Alguns dizem, de facto, que ele era a maior coluna de bronze, com quinhentos côvados, segundo Aristóteles.

Segue-se a sexta maravilha no mundo, em que se distingue o Capitólio de Roma.

O sétimo é, com efeito, o celebérrimo santuário dedicado a Adriano, em Cízico.

(Trad. Paula Barata Dias)

ANGELO AMBROGINI POLIZIANO (1454-1494)

Syluae I (Manto) 319 sqq.: a maravilha digna de admiração é a obra do poeta

Vamos, vós, ó alegre juventude da Etrúria, agora em compasso,
Juntai-vos para comigo contemplar as obras realizadas pelas
                [sagradas musas
Os engenhosos monumentos dos poetas para a eternidade,
Que não foram tecidos como os peplos da casta Minerva,
Nem com eles cobristes, com solene autoridade, as estátuas
                [antigas de Atena
Pintada da rubra púrpura sempre que eclodia uma batalha
Nem os celebra a antiga fama das Sete Maravilhas
cuja glória foi difundida pelo imenso orbe
Pois não se compara às muralhas percorridas por bélicas
                [quadrigas de Babilónia
Nem aos Jardins Suspensos no límpido céu
Nem aos altares de Delos, construídos em ângulos bem
                [medidos;
Nem à imensa estátua brônzea do colosso Febo de Rodes;
Nem, ó Mausolo, a escultura do teu túmulo na Cária;
Nem ao marfim de Fídias de Helieia;
nem a essas soberbas Pirâmides, que a lasciva língua de
                [Canope enaltece
Pois estas foram despedaçadas pelo tridente do valoroso
                [Neptuno
Ou foram arrastadas para a ruína pelo teu raio, ó Sumano,
Ou pelas nuvens de tempestade ou pela crueldade da fúria
                [dos ventos
Ou pereceram pelas silenciosas mordeduras do lento passar
                [dos anos.
Mas a obra do poeta, essa, permanece na eternidade, e
                [atravessa longos anos!

(Trad. PAULA BARATA DIAS)

Epigrama Anónimo

***Antologia Palatina* 6.171**: o Colosso de Rodes, símbolo de liberdade

Em tua honra ergueram, na direcção do Olimpo, este colosso
  os habitantes da dórica Rodes, ó Hélios,
quando, ao acalmarem a brônzea vaga de Énio,
  coroaram a pátria com os despojos dos inimigos.
Pois não só sobre o mar estabeleceram, mas também em terra,
  a luz sedutora da liberdade não subjugada;
pois para os que descendem da raça de Hércules
  é hereditária, no mar e em terra, a soberania.

(Trad. Luísa de Nazaré Ferreira)

Listas de maravilhas

(séc. III a.C. – XVI)

1. FÍLON DE BIZÂNCIO (séc. III-II a.C.), *Acerca das Sete Maravilhas*: o opúsculo chegou-nos incompleto e descrevia os Jardins Suspensos, as Pirâmides, a Estátua de Zeus em Olímpia, o Colosso de Rodes, as Muralhas de Babilónia e o Templo de Ártemis em Éfeso.

2. *LATERCULI ALEXANDRINI* (séc. II a.C.), Papyrus Berolinensis 13044^v, col. 8.22-col. 9.6: o Templo de Ártemis em Éfeso, as Pirâmides e o Mausoléu de Halicarnasso eram citados neste registo fragmentado de uma lista de Sete Maravilhas.

3. ANTÍPATRO DE SÍDON (séc. II a.C.), *Antologia Palatina* 9.58: as Muralhas de Babilónia, a Estátua de Zeus em Olímpia, os Jardins Suspensos, o Colosso de Rodes, as Pirâmides, o Mausoléu de Halicarnasso e o Templo de Ártemis em Éfeso, a mais resplandecente das maravilhas.

4. C. JÚLIO HIGINO (c. 64 a.C.-17 d.C.), *Fábulas* 223: o Templo de Diana (Ártemis) em Éfeso, o Mausoléu de Halicarnasso, o Colosso de Rodes, a Estátua de Júpiter (Zeus) Olímpico, o Palácio do rei Ciro em Ecbátana, as Muralhas de Babilónia e as Pirâmides do Egipto.

5. PLÍNIO, O ANTIGO (c. 23-79), *História Natural*: embora não apresente uma lista, o enciclopedista latino comenta um conjunto relevante de edificações egípcias, gregas e romanas, em especial no livro XXXVI (64-126), que já eram ou virão a ser consideradas maravilhas, nomeadamente os obeliscos e as Pirâmides do Egipto, o Colosso de Rodes, a Estátua de Zeus em Olímpia, o Mausoléu de Halicarnasso, o Farol de Alexandria, o Templo de Diana (Ártemis) em Éfeso, o Labirinto de Creta, a cidade de Tebas no Egipto, o Templo de Diana (Ártemis) em Éfeso, as maravilhas de Cízico, o Circo Máximo em Roma, a Basílica de Paulo Emílio, o Forum do imperador Augusto, o Templo da Paz, construído por Vespasiano, o Capitólio, o Palácio de Calígula, a Domus Aurea de Nero, os aquedutos e outras maravilhas da arquitectura romana.

6. MARCO VALÉRIO MARCIAL (c. 40-103/4), *Livro dos espectáculos* 1: as Pirâmides, as maravilhas de Babilónia, o Templo de Ártemis em Éfeso, o Altar de múltiplos cornos em Delos, o Mausoléu de Halicarnasso e o Coliseu, a nova maravilha de Roma.

7. GREGÓRIO DE NAZIANZO (329/330-390), Epigrama 50 e Carta a Basílio de Cesareia (*Patrologia Grega* 32.37): as Muralhas de Babilónia, a Estátua de Zeus em Olímpia, os Jardins Suspensos, as Pirâmides, o Templo de Ártemis em Éfeso, o Colosso de Rodes, o Mausoléu de Halicarnasso, Tebas das Sete Portas, Tebas do Egipto, mas «a suprema maravilha é o recto caminho da salvação».

8. *ANTOLOGIA PALATINA* 9. 656 (epigrama anónimo de c. 500): o palácio de Anastásio, imperador de Bizâncio (de 491 a 518) supera todas as maravilhas (o Capitólio, o bosque de Rufino em Pérgamo, o Templo de Adriano em Cízico, as Pirâmides, o Colosso de Rodes, o Farol de Alexandria).

LISTAS DE MARAVILHAS

9. Flávio Magno Aurélio Cassiodoro (485-580), *Miscelâneas* 7.15.4: o Templo de Diana (Ártemis) em Éfeso, o Mausoléu de Halicarnasso, o Colosso de Rodes, a Estátua de Zeus em Olímpia, o Palácio de Ciro construído por Mémnon, as Muralhas de Babilónia, as Pirâmides do Egipto e Roma, a suprema maravilha.

10. Gregório de Tours (540-594), *Acerca do movimento dos corpos celestes* 1 sqq.: 1º catálogo (criações humanas) – a Arca de Noé, a Babilónia, o Templo de Salomão, o «sepulcro do rei persa», o Colosso de Rodes, o Teatro de Heracleia, o Farol de Alexandria; 2º catálogo (criações divinas) – o movimento das marés, a geração dos cereais e dos frutos das árvores, a ave Fénix, que renasce das cinzas, o monte Etna, na Sicília, as nascentes de Gratianópolis, o Sol e a Lua.

11. Ps.-Beda, o Venerável (672-735), *Sobre as sete maravilhas deste mundo* (*Patrologia Latina* 90.803-6.1/16): o Capitólio de Roma, o Farol de Alexandria, o Colosso de Rodes, a Estátua equestre de Belerofonte, em Esmirna, o Teatro de Heracleia, o Balneário de Apolónio de Tiana e o Templo de Diana (Ártemis).

12. Nicetas, Bispo de Heracleia (séc. XI), *Comentários a Gregório de Nazianzo*, fr. 67: a cidade de Tebas no Egipto, Tebas das Sete Portas, as Muralhas de Babilónia, o túmulo de Mausolo em Cesareia (?), as Pirâmides, o Colosso de Rodes, o Capitólio de Roma e o Templo de Adriano em Cízico.

13. Duas listas anónimas do séc. XIII (Mailand, Codex Ambrosianus graecus 886, fol. 180ᵛ; Viena, Codex Vindobonensis phil. gr. 178, fol. 44ᵛ, in Brodersen 1992: 130-133):

a) o Capitólio de Roma, o Farol de Alexandria, a Muralha de Cesareia, o Colosso de Rodes, a Estátua de Belerofonte em Esmirna, o Templo de Adriano em Cízico, o Teatro de Heracleia e a oitava maravilha é o templo de Hagia Sophia em Constantinopla.

b) o Farol de Alexandria, a estátua de Belerofonte em Esmirna, o túmulo de Mausolo, o Colosso de Rodes, o Capitólio de Roma, o Templo de Adriano em Cízico, a Muralha de Babilónia e as Pirâmides do Egipto.

14. LISTA ANÓNIMA DO SÉC. XIII (Roma, Codex Vaticanus graecus 305, fol. 197^v, in Brodersen 1992: 134-135): a estátua de Zeus em Olímpia, o Templo de Ártemis em Éfeso, o Altar de múltiplos cornos em Delos, o Mausoléu de Halicarnasso, as Pirâmides do Egipto, as Muralhas de Babilónia, o Colosso de Rodes, bem como o Templo de Asclépios em Epidauro, o Altar em Paros, os Jardins Suspensos, a estátua de Atena em Atenas (de Fídias) e o Palácio de Ciro.

15. LISTA ANÓNIMA DO SÉC. XIV (Roma, Codex Vaticanus graecus 989, fol. 144^r, in Brodersen 1992: 134-139): o Templo de Ártemis em Éfeso, as Muralhas de Babilónia, as Pirâmides do Egipto, o templo de Afrodite e da deusa Roma, em Roma, o Anfiteatro (Coliseu) de Roma, o Mausoléu de Halicarnasso, a Naumaquia de Gaio e Lúcio, em Roma, o Labirinto de Creta, a estátua de Zeus em Olímpia, a estátua de Asclépios em Epidauro, esculpida por Fídias, o Colosso de Rodes, a estátua de Hera em Argos, realizada por Policleto, a Afrodite de Cnidos, obra de Praxíteles, o templo de Apolo em Mileto, o obelisco egípcio no Circo de Roma, o templo de Zeus em Heliópolis, o templo de Selene em Karrhai (Harran), o Templo de Adriano em Cízico, o templo de Zeus em Damasco, as «Siringes» (túmulos reais) em Tebas, o Teatro de Sídon, o Teatro de Heracleia, o templo de Sarpédon em Alexandria, o templo de Asclépios em Pérgamo, o Ginásio em Sardes, a *Krepis* de Hércules em Sardes, o Porto de Éfeso, a estátua de Antonino Caracala em Nicomédia (Izmit), a estátua de Zeus de Fídias em Bérito e a escultura de Leto sentada num trono, de Praxíteles, em Mira da Lícia, que não foi concluída.

16. Ciríaco Pizzicolli de Ancona (1391- c. 1455), *Comentário em latim ao texto de Gregório de Nazianzo*: a cidade de Tebas no Egipto, as Muralhas de Babilónia, o Mausoléu de Halicarnasso, as Pirâmides, o Colosso de Rodes, o Capitólio de Roma e o Templo de Adriano em Cízico.

17. Angelo Ambrogini Poliziano (1454-1494), *Syluae* I (Manto) 319 sqq.: as Muralhas de Babilónia, os Jardins Suspensos, os altares de Delos, o Colosso de Rodes, a escultura de Mausolo no seu túmulo, a estátua de Zeus de Fídias, as Pirâmides e a obra do poeta, a maravilha mais digna de admiração.

18. Adriaen de Jonghe (1511-1572), *Pinaces* (1572): as Pirâmides, o Farol de Alexandria, as Muralhas de Babilónia, o Templo de Ártemis em Éfeso, o Mausoléu de Halicarnasso, o Colosso de Rodes, a estátua de Zeus em Olímpia e o Anfiteatro (Coliseu) de Roma.

Maravilhas mais citadas
(séc. III a.C. – XVI)

1. As Pirâmides do Egipto
Fílon de Bizâncio, *Laterculi Alexandrini,* Antípatro de Sídon, Júlio Higino, Plínio, o Antigo, Marcial, Gregório de Nazianzo, *Antologia Palatina* 9. 656, Cassiodoro, Nicetas de Heracleia, listas anónimas do séc. XIII, lista anónima do séc. XIV, Ciríaco de Ancona, Angelo Poliziano, Adriaen de Jonghe

2. Os Jardins Suspensos de Babilónia
Fílon de Bizâncio, Antípatro de Sídon, Gregório de Nazianzo, listas anónimas do séc. XIII, Angelo Poliziano

3. As Muralhas de Babilónia
Fílon de Bizâncio, Antípatro de Sídon, Júlio Higino, Gregório de Nazianzo, Cassiodoro, Nicetas de Heracleia, listas anónimas do séc. XIII, lista anónima do séc. XIV, Ciríaco de Ancona, Angelo Poliziano, Adriaen de Jonghe

4. O Templo de Ártemis em Éfeso
Fílon de Bizâncio, *Laterculi Alexandrini*, Antípatro de Sídon, Júlio Higino, Plínio, o Antigo, Marcial, Gregório de Nazianzo, Cassiodoro, Ps.-Beda, o Venerável, listas anónimas do séc. XIII, lista anónima do séc. XIV, Adriaen de Jonghe

5. A Estátua de Zeus em Olímpia
Fílon de Bizâncio, Antípatro de Sídon, Júlio Higino, Plínio, o Antigo, Gregório de Nazianzo, Cassiodoro, listas anónimas do séc. XIII, lista anónima do séc. XIV, Angelo Poliziano, Adriaen de Jonghe

6. O Mausoléu de Halicarnasso
Laterculi Alexandrini, Antípatro de Sídon, Júlio Higino, Plínio, o Antigo, Marcial, Gregório de Nazianzo, Cassiodoro, Nicetas de Heracleia, listas anónimas do séc. XIII, lista anónima do séc. XIV, Ciríaco de Ancona, Adriaen de Jonghe

7. O Colosso de Hélios em Rodes
Fílon de Bizâncio, Antípatro de Sídon, Júlio Higino, Plínio, o Antigo, Gregório de Nazianzo, *Antologia Palatina* 9. 656, Cassiodoro, Gregório de Tours, Ps.-Beda, o Venerável, Nicetas de Heracleia, listas anónimas do séc. XIII, lista anónima do séc. XIV, Ciríaco de Ancona, Angelo Poliziano, Adriaen de Jonghe

8. O Palácio do rei Ciro em Ecbátana
Júlio Higino, Cassiodoro, lista anónima do séc. XIII (Codex Vaticanus graecus 305, fol. 197^v)

9. O Farol de Alexandria
Plínio, o Antigo, *Antologia Palatina* 9. 656, Gregório de Tours, Ps.-Beda, o Venerável, listas anónimas do séc. XIII, Adriaen de Jonghe

10. O Obelisco egípcio no Circo de Roma
Plínio, o Antigo, lista anónima do séc. XIV (Codex Vaticanus graecus 989, fol. 144^r)

11. O Labirinto de Creta
Plínio, o Antigo, lista anónima do séc. XIV (Codex Vaticanus graecus 989, fol. 144^r)

MARAVILHAS MAIS CITADAS

12. A cidade de Tebas no Egipto
Plínio, o Antigo, Gregório de Nazianzo, Nicetas de Heracleia, Ciríaco de Ancona

13. O Circo Máximo em Roma
Plínio, o Antigo

14. O Capitólio de Roma
Plínio, o Antigo, *Antologia Palatina* 9. 656, Ps.-Beda, o Venerável, Nicetas de Heracleia, listas anónimas do séc. XIII, Ciríaco de Ancona

15. O Altar de múltiplos cornos em Delos
Marcial, lista anónima do séc. XIII (Codex Vaticanus graecus 305, fol. 197ᵛ), Angelo Poliziano

16. O Coliseu de Roma
Marcial, lista anónima do séc. XIV (Codex Vaticanus graecus 989, fol. 144ʳ), Adriaen de Jonghe

17. Tebas das Sete Portas
Gregório de Nazianzo, Nicetas de Heracleia

18. O Palácio do imperador Anastásio
Antologia Palatina 9. 656

19. O bosque de Rufino em Pérgamo
Antologia Palatina 9. 656

20. O Templo de Adriano em Cízico
Antologia Palatina 9. 656, Nicetas de Heracleia, listas anónimas do séc. XIII, lista anónima do séc. XIV, Ciríaco de Ancona

21. A cidade de Roma
Cassiodoro

AS SETE MARAVILHAS DO MUNDO ANTIGO

22. A Arca de Noé
Gregório de Tours

23. A Babilónia
Gregório de Tours

24. O Templo de Salomão
Gregório de Tours

25. O Teatro de Heracleia
Gregório de Tours, Ps.-Beda, o Venerável, listas anónimas do séc. XIII, lista anónima do séc. XIV

26. A Estátua equestre de Belerofonte, em Esmirna
Ps.-Beda, o Venerável, listas anónimas do séc. XIII (Codex Ambrosianus graecus 886, fol. 180^v; Codex Vindobonensis phil. gr. 178, fol. 44^v)

27. O Balneário de Apolónio de Tiana
Ps.-Beda, o Venerável

28. A Muralha de Cesareia
Listas anónimas do séc. XIII (Codex Ambrosianus graecus 886, fol. 180^v; Codex Vindobonensis phil. gr. 178, fol. 44^v)

29. A Hagia Sophia em Constantinopla
Listas anónimas do séc. XIII (Codex Ambrosianus graecus 886, fol. 180^v; Codex Vindobonensis phil. gr. 178, fol. 44^v)

30. O Templo de Asclépios em Epidauro
Lista anónima do séc. XIII (Codex Vaticanus graecus 305, fol. 197^v)

31. O Altar em Paros
Lista anónima do séc. XIII (Codex Vaticanus graecus 305, fol. 197^v)

MARAVILHAS MAIS CITADAS

32. A Atena de Fídias, em Atenas
Lista anónima do séc. XIII (Codex Vaticanus graecus 305, fol. 197^v)

33. O Templo de Afrodite e da deusa Roma, em Roma
Lista anónima do séc. XIV (Codex Vaticanus graecus 989, fol. 144^r)

34. A Naumaquia de Gaio e Lúcio, em Roma
Lista anónima do séc. XIV (Codex Vaticanus graecus 989, fol. 144^r)

35. A Estátua de Asclépios em Epidauro, esculpida por Fídias
Lista anónima do séc. XIV (Codex Vaticanus graecus 989, fol. 144^r)

36. A Estátua de Hera em Argos, realizada por Policleto
Lista anónima do séc. XIV (Codex Vaticanus graecus 989, fol. 144^r)

37. A Afrodite de Cnidos, obra de Praxíteles
Lista anónima do séc. XIV (Codex Vaticanus graecus 989, fol. 144^r)

38. O Templo de Apolo em Mileto
Lista anónima do séc. XIV (Codex Vaticanus graecus 989, fol. 144^r)

39. O Templo de Zeus em Heliópolis
Lista anónima do séc. XIV (Codex Vaticanus graecus 989, fol. 144^r)

40. O Templo de Selene em Karrhai (Harran)
Lista anónima do séc. XIV (Codex Vaticanus graecus 989, fol. 144^r)

41. O Templo de Zeus em Damasco
Lista anónima do séc. xiv (Codex Vaticanus graecus 989, fol. 144^r)

42. As «Siringes» (túmulos reais) em Tebas
Lista anónima do séc. xiv (Codex Vaticanus graecus 989, fol. 144^r)

43. O Teatro de Sídon
Lista anónima do séc. xiv (Codex Vaticanus graecus 989, fol. 144^r)

44. O Templo de Sarpédon em Alexandria
Lista anónima do séc. xiv (Codex Vaticanus graecus 989, fol. 144^r)

45. O Templo de Asclépios em Pérgamo
Lista anónima séc. xiv (Codex Vaticanus graecus 989, fol. 144^r)

46. O Ginásio em Sardes
Lista anónima séc. xiv (Codex Vaticanus graecus 989, fol. 144^r)

47. A *Krepis* de Hércules em Sardes
Lista anónima séc. xiv (Codex Vaticanus graecus 989, fol. 144^r)

48. O Porto de Éfeso
Lista anónima do séc. xiv (Codex Vaticanus graecus 989, fol. 144^r)

49. A Estátua de Antonino Caracala em Nicomédia (Izmit)
Lista anónima do séc. xiv (Codex Vaticanus graecus 989, fol. 144^r)

50. A Estátua de Zeus de Fídias em Bérito
Lista anónima do séc. XIV (Codex Vaticanus graecus 989, fol. 144^r)

51. A escultura de Leto de Praxíteles, em Mira da Lícia
Lista anónima do séc. XIV (Codex Vaticanus graecus 989, fol. 144^r)

52. A escultura de Mausolo no seu túmulo
Angelo Poliziano

Bibliografia

EDIÇÕES, TRADUÇÕES E COMENTÁRIOS

AMIGUES, S. (1993), *Théophraste. Recherches sur les plantes.* Tome III. Paris: Les Belles Lettres.

BALADIÉ, R. (1978), *Strabon. Géographie.* Tome V. Paris: Les Belles Lettres.

BOULENGER, F. (1908), *Grégoire. de Nazianze. Discours funèbres en l'honneur de son frère Césaire et de Basile de Césarée.* Paris: Picard.

BRODERSEN, K. (1992), *Reiseführer zu den Sieben Weltwundern.* Frankfurt: Insel Verlag.

CALLEBAT, L., GROS, P., et JACQUEMARD, C. (1999), *Vitruve. De l'architecture.* Livre II. Paris: Les Belles Lettres.

CALLEBAT, L. (1973), *Vitruve. De l'architecture.* Livre VIII. Paris: Les Belles Lettres.

CHAMOUX, F., BERTRAC, P. et VERNIÈRE, Y. (1993), *Diodore de Sicile. Bibliothèque Historique.* Tome I. Paris: Les Belles Lettres.

COMBÈS, R. (1995), *Valère Maxime. Faits et dits mémorables.* Tome I. Paris: Les Belles Lettres.

DIELS, H. (1904), «Laterculi Alexandrini aus einem Papyrus ptolemäischer Zeit», *Abhandlungen der königlich-preussischen Akademie der Wissenschaften, philosophisch-historische Klasse.* Berlin: de Gruyter.

DOZY, R. et DE GOEJE, M. J. (^{2}1968), *Description de l'Afrique et de l'Espagne par Edrisi.* Leiden: E. J. Brill.

ECK, B. (2003), *Diodore de Sicile. Bibliothèque Historique.* Tome II. Paris: Les Belles Lettres.

FERREIRA, J. R e SILVA, M. F. (1994), *Heródoto. Histórias – livro 1º.* Lisboa: Edições 70.

239

FLACELIÈRE, R. et CHAMBRY, É. (1966), *Plutarque. Vies*. Tome IV. Paris: Les Belles Lettres.

FLEURY, Ph. (1990), *Vitruve. De l'architecture*. Livre I. Paris: Les Belles Lettres.

FRIDH, A. J. (1973), *Magni Aurelii Cassiodori Variarum Libri XII* (Corpus Christianorum Ser. Lat. 96). Turnhout: Brepols.

GALLETIER, É. et FONTAINE, J. (1968), *Ammien Marcellin. Histoires XIV- -XVI*. Paris: Les Belles Lettres.

HARMON, A. M. (1915), *Lucian, vol. II*. Cambridge, Mass.: Harvard University Press.

HERCHER, R. (1858), *Aeliani De natura animalium, Varia historia, Epistolae et Fragmenta; Porphyrii Philosophi De abstinentia et De antro nympharum; Philonis Byzantii De septem orbis spectaculis*. Parisiis: Firmin Didot.

HUDE, C. (^{2}1927), *Herodoti Historiae*. 2 vols. Oxford: University Press.

IHM, M. (1908), *C. Suetonii Tranquilli Opera*. Stuttgart et Lipsiae: Teubner.

JAL, P. (1979), *Tite-Live. Histoire Romaine*. Tome XXXIII. Paris: Les Belles Lettres.

JONES, H. L. (1917-1932), *The Geograhy of Strabo*. 8 vols. Cambridge, Mass.: Harvard University Press.

KILBURN, K. (1959), *Lucian, vol. VI*. Cambridge, Mass.: Harvard University Press.

KRUSCH. B. (1885), *Monumenta Germaniae Historica, Scriptores Rerum Merovingicarum*. Vol. I, Hanover: Hahn, 857-863 (Gregório de Tours, *De cursu stellarum, qualiter ad officium implendum debeat observari*).

LASSERRE, F. (1967), *Strabon. Géographie*. Tome III. Paris: Les Belles Lettres.

LE BONNIEC, H. et GALLET DE SANTERRE, H. (1953), *Pline l'Ancien. Histoire Naturelle*. Livre XXXIV. Paris: Les Belles Lettres.

LIOU, B., ZUINGHEDAU, M. et CAM, M.-Th., (1995), *Vitruve. De l'architecture*. Livre VII. Paris: Les Belles Lettres.

LOBEL, E. and PAGE, D. L. (1963), *Poetarum Lesbiorum Fragmenta*. Oxford: Clarendon.

LLOYD, A. B. and FRASCHETTI, A. (1999), *Erodoto. Le storie, libro II – L'Egitto*. Milano: Arnaldo Mondadori.

MACLEOD, M. D. (1961), *Lucian, vol. VII*. Cambridge, Mass.: Harvard University Press.

MARACHE, R. (1978), *Aulu-Gelle. Les Nuits Attiques*. Tome II. Paris: Les Belles Lettres.

MARCHANT, E. C. (1900-1920), *Xenophon. Opera omnia.* 5 vols. Oxford: Clarendon.

MASQUERAY, P. (1949), *Xénophon. Anabase.* Tome II. Paris: Les Belles Lettres.

NESTLE, E. & ALAND, B. (^{27}1993), *Novum Testamentum Graece.* Stuttgart: Deutsche Bibelgesellschaft.

OROZ RETA, J. y MARCOS CASQUERO, M. A. (1982), *San Isidoro de Sevilla. Etimologias.* 2 vols. Madrid: Biblioteca de Auctores Christianos.

PATON, W. R. (1916-1918), *The Greek Anthology.* 5 vols. Cambridge, Mass.: Harvard University Press.

PATON, W. R. (1922-1927), *Polybius. The Histories.* 6 vols. Cambridge, Mass.: Harvard University Press.

PELLETIER, A. (1980), *Flavius Josèphe. Guerre des Juifs.* Paris: Les Belles Lettres.

PFEIFFER, R. (^{2}1965), *Callimachus.* 2 vols. Oxonii: Typographeo Clarendoniano.

RAMALHO, A. C. (1989), *Luciano. Diálogos dos Mortos.* Coimbra: INIC.

RANSTRAND, G. (1971), *Pomponius Mela. De chorographia libri tres.* Stockholm: Almqvist & Wiksell.

RHEINACH, Th. (1972), *Flavius Josèphe. Contre Apion.* Paris: Les Belles Lettres.

ROCHA PEREIRA, M. H. (^{2}1989-1990), *Pausaniae Graeciae Descriptio.* 3 vols. Lipsiae: Teubner.

RODRÍGUEZ ADRADOS, F. y SCHRADER, C. (1992), *Herodoto. Historia, libros I-II.* Madrid: Gredos.

ROLFE, J. C. (1971), *Quintus Curtius.* 2 vols. Cambridge, Mass.: Harvard University Press.

ROOS, A. G. (2002), *Flavius Arrianus. Alexandri anabasis.* Addenda et corrigenda adiecit G. WIRTH. Lipsiae: K.G.Saur.

ROSE, H. I. (1963), *Hygini Fabulae.* Lugduni Batavorum: in aedibus A.W. Sythoff.

SHACKLETON BAILEY, D. R. (1990), *M. Valerii Martialis Epigrammata.* Stuttgart: Teubner.

ESTUDOS

ADAM, J.-P. (1995), «Le Phare d'Alexandrie», *Les Dossiers de l'Archéologie* 201: 26-31.

ADAM, J.-P. et BLANC, N. (1989, reimpr. 1992), *Les Sept Merveilles du Monde*. Hommage à Henri-Paul Eydoux. Paris: Éditions Perrin.

ALDRED, C. (1980), *Egyptian Art in the Days of the Pharaohs, 3100-320 BC*. London: Thames and Hudson.

ALEXIS, N. (1985), *Rhodes*. Atenas: Efstathiadis Group.

ALFÖLDY, A. (1965-1966), «Die alexandrinische Götter und die Vota Publica am Jahrebeggin», *Jahrbuch für Antike und Christentum* 8-9: 74-78.

ALVAREZ, M. (2003), «Alejandria: nuevas investigaciones en el ámbito costero», in G. PASCUAL BERLANGA y J. PÉREZ BALLESTER (coord.), *Puertos Fluviales Antiguos: Ciudad, Desarrollo e Infraestructuras*. Universitat de València: Facultat de Geografía e Història, 343-349.

ANDRÉ-SALVINI, B. (2001), *Babylone*. Paris: Presses Universitaires de France.

ARAÚJO, L. M. de (2001), *Dicionário do Antigo Egipto*. Lisboa: Editorial Caminho, v.s. «Pirâmides», «Piramidologia», «Piramidomania».

ARAÚJO, L. M. de (^{2}2003), *As Pirâmides do Império Antigo*. Lisboa: Edições Colibri.

ARNOLD, D. (1982), *Lexikon der Ägyptologie* V. Wiesbaden: Otto Harrassowitz, v.s. «Pyramidenbau».

ARNOLD, D. (1991), *Building in Egypt. Pharaonic Stone Masonry*. New York-Oxford: Oxford University Press.

BAKHOUM, S. (1995), «Les édifices alexandrins d'après les documents monetaires», *Les Dossiers d'Archéologie* 201: 62-65.

BAMMER, A. (1984), *Das Heiligtum der Artemis von Ephesus*. Graz: Akademische Druck-u. Verlagsanstalt.

BAROCAS, C. (^{3}1987), *L'Antico Egitto. Ideologia e lavoro nella terra dei faraoni*. Roma: Newton Compton Editori.

BARTOCCINI, R. (1958), *Il porto romano di Leptis Magna*. Roma: Centro di Studi per la Storia dell'Architettura.

BESNIER, M. (1907), «Pharus», in Ch. DAREMBERG et E. SAGLIO. eds. (1877-1919), *Dictionnaire des Antiquités Grecques et Romaines*. 10 vols. Paris: Hachette et Cie, 4.1: 427-432.

BLANC, N. (1995), «Les Sept Merveilles et la génese d'un mythe», *Les Dossiers de l'Archéologie* 201: 4-11.

BRAUN, T.F.B.G. (^{2}1982), «The Neo-Babylonian Empire and the Greeks», in J. BOARDMAN and N.G.L. HAMMOND (eds.), *The Cambridge Ancient History* III/3. Cambridge: University Press, 21-24.

CARAMELO, F. (2002), «Os jardins reais na Assíria: uma representação idealizada da natureza» *Revista da Faculdade de Ciências Sociais e Humanas* 15: 85-92.

CHAMOUX, F. (1978), «L'épigramme de Poseidippos sur le Phare d'Alexandrie (Pl. III.1)», in *Le Monde Grec. Hommages à Claire Préaux*. Bruxelles: Éditions de l'Université, 214-222.

CLAYTON, P. A. & PRICE, M. J. eds. (1988), *The Seven Wonders of the Ancient World*. London: Routledge.

CLAYTON, P. A. (1988), «The Pharos at Alexandria», in CLAYTON & PRICE 1988: 138-157.

COTTRELL, L. (1964), *Wonders of Antiquity*. Londres: Pan Books Ltd.

CURTIUS, E. R. (1999), *Literatura Europea y Edad Media Latina*. 2 vols. Trad. M. Frenk Alatorre y A. Alatorre. Madrid: Fondo de Cultura Economica.

DAUMAS, F. (1965), *La civilisation de l'Égypte pharaonique*. Paris: Éditions Bernard Arthaud.

DEATON, J. C. (1988), «The Old Kingdom Evidence for the Function of Pyramids», *Varia Aegyptiaca* 4.3: 193-200.

DICKIE, M. (1996), «What is a Kolossos and how were kolossoi made in the Hellenistic Period?», *Greek, Roman and Byzantine Studies* 37.3: 237-257.

DINSMOOR, W. B. (1975), *The Architecture of Ancient Greece*. New York: W.W. Norton & Company.

EDWARDS, I.E.S. (1980), *The Pyramids of Egypt*. Harmondsworth: Penguin Books.

ERDEMGIL, S. (1986), *Ephesus*. Istambul: New Turistik Yayinlar A. S.

ERSKINE, A. (1995), «Culture and Power in Ptolemaic Egypt: the Museum and Library of Alexandria», *Greece & Rome* 42: 38-48.

FAKHRI, A. (1961), *The Pyramids*. Chicago: The University of Chicago Press.

FINKEL, I. L. (1988), «The Hanging Gardens of Babylon», in CLAYTON & PRICE 1988: 38-58.

FROST, H. (1975), «The Pharos site, Alexandria, Egypt», *The International Journal of Nautical Archaeology* 1.4: 126-130.

GABRIEL, A. (1932), «La construction, l'attitude et l'emplacement du colosse de Rhodes», *Bulletin de Correspondance Hellénique* 56.2: 331-359.

GOEDICKE, H. (1995), «Giza: Causes and Concepts», *The Bulletin of the Australian Centre for Egyptology* 6: 31-50.

GOLVIN, J.-C. (1995), «Essai d'évocation visuelle d'Alexandrie», *Les Dossiers de l'Archéologie* 201: 58-61.

GOYON, G. (1978), «Les rangs d'assises de la grande Pyramide», *Bulletin de l'Institut Français d'Archéologie Orientale* 72.2: 405-413.

GRAND-CLÉMENT, A. (1999), «Les pyramides de la IVe dynastie vues par les auteurs classiques. Le site de Giza revisité», *Égypte, Afrique & Orient* 15: 57-64.

GRANT, M. (^{2}1988), *The Ancient Mediterranean*. New York: Meridian.

HAGUE, D. and CHRISTIE, R. (1975), *Lighthouses: their Architecture, History and Archaeology*. Llandysul: Gomer Press.

HAUBEN, H. (1973), «Rhodes, Alexander and the Diadochi from 333/32 to 304 BC», *Historia* 26: 316-335.

HAUSCHILD, Th. (1976), «Der Römische Leuchtturm von La Coruña (Torre de Hércules). Probleme seine rekonstruktion», *Madrider Mitteilungen* 17: 238-257.

HAYNES, D.E.L. (1957), «Philo of Byzantium and the Colossus of Rhodes», *Journal of Hellenic Studies* 77: 311-312.

HIGGINS, R. (1988), «The Colossus of Rhodes», in CLAYTON & PRICE 1988: 124-137.

JORDAN, P. (2002), *The Seven Wonders of the Ancient World*. London: Pearson Education Limited.

JORDAN, P. (2003), *As Sete Maravilhas da Antiguidade*. Trad. J. Espadeiro Martins. Mem Martins: Publicações Europa-América.

LACARRIÈRE, J. (1981), *En cheminant avec Hérodote*. Paris: Éditions Seghers.

LAFAYE, G. (1899), «Isis», in Ch. DAREMBERG et E. SAGLIO. eds. (1877--1919), *Dictionnaire des Antiquités Grecques et Romaines*. 10 vols. Paris: Hachette et Cie, 3.1: 577-586.

LAMBRINO, S. (1952), «Les inscriptions de São Miguel de Odrinhas», *Bulletin des Études Portugaises* 16: 134-176.

LAUER, J.-P. (1988), *Le mystère des pyramides*. Paris: Presses de la Cité.

LAWRENCE, A. W. (1998), *Arquitectura Grega*. Trad. M. L. Moreira de Alba. São Paulo: Cosac & Naify.

LEHMANN-HARTLEBEN, K. (1923), *Die Antike Hafenanlagen des Mittelmeeres*. Leipzig.

LEHNER, M. (1997), *The Complete Pyramids*. London: Thames and Hudson.

LÉVÊQUE, P. (^{4}1992), *Le monde hellénistique*. Paris: Armand Colin.

LEVI, A. e LEVI, M. (1967), *Itineraria Picta. Contributo allo studio della Tabula Peutingeriana*. Roma: Bretschneider.

LIMBER, P. (1994), «Beacon across the Ages», *Aramco World* 2: 18-23.

LÓPEZ OTERO, M. (1933), «Interpretación gráfica de la descripción de Ibn-Al-Sayj», *Al-Andalus* 1: 293-300.

MACGINNIS, J. (1986), «Herodotus' description of Babylon», *Bulletin of the Institute of Classical Studies* 33: 67-86.

MÁLEK, J. (1986), *In the Shadow of the Pyramids*. London: Orbis.

MARINATOS, N. and HÄGG, R. edd. (1993), *Greek Sanctuaries*. London: Routledge, 32-34.

MARYON, H. (1956), «The Colossus of Rhodes», *Journal of Hellenic Studies* 76: 68-76.

MENDELSSOHN, K. (1974), *The Riddle of the Pyramids*. London-New York: Thames and Hudson.

MÜLLER, A. (1969), *The Seven Wonders of the World*. Tr. David Ash. London: Weidenfeld and Nicolson.

PAGE, D. (1955), *Sappho and Alcaeus. An Introduction to the Study of Ancient Lesbian Poetry*. Oxford: University Press.

PALÁCIOS, M. A. (1933), «Una descripción nueva del farol de Alejandria», *Al-Andalus* 1: 241-292.

PARKER, A. J. (1990), «Classical Antiquity: the Maritime Dimension», *Antiquity* 64: 335-346.

PEARSON, L. F. (1995), *Lighthouses*. Princes Risborough: Shire Publications Ltd.

PENSA, M. (1999), «Moli, fari e pescatori: la tradizione iconografica della città portuale in età romana», *Rivista di Archeologia* 23: 95-130.

POMEY, P. ed. (1997), *La navigation dans l'Antiquité*. Aix-en-Provence: Edisud.

PRÉCHAC, F. (1919), «Le Colosse de Rhodes», *Revue Archéologique* 9: 64-76.

QUET, M. H. (1979), «La mosaïque cosmique de Mérida: propositions de lecture», *Conimbriga* 28: 5-103.

QUINN, J. D. (1961), «Alcaeus 48 (B16) and the Fall of Ascalon (604 B.C.)», *BASOR* 164: 19-20.

REDDÉ, M. (1979), «La réprésentation das phares à l'époque romaine», *Mélanges de École Française de Rome* 91: 845-872.

REINCKE, G. (^{2}1964), «Pharos», in *Paulys Realencyclopädie der Classischen Altertumwissenschaft* 19.2: 1857-1869.

RICHTER, G. (1950), *The Sculpture and Sculptors of the Greeks*. New Haven and London: Yale University Press.

ROBERTSON, D. S. (^{2}1943, reimpr. 1974), *A Handbook of Greek and Roman Architecture*. Cambridge: University Press.

RODRIGUES, N. S. (2001), *Dicionário do Antigo Egipto*. Lisboa: Editorial Caminho, v.s. «Diodoro Sículo», «Estrabão», «Heródoto», «Plínio, o Velho».

RODRIGUES, N. S. (2005), «Economia e Sociedade da Babilónia segundo os autores greco-latinos I – O período clássico», *Cadmo* 15: 47-70.

RODRIGUES, N. S. (2007), «Economia e Sociedade da Babilónia segundo os autores greco-latinos III – Conclusões», *Cadmo* 17: 159-186.

RODRIGUES, N. S. (2007), *Iudaei in Vrbe. Os Judeus em Roma de Pompeio aos Flávios*. Lisboa: Fundação Calouste Gulbenkian/Fundação para a Ciência e Tecnologia.

ROMER, J. et ROMER, E. (1995), *Seven Wonders of the World*. London: Michael O'Mara Books.

ROMER, J. et ROMER, E. (1996), *Les sept merveilles du monde*. Trad. Denis-Armand Canal. Paris: Philippe Lebaud.

SANCHÉZ TERRY, M. A. (1991), *Los faros españoles: historia y evolución*. Madrid: Ministerio de Obras Públicas y Urbanismo.

SAUNERON, S. (1968), *L'Égyptologie*. Paris: Presses Universitaires de France.

SCHMIDT, J. (^{2}1968), «Pharia», in *Paulys Realencyclopädie der Classischen Altertumwissenschaft* 19.2: 1824.

SILIOTTI, A. (1997), *The Pyramids*. London: Weidenfeld & Nicolson.

STADELMANN, R. (1990), *Die Grossen Pyramiden von Giza. Vom Ziegelbau zum Weltwunder*. Graz: Akademische Druck- u. Verlagsanstalt.

STADELMANN, R. (1991), *Die ägyptischen Pyramiden. Vom Ziegelbau zum Weltwunder*. Mainz: Philipp von Zabern.

STEWART, A. (1990), *Greek Sculpture*. 2 vols. New Haven and London: Yale University Press.

WAYWELL, G. B. (1988), «The Mausoleum at Halicarnassus», in CLAYTON & PRICE 1988: 100-123.

WHEELER, M. (1955), *Rome Beyond the Imperial Frontiers*. London: Penguin.

WISEMAN, D. J. (1983), «Mesopotamian Gardens», *Anatolian Studies* 33: 137-144.

WISEMAN, D. J. (1984), «Palace and Temple Gardens in the Near East», *Bulletin of Middle Eastern Culture Center in Japan* 1: 37-43.

WISEMAN, D. J. (1985), *Nebuchadnezzar and Babylon*. Oxford: University Press.

ZIVIE-COCHE, C. (1972), «Nitocris, Rhodopis et la troisième pyramide de Gizeh», *Bulletin de l'Institut Français d'Archéologie Orientale* 72: 116-137.

Ilustrações

FIG. 1   (pp. 12-13) – Gravura das Pirâmides, em Guiza, por Johann Bernhard Fischer von Erlach (c. 1721).

FIG. 2   – As Pirâmides, no planalto de Guiza.

FIG. 3   (pp. 126-127) – As Maravilhas de Babilónia por Maerten van Heemskerck (1572).

FIG. 4   (pp. 38-39) – Ilustração dos Jardins Suspensos de Babilónia da obra *Histoire Ancienne*, de Charles Rollin (Paris, 1829).

FIG. 5   – Ruínas do Templo de Ártemis, em Éfeso.

FIG. 6   (pp. 54-55) – Reconstituição do Templo de Ártemis, em Éfeso, numa gravura de Johann Bernhard Fischer von Erlach (c. 1721).

FIG. 7   (pp. 66-67) – Reconstituição da estátua de Zeus esculpida por Fídias para o templo de Olímpia.

FIG. 8   (pp. 78-79) – O Mausoléu de Halicarnasso por Maerten van Heemskerck (1572).

FIG. 9   – A luta entre Gregos e Amazonas, fragmento do friso do Mausoléu de Halicarnasso. Londres, British Museum.

FIG. 10   (capa) – O Colosso de Rodes por Maerten van Heemskerck (1572).

FIG. 11   – Escultura romana realizada a partir do Colosso de Rodes esculpido por Cares de Lindos.

FIG. 12   – Reconstituição do Colosso de Rodes segundo Albert Gabriel (1932).

AS SETE MARAVILHAS DO MUNDO ANTIGO

FIG. 13 (pp. 92-93) – O Colosso de Rodes numa gravura de Johann Bernhard Fischer von Erlach (c. 1721).

FIG. 14 – Localização do Farol e do templo de *Isis Pharia* na cidade de Alexandria (Vasco Mantas / Luís Madeira).

FIG. 15 – Reconstituição do Farol de Alexandria na Época Romana, segundo López Otero (Vasco Mantas / Luís Madeira).

FIG. 16 – O Farol de Alexandria por Maerten van Heemskerck (1572).

PP. 106-107 – O Farol de Alexandria por Johann Bernhard Fischer von Erlach (c. 1721).

Autores e Colaboradores

Luís Manuel de ARAÚJO é Professor Auxiliar no Departamento de História da Faculdade de Letras da Universidade de Lisboa na área de História Antiga (História e Cultura Pré-Clássica, Egiptologia e História da Arte Pré-Clássica). Doutorou-se em Letras na mesma universidade e tem dedicado os seus trabalhos de investigação aos estudos egiptológicos. Publicou, entre muitos outros títulos, *Mitos e Lendas do Antigo Egipto* (Lisboa 2005) e *Arte Egípcia. Colecção Calouste Gulbenkian* (Lisboa 2006).

José Luís BRANDÃO é Professor Associado do Grupo de Estudos Clássicos da Faculdade de Letras da Universidade de Coimbra e investigador do Centro de Estudos Clássicos e Humanísticos. Tem-se dedicado ao estudo da Literatura Latina, em particular ao epigrama, romance, biografia e historiografia («*Tirano ao Tibre!* Estereótipos de tirania nas *Vidas dos Césares* de Suetónio», *Humanitas* 60, 2008, 115-137), área em que se doutorou em 2003 com a tese *Suetónio e os Césares. Teatro e Moralidade*. No que respeita ao teatro, desenvolve actividade relacionada com a tradução e produção dramática (actor, encenador e consultor).

Paula Barata DIAS é Professora Auxiliar do Grupo de Estudos Clássicos da Faculdade de Letras da Universidade de Coimbra e investigadora do Centro de Estudos Clássicos e Humanísticos. Doutorou-se em Literatura Latina Medieval em 2005, com uma tese intitulada *Os Textos Monásticos de Ambiente Frutuosiano (Noroeste Hispânico, séc. VII)*, recentemente publicada pela Fundação Mariana Seixas. Tem como principal área de interesse a Cultura Greco-Latina Cristã na Antiguidade Tardia e na Alta

Idade Média e neste domínio tem publicados vários trabalhos, de que se destacam os títulos «*Comprehendam sapientes in astutia eorum* – retórica clássica e homilética cristã» (Coimbra 1997) e «A recepção da *Regula Monachorum* de S. Frutuoso na cultura carolíngia» (Lisboa 2006).

José Ribeiro Ferreira é Professor Catedrático do Grupo de Estudos Clássicos e investigador do Centro de Estudos Clássicos e Humanísticos da Universidade de Coimbra. Doutorou-se em Letras na mesma Universidade com a tese *Hélade e Helenos I: Génese e evolução de um conceito* (Coimbra 1992). Tem dedicado a investigação à Cultura Clássica e sua recepção, em particular à literatura e arte gregas, à democracia e federalismos gregos, e à mitologia greco-romana. Publicou, entre muitos outros títulos, *Amor e morte na Cultura Clássica* (Coimbra 2004), *A Grécia Antiga: Sociedade e Política* (Lisboa ^{2}2004) e *A busca da beleza* (Coimbra 2008).

Luísa de Nazaré Ferreira é Professora Auxiliar do Grupo de Estudos Clássicos e investigadora do Centro de Estudos Clássicos e Humanísticos da Universidade de Coimbra. Doutorou-se em 2005 com um estudo sobre a actuação dos líricos gregos da Época Arcaica (*Mobilidade poética na Grécia Antiga. Uma leitura da obra de Simónides*). Tem centrado a investigação nas áreas de Literatura Grega, Cultura Clássica e sua recepção na cultura do Ocidente («Io e Marpessa – Uma análise dos ditirambos XIX e XX de Baquílides», *Humanitas* 60, 2008, 57-73; «O sol que tudo vê na tapeçaria de Vénus e Marte do Museu Nacional Machado de Castro», *Biblos* 6, 2008, 103-118).

Delfim Ferreira Leão é Professor Catedrático do Grupo de Estudos Clássicos e investigador do Centro de Estudos Clássicos e Humanísticos da Universidade de Coimbra. Doutorou-se em Letras na mesma Universidade, na especialidade de História da Cultura Clássica, com a tese *Sólon – Ética e Política*. Tem dedicado a sua investigação ao direito grego, à teoria política na Antiguidade Clássica, à pragmática teatral e ao romance latino. Entre muitos outros livros e artigos, publicou *Sólon – Ética e Política* (Lisboa 2001), *Nomos. Direito e sociedade na Antiguidade Clássica/ Derecho y sociedad en la Antigüedad Clásica* (Coimbra e Madrid 2004, autor e co-editor) e *The Satyricon of Petronius. Genre, Wandering and Style* (Coimbra 2008, co-autor).

AUTORES E COLABORADORES

Vasco Gil da Cruz Soares Mantas é Professor Auxiliar da Faculdade de Letras da Universidade de Coimbra, onde se doutorou em Pré-História e Arqueologia. Investigador do Centro de Estudos Clássicos e Humanísticos da mesma Faculdade, é membro efectivo da Academia de Marinha, da Sociedade de Geografia de Lisboa e da Associação Internacional de Epigrafia Grega e Latina. Participou em projectos de investigação sobre o mundo romano, orientados para a rede viária, urbanismo e epigrafia, labor reflectido em cerca de 120 artigos publicados, e coordenou, entre 1998 e 2006, os trabalhos arqueológicos na cidade luso-romana de *Ammaia*. Presentemente ocupa-se da história marítima e da arqueologia naval da Antiguidade Clássica, assim como das relações entre Arqueologia e Ideologia.

Rui Morais é Professor Auxiliar com Agregação do Departamento de História do Instituto de Ciências Sociais da Universidade do Minho. Doutorou-se em 2005 na mesma Universidade com uma tese intitulada *Autarcia e Comércio em Bracara Augusta*. Tem dedicado a sua investigação à arqueologia romana, no âmbito da economia, comércio e estudo de materiais. É membro do Projecto de Salvamento de *Bracara Augusta*, a cargo da Unidade de Arqueologia da Universidade do Minho (Braga), e tem participado em projectos em colaboração com Universidades estrangeiras e portuguesas, com destaque para o estudo do Naufrágio Culip VIII (Girona 2003) e o estudo do Castelo da Lousa (Mourão, Évora). Entre outras áreas de interesse destaquem-se os estudos no âmbito da Arte Clássica.

Francisco de Oliveira, Professor Catedrático, é Director do projecto Estudos Latinos do Centro de Estudos Clássicos e Humanísticos da Universidade de Coimbra, Presidente da Associação Portuguesa de Estudos Clássicos e ex-Presidente da Euroclassica, Fédération Européenne des Associations de Professeurs de Langues et de Civilisations Classiques. Das publicações, citem-se *Idées politiques et morales de Pline l'Ancien* (Coimbra 1992), «Portugal», in *Der Neue Pauly* (Stuttgart 2002: 516--526), *Génese e consolidação da ideia de Europa. Vol. III. O mundo Romano* (Coimbra 2005), *Cícero, Tratado da República* (Lisboa 2008). Prossegue investigação sobre ideias morais e políticas na Antiguidade (Cícero, *Tratado das Leis*; Plínio o Moço, *Cartas a Trajano*) e sobre teatro antigo (edição de Séneca trágico; sociologia do teatro).

Américo da Costa Ramalho, Professor Catedrático Jubilado de Filologia Clássica, estudou Grego Clássico na Universidade de Oxford, como bolseiro do Instituto de Alta Cultura. Doutorou-se na Faculdade de Letras de Coimbra com a tese *Dipla Onomata no Estilo de Aristófanes* em 1952. Tem-se dedicado ao estudo da introdução do Humanismo em Portugal, cujo início antecipou para o final do séc. XV, com os seus trabalhos sobre Cataldo Parísio Sículo. Entre livros, artigos de revista, notas de investigação, artigos de enciclopédia e recensões críticas, publicou mais de sete centenas de trabalhos, entre os quais *Estudos sobre a Época do Renascimento* (^{2}1997), *Estudos sobre o Século XVI* (^{2}1983), *Para a História do Humanismo em Portugal*, 4 vols. (^{1}1988-2000), *Latim Renascentista em Portugal* (^{2}1993) e *Estudos Camonianos* (^{2}1980).

Maria Helena da Rocha Pereira, Doutora em Letras pela Universidade de Coimbra, especializou-se em Letras Clássicas na Universidade de Oxford. Tem publicado mais de 300 livros e artigos, entre os quais *Greek Vases in Portugal* (Coimbra 1962), *Anacreon* (Berlim 1966), *Pausanias* (ed. crítica), 3 vols. (Leipzig ^{2}1989-1990), *Estudos de História da Cultura Clássica* (vol. I, ^{10}2006; vol. II, ^{4}2009), *Novos Ensaios sobre Temas Clássicos na Poesia Portuguesa* (Lisboa 1988), *Camoniana Varia* (Coimbra 2008). Tem trabalhado em especial nas áreas de História da Cultura Clássica, temas clássicos na Poesia Portuguesa, vasos gregos e crítica textual.

Nuno Simões Rodrigues é Professor Auxiliar da Faculdade de Letras da Universidade de Lisboa e investigador do Centro de Estudos Clássicos e Humanísticos da Universidade de Coimbra e do Centro de História da Universidade de Lisboa. Doutorou-se em Letras, na especialidade de História da Antiguidade Clássica, em 2004, com um estudo sobre a presença dos Judeus na cidade de Roma nos séculos I a.C. e I d.C.: *Iudaei in Vrbe. Os Judeus em Roma de Pompeio aos Flávios* (Lisboa 2007). Tem centrado a investigação nas áreas da Cultura Grega e da História Política e Social de Roma (*Mitos e Lendas da Roma Antiga*, Lisboa 2005; «Poética grega e cultura judaica», in *Poética(s). Diálogos com Aristóteles*, Lisboa 2007, 101-140).

Maria de Fátima Silva é Doutora em Letras pela Universidade de Coimbra, na área de Literatura Grega. Tem desenvolvido a sua investigação, em particular, sobre o teatro grego antigo (tragédia e comédia), sua recepção na moderna literatura dramática portuguesa, e historiografia (Heródoto). Traduziu várias das comédias de Aristófanes, as peças e fragmentos mais relevantes de Menandro, alguns dos livros das *Histórias* de Heródoto (em colaboração), o romance de Cáriton, *Quéreas e Calírroe*, *Os Caracteres* de Teofrasto e a *História dos animais* de Aristóteles. Entre os estudos que publicou, destacam-se *Crítica do teatro na comédia antiga* (Coimbra ^{2}1997), *Ensaios sobre Eurípides* (Lisboa 2005), *Ésquilo, o primeiro dramaturgo europeu* (Coimbra 2006), *Furor. Ensaios sobre a obra dramática de Hélia Correia* (Coimbra 2006, coord. e colab.), *Ensaios sobre Aristófanes* (Lisboa 2007).

Carmen Isabel Leal SOARES é Professora Associada do Grupo de Estudos Clássicos e investigadora do Centro de Estudos Clássicos e Humanísticos da Universidade de Coimbra. Tem centrado a sua produção científica no estudo e tradução de vários autores gregos, de que destacamos: de Heródoto – *A morte em Heródoto. Valores universais e particularismos étnicos*, col. Textos Universitários de Ciências Sociais e Humanas. Fundação Calouste Gulbenkian e Fundação para a Ciência e Tecnologia (Lisboa 2003); introdução, tradução e anotação, em parceria com J. R. Ferreira e M. F. Silva, respectivamente dos livros 8º e 6º das *Histórias* (2002 e 2007); de Platão – *O Político*. Tradução do grego, introdução e notas (Lisboa 2008).

Índice Onomástico

Aarhus, 87

Abido, 19, 20, 21

Abu Roach, 16, 22, 24, 30

Abusir, 22, 120

Acad, 41

Adad, 46

Adam, J.-P., 98, 100, 118, 120

Adriaen de Jonghe, 220

Adriano, 35, 143, 145, 148, 222, 226, 227, 228, 229, 233

Afeganistão, 121

África, 134, 191, 192, 109

Afrodite, 73, 202, 228, 235, 84

Agatárquides de Cnidos, 18

Agesilau, 159

Agilkia, 18

Agostinho, Santo, 135

Agrigento, 69, 101

Ájax, 201

Alceu, 41

Aldred, C., 20, 242

Alexandre Magno, 28, 34, 44, 47, 48, 62, 63, 64, 83, 96, 99, 109, 110, 112, 113, 114, 123, 132, 138, 142, 143, 176, 183, 192, 196, 198, 207

Alexandria, 18, 28, 111, 112, 113, 114, 117, 118, 122, 125, 148, 193, 195, 208, 221, 228, 236

Alexis, N., 91

Alfeu, 170

Alföldy, A., 119

Almada, 102

Al-Mamun, 23

Aloeu, 169

Alvarez, M., 125

Alves, J. da F., 81, 82

Amazonas, 59, 73, 74, 87, 88, 89, 90, 161, 197, 201, 202

Amenemhat III, 17

Amiclas, 201

Ámon, 207

Amoritas, 41

Amósis, 176

Anastásio I, 123, 226, 233

Anatólia, 82

André-Salvini, B., 41, 42, 43, 46, 49

Antígono, 96, 97

Antiménidas, 41

Antioquia, 146

Antípatro de Sídon, 58, 95, 118, 143, 170, 225, 231, 232

Antirrodes, 115, 187
Antístenes, 192
Antologia Palatina, 19, 20, 48, 59, 95, 97, 100, 135, 170, 209, 224, 225, 226, 231, 232, 233
Antonino Pio, 123
António, Marco, 18
Ápion, 47, 192, 194
Apolinário, Sidónio, 146
Apolo, 73, 74, 100, 145, 146, 159, 160, 197, 200, 227, 234
Apolónio de Tiana, 145, 146, 219, 220, 227, 234
Aquiles, 74, 201
Arábia, 30, 157, 166, 173, 174, 191
Araújo, L. M. de, 33, 36, 249
Arcádia, 70
Ares, 84
Argos, 228, 235
Aristágoras, 192
Aristóteles, 61, 113, 135, 222
Arles, 104
Arménia, 156
Armeu, 176
Arnold, D., 32
Arriano, 138, 139, 142, 143, 207
Arsínoe, 191
Artemidoro, 184, 192
Ártemis, vide Diana, 7, 57, 58, 59, 62, 64, 73, 132, 133, 143, 159, 160, 161, 169, 170, 172, 184, 193, 196, 197, 200, 202, 219, 225, 226, 227, 228, 229, 231
Artemísia II, 85, 90, 104, 190, 204, 206, 207
Artemísion, vide Ártemis, 57, 58, 59, 60, 63, 64
Ascalão, batalha de, 41

Asclépios, 147, 228, 234, 235, 236
Ashmole, B., 148
Ásia, 57, 60, 73, 82, 83, 96, 109, 112, 132, 136, 137, 138, 146, 159, 176, 193, 196, 197, 202
Ásia Menor, 57, 58, 60, 82, 96, 136, 137, 146
Assíria, 49, 155
Assírios, 51, 155
Assuão, 17, 18, 23, 30, 125
Assurbanípal, 49
Assurnasirpal II, 49
Atalarico, 139
Atena, vide Minerva, 73, 89, 161, 190, 202, 203, 223, 228, 235
Atenas, 70, 190, 201, 202, 228, 235
Atenienses, 73, 82, 159, 202
Atlas, 74, 169, 201
Augusto, 18, 110, 123, 147, 182, 226

Babel, Torre de, 44, 52, 130
Babilónia, 110, 111, 112, 113, 118, 130, 134, 138, 139, 140, 142, 143, 148, 155, 156, 169, 170, 171, 173, 178, 180, 182, 185, 194, 195, 198, 209, 211, 212, 222, 223, 225, 226, 227, 228, 229, 231, 234
Bakhoum, S., 120
Balneário de Apolónio de Tiana, 145, 219, 220, 227, 234
Barclay, S., 104
Bartholdi, F.-A., 102
Bartoccini, R., 123
Basílio de Cesareia, 136, 209, 226
Bedloe, 102
Begram, 121
Belerofonte, 145, 219, 220, 227, 228, 234

ÍNDICE ONOMÁSTICO

Belli de Vincenza, Valério, 82
Belo, 178, 179, 194
Bento, São (de Núrsia), 136
Beócia, 159
Berecinto, 161
Bérito, 229, 237
Beroso, 47, 48, 49, 51
Besnier, M., 118, 123
Bíblia, 42, 130, 135, 138, 139, 140, 141
Bizâncio, 124, 226
Blanc, N., 98, 100, 118
Bodrum, 85
Brandão, J. L., 171, 181, 189, 199, 249
Brasil, 102
Braun, T. F. B. G., 41
Briáxis, 89, 190, 191
Britânico, Museu (vide British Museum), 99
British Museum, 26, 86, 87, 90
Brodersen, K., 103, 147, 227, 228
Brunt, P. A., 138
Busíris, 22, 191
Butórides, 192

Cábries, 174
Cairo, 26, 28, 30, 15
Caístro, 57, 162, 197
Caldeus, 41, 179
Calígula, 199, 206
Calímaco, 72, 118, 161, 162, 163, 183
Canope, 223
Capadócia, 135
Capitolino, Museu, 99
Capitólio, 76, 145, 148, 181, 219, 222, 226, 227, 228, 229, 233

Caracala, 146, 228, 236
Caraxo, 188
Cares de Lindos, 98, 99 100, 105, 185, 189
Cária, 7, 82, 83, 142, 164, 172, 190, 203, 204, 206, 209, 222
Cármides, 74, 183, 200
Caron, A., 104
Cassandra, 201
Cássio, Díon, 146, 147
Cassiodoro, Flávio Magno Aurélio, 130, 137, 139, 141, 142, 144, 146, 210, 227, 231, 232, 233, 130, 137, 139
Castelo de S. Pedro, 83, 86, 87
Cáucaso, 201
Caullery, Louis de, 103
Cavaleiros da Ordem de Malta, 85, 86, 87
Celso, Caio Júlio, 123
Centauros, 89
Cepião, Torre de, 119
Cerasonte, 159
Cesareia, 136, 227, 234
Chepseskaf, 25
Christie, R., 118
Cibele, 58
Cícero, Marco Túlio, 76, 77, 134, 206, 251
Cilunte, 160
Cimérios, 59, 162
Cípselo, 183
Circo Máximo, 147, 22, 228, 232, 233
Ciríaco Pizzicolli de Ancona, 130, 148, 222, 229, 231, 232, 233
Ciro II, o Grande, 59, 138, 139, 142, 143, 155, 182, 211, 225, 227, 228, 232

Cirósofo, 159
Cízico, 148, 222, 226, 227, 228, 229, 233
Clayton, P. A., 111, 114, 146
Clearco, 159
Clemente de Alexandria, 74
Cleómenes, 208
Cleópatra VII, 18
Clitarco de Alexandria, 47, 146
Cnidos, 18, 47, 48, 115, 116, 117, 119, 193, 205, 228, 235
Cnossos 59, 173
Coliseu, 101, 195, 226, 228, 229, 233
Cólofon, 197
Colosso de Rodes, 7, 58, 82, 95, 96, 97, 98, 99, 100, 101, 102, 103, 104, 105, 117, 136, 138, 143, 144, 145, 146, 148, 167, 168, 170, 181, 185, 189, 209, 211, 214, 219, 220, 222, 223, 224, 225, 226, 227, 228, 229, 232
Constantinopla, 72, 137, 148, 228, 234, 72
Corinto, 183
Corunha, 122
Cós, 83
Costa, H. da S., 102
Cottrell, L., 17, 24
Coubertin, Barão de, 70
Cousin le Père, Jean, 103, 104
Creso, 57, 59, 60, 61, 62
Creta, 59, 96, 226, 228, 232
Crisópolis, 124
Crisóstomo, Díon, 75, 76
Cristo Redentor, 101, 102
Cristo Rei, 101, 102
Cronos, 166, 189

Ctésias de Cnidos, 47, 48, 176, 178
Cúrcio Rufo, Quinto, 49, 64, 198
Curtius, E. R., 130, 147

Dahchur, 15, 21, 22
Dalí, Salvador, 105
Dalton, R., 85
Damasco, 197, 228, 236
Dario I, 83
Dario III, 138
Daumas, F., 19
Deaton, J. C., 36
Decker, C. G., 104
De Goeje, M. J., 122
Delfos, 57, 159
Demétrio I Poliorceta, 96, 97, 99, 189
Demétrio, artífice, 132, 196, 197
Demétrio, escravo do Artemísion, 62, 173
Demétrio, escritor, 192
Demofonte, 199
Demóteles, 192
Dercétis, 182
Dexífanes, 116, 206
Diádocos, 111
Diana, vide Ártemis, 61, 138, 146, 172, 173, 181, 193, 197, 211, 220, 225, 226, 227
Dias, P. B., 173, 197, 208, 210, 211, 219, 221, 222, 223, 249
Dickie, M., 95, 98
Dinócrates, 63, 112
Diocleciano, 134
Diodoro Sículo, 16, 17, 18, 26, 28, 29, 30, 31, 32, 44, 47, 49, 96, 99, 173
Dionísio, 192
Diónisos, 185

Dioscuros (Castor e Pólux), 116
Djedefré, 16, 24
Djoser, vide Netjerirkhet, 19, 20, 21
Domiciano, 122
Domna, Júlia, 146
Donato, Pedro, 222
Donderer, M., 74
Dória, 57
Dórios, 82
Dozy, R. , 122
Dúris de Samos, 192

Ecbátana, 182, 225, 232
Éden, 51
Edrisi, 119
Edwards, I. E. S., 20, 32
Efésios, 59, 62, 64, 132
Éfeso, 7, 57, 58, 59, 61, 62, 63, 89,
    132, 133, 138, 159, 160, 161,
    162, 164, 169, 170, 172, 173,
    181, 184, 193, 196, 197, 211, 225,
    226, 227, 228, 229, 231, 236
Egípcios, 26, 27, 33, 35, 116, 157,
    158, 174, 191
Egipto, 101, 110, 112, 113, 114, 116,
    117, 138, 156, 157, 158, 174, 164,
    173, 175, 182, 191, 209, 210, 211,
    222
Eiffel, G., 102
Elefantina, 17, 30
Eliano, 57
Élide, 69, 162, 166, 201
Elidenses, 7, 70, 74, 164, 200, 203
Élio Galo, 18
Émesa (actual Homs), 102
Emílio, Paulo, 75, 181, 199, 226
Empereur, J.-Y., 125
Énio, 224

Enlil, 46
Enómao, 201
Eólia, 57
Epicuro, 134
Epidauro, 181, 228, 234, 235
Epígonos, 197
Eriço, 218
Eritreia, 156
Eros, 73, 202
Erskine, A., 113
Esaguil, 44
Escopas, 89, 190, 191, 193
Esfinge, 25, 27, 35
Esmirna, 145, 220, 227, 228, 234
Esopo, 192
Esquéria, 51
Ésquilo, 95
Estados Unidos da América, 102
Estrabão, 16, 17, 18, 28, 29, 30, 41,
    47, 49, 57, 64, 72, 95, 105, 115,
    116, 119, 135, 138, 139, 182
Etemenanqui, 44
Etiópia, 30, 31, 159, 166, 188, 192
Etna, 144, 215, 217, 218, 227
Etrúria, 223
Eufrates, 7, 42, 43, 44, 45, 48, 156,
    164, 176, 177, 186
Eunosto, 115, 186
Europa, 109
Eusébio, 97
Evémero, 192

Faium, 17
Fakhri, A., 32
Farnabazo, 83
Farol de Alexandria, 7, 8, 100, 101,
    103, 109, 111, 113, 114, 115, 116,
    117, 118, 119, 120, 121, 122, 123,

124, 125, 139, 141, 143, 144, 145, 146, 147, 186, 193, 205, 207, 215, 219, 220, 221, 226, 227, 228, 229, 232

Faros, 113, 114, 115, 116, 117, 186, 187, 193, 195, 205, 208

Febo, vide Apolo, 223

Fénix, 144, 215, 216, 227

Ferreira, J. R., 160, 161, 163, 197, 198, 250

Ferreira, L. N., 169, 170, 182, 207, 224, 250

Fídias, 7, 71, 72, 74, 75, 76, 77, 147, 162, 163, 166, 167, 171, 181, 182, 183, 189, 190, 201, 202, 203, 205, 211, 223, 228, 229, 232, 237

Fila, 18

Filipe de Salónica, 76

Fílon de Bizâncio, 7, 18, 47, 50, 95, 98, 105, 139, 141, 143, 164, 225, 231

Filóstrato, 146

Finkel, I. L., 44, 46, 49, 50, 51, 52

Fischer von Erlach, J. B., 104

Fóloe, 160

França, 102, 104

Francisco de Holanda, 81, 82

Franco, F., 102

Frigela, 197

Frontino, 118

Frost, H., 121

Gabriel, A., 99, 100, 103

Gallet de Santerre, H., 97

García Blanco, M., 147

Gélio, Aulo, 90, 206

Gigantes, 169

Ginásio (em Sardes), 228, 236

Gobelins, Musée des, 104

Godos, 64

Goedicke, H., 27

Golvin, J.-C., 124

Gottfried, J. L., 103

Goyon, G., 33

Graça, 73, 202

Graças (Cárites), 163, 201

Gracianópolis, 215

Grand-Clément, A., 29, 30, 31, 33

Grant, M., 117

Grécia, 8, 50, 59, 70, 72, 76, 96, 167, 199, 200, 203, 222, 250

Gregório de Nazianzo, 130, 135, 136, 141, 148, 209, 222, 226, 227, 229, 231, 232, 233

Gregório de Tours, 130, 135, 136, 141, 148, 209, 222, 226, 227, 229, 231, 232, 234

Gregos, 76, 89, 90, 138, 143, 148, 159, 185, 198, 206, 221, 250

Grenoble, 144, 215

Guerras Medo-Persas, 70

Guiza, 15, 16, 17, 22, 26, 28, 30, 31, 32, 35

Gulbenkian, Fundação Calouste, 99, 246, 253

Hagia Sophia, 64, 228, 234

Hague, D., 118

Halicarnasso, 7, 81, 82, 83, 84, 85, 86, 96, 104, 110, 114, 138, 142, 155, 164, 170, 171, 172, 190, 203, 204, 225, 226, 227, 228, 229, 232

Halle-Wittenberg, 74

Hamurabi, 41, 43

ÍNDICE ONOMÁSTICO

Hauschild, Th., 122
Heb-Sed, 20
Hecateu de Abdera, 18
Hecateu de Mileto, 17, 18
Hecatomno, 82
Heféstion, 207, 208
Hefestos, 73, 202
Hélade, 7, 164, 182, 201, 250
Helena, 114
Helieia, 223
Heliópolis, 228, 235
Hélios, 7, 59, 73, 95, 96, 97, 98, 99, 100, 102, 103, 105, 167, 168, 170, 185, 202, 224, 232
Hemiunu, 22
Henutsen, 32
Heptastádion, 115, 187
Hera, 59, 71, 73, 179, 183, 202, 228, 235
Heracleia, 143, 144, 145, 214, 219, 220, 227, 228, 231, 232, 233, 234
Heraclito, 59
Hercher, R., 167
Hércules, 69, 73, 74, 201, 202, 224, 228, 236
Hermafrodito, 84
Hermes, 73, 84, 202
Heródoto, 16-18, 27, 29-33, 35, 42, 44, 47, 48, 57, 70, 82, 110, 143, 155, 157, 192, 210
Heróstrato, 61, 184
Hespérides, 51, 201
Héstia, 73, 202
Hexápolis, 82
Higgins, R., 99-101, 103
Higino, C. Júlio, 181, 207, 225, 231, 232
Hilário de Poitiers, 215, 218

Hipo, 161
Hipodamia, 69, 201
Hipólito, M. C., 99
Hititas, 42
Homero, vide Poemas Homéricos, 75, 114, 183, 184, 189, 199, 201
Horas, 163, 201
Houel, N., 104

Ibn-al-Saydj, 119
Imgur-Enlil, 46
Ínaco, 162
Inaro, 176
Iónia, 7, 57, 83, 184, 203
Iopé, 173
Iraque, 140
Is, 156
Ishtar, 44, 46, 139, 140
Isidoro de Sevilha, 130, 147, 148, 221
Ísis, 18, 119, 121, 124
Isócrates, 207
Istambul, 64

Jâmblico, 52
Jardins Suspensos de Babilónia, 7, 48, 4-52, 58, 118, 134, 135, 138--140, 142, 143, 145, 170, 185, 186, 198, 208, 209, 223, 225, 226, 228, 229, 231
Jarrow, Abadia de (Inglaterra), 145
Jeppesen, K., 87
Jeremias, o profeta, 47
Jerónimo, S., 142
Jerusalém, 42, 103
Jogos Olímpicos, 69, 70, 160
Jondet, G., 125
Jordan, P., 19, 22, 27, 34, 35, 99, 118
Josefo, Flávio, 47, 51, 120, 194

261

Judeus, 133, 138, 196, 252
Juno, 172
Júpiter, 76, 181, 189, 190, 199, 225

Karrhai (Harran), 228, 235
Khafré, vide Quéfren (Khéfren), 15, 16, 24-26, 28, 29, 31
Khufu, vide Quéops (Khéops), 15, 16, 22-26, 28-30, 32
Kircher, Athanasius, 104
Kish, 45
Knab, F., 104
Koldewey, R., 49-51
Kunstmuseum (Berna), 105

Labirinto, 17, 191, 226, 228, 232
Lacarrière, J., 17
Lacedemónia, 160, 181
Lacedemónios, 160
Lactâncio, 130, 134, 135, 208, 216
Laércio, Diógenes, 135
Lafaye, G., 119
Lambrino, S., 123
Landowski, P., 102
Laodiceia, 137
Lápitas, 89
Lassus, Augé de, 104
Lauer, J.-Ph., 19, 32
Lausus, 72
Lawrence, A. W., 60, 62, 63
Lawrence, Caroline, 105
Leão, D. F., 117, 188, 195, 198, 199, 206, 208, 250
Lebedos, 197
Le Bonniec, H., 97
Lehmann, S., 74
Lehmann-Hartleben, K., 124
Lehner, M., 16, 19, 21, 24, 25

Leócares, 84, 89, 172, 190, 191
Leone, Sergio, 105
Lesbos, 86, 188
Leto, 229
Lévêque, P., 124
Levi, A. e Levi, M., 124
Liberdade, Estátua da, 102
Líbia, 123, 167, 173
Líbios, 27
Líbon, 71
Lícia, 83, 229, 237
Lídia, 83, 145
Lídios, 203
Lígdamis, 162
Limber, P., 120
Lindet, M.-P. A., 142
Lindos, 98, 99, 105, 185, 189
Lino, A., 102
Lisboa, 8, 81
Lisipo, 98-100, 189
Lívio, Tito, 75, 76, 181
Lloyd, A. B., 157
López Otero, M., 120
Lóquias, 115, 187
Lourenço, F., 114
Louvre, Museu do, 103
Lucas, S., 130, 131, 133, 134, 196
Luciano de Samósata, 101, 116, 119, 203
Lyon, 103

Macedónia, 44, 75, 96, 112, 143
MacGinnis, J., 42
Madrid, 90
Málek, J., 15
Manes, 207
Maneton, 17
Manto, 197, 223, 229

ÍNDICE ONOMÁSTICO

Maratona, batalha de, 201
Marcelino, Amiano, 45, 146, 210
Marcial, Marco Valério, 195, 226, 231-233
Marcos Casquero, M. A., 147
Marduque, 44, 46, 49
Marte, 172, 181
Martoni, Niccolo di, 103
Mausoléu de Halicarnasso, 58, 81-90, 114, 120, 138, 172, 190, 195, 203, 211, 222, 225-229, 232
Mausolo, 7, 81-85, 90, 104, 142, 143, 148, 170, 171, 181, 190, 203, 204, 206, 207, 209, 211, 222, 223, 227-229, 237
Médicis, Catherine de, 104
Mediterrâneo, 42, 109, 123
Medos, 138, 211
Megabizo, 159, 160
Megalópolis, 181
Meidum, 15, 21, 22
Mela, Pompónio, 197
Mello e Castro, F. de, 102
Mémnon, 182, 211, 227
Menelau, 114
Mênfis, 16-18, 28, 35, 112, 165, 174, 187, 188, 191, 195
Menkauré, vide Miquerinos (Myke-rinos), 15, 25, 26, 29-32
Mercúrio, 172
Merian, Matthäus, 103
Mérida, 122
Méris, 191
Mesopotâmia, 41, 140
Metágenes, 59, 172, 173
Mílasa (actual Midas), 82, 172
Mileto, 203, 228, 235
Minerva, vide Atena, 76, 190, 223

Miquerinos, vide Menkauré, 15, 159, 175
Mira, 229, 237
Míron, 205
Mísia, 248
Mitilene, 86
Moiras, 206
Mokkatam, 26, 30
Mopsos, 197
Müller, A., 99
Muralhas de Babilónia, 7, 8, 44, 45, 47, 50, 52, 118, 138, 142, 144, 155, 159, 171, 175, 185, 194, 209, 212, 222, 225-229, 231, 240,

Nabu, 44
Nabucodonosor II, 42-46, 48, 49, 51, 139, 143, 194
Náucrates, 207
Náucratis, 188
Nebrodes, 218
Nebroth, 213
Neitikert, vide Nitócris, 32
Nemeia, 74, 201
Néon de Ásine, 159
Neptúnio, 218
Neptuno, 223
Nero, 101, 145, 226
Netjerirkhet Djoser, 19, 20
Newton, Sir Charles T., 86, 87, 90
Nicetas, Bispo de Heracleia, 227, 231-233
Nicolau, Forte de S., 100
Nicomédia (Izmit), 228, 236
Nileu, 173
Nilo, 17, 18, 21, 27, 30-32, 34-36, 112, 114, 125, 157, 159, 173, 174, 191, 192

263

Nimit-Enlil, 46
Nimrud, 49
Nínive, 49, 155
Nino, 52, 178
Níobe, 200
Nióbidas, 74
Nitócris, 32
Noé, Arca de, 130, 131, 142-144, 212, 227, 234
Nova Iorque, 102
Núbia, 17, 18
Númidas, 173

Obelisco egípcio, 147, 226, 228, 232
Ogígia, 51
Olímpia, 7, 69-72, 76, 77, 160, 162, 163, 166, 171, 181, 182, 190, 199-202, 206, 225-229, 232
Olimpo, 59, 72, 167, 169, 170, 183, 189, 224
Oliveira, F., 194, 251
Orósio, 142, 212
Oroz Reta, J., 147
Osíris, 35
Óstia, 124, 193
Oswald, C., 102
Otomanos, 148
Otrera, 181
Ovídio, 84
Oxirinco, 162

Page, D., 41
Paiónios, 62, 173
Palácios, M. A., 119
Palestina, 42, 132
Paneno, 72, 74, 183, 201
Pantarces, 74, 201
Paretónia, 205

Parker, A. J., 117
Paros, 181, 199, 202, 228, 234
Pártenon, 64, 71, 190
Pasárgada, 138, 139, 142, 143
Paulo, apóstolo, 131-134, 137, 196, 216
Pausânias, 59, 72-75, 162, 163, 199
Pearson, L. F., 118
Peloponeso, Guerra do, 82
Pélops, 69
Pensa, M., 121
Pentápolis, 82
Pentesileia, 74, 201
Pérgamo, 112, 226, 228, 233, 236
Pérgamo, Museu de (Berlim), 139
Péricles, 71
Persas, 7, 64, 83, 90. 138, 164, 180, 184
Perseu, rei da Macedónia, 75
Pérsia 42, 49, 51, 59, 63, 70, 82, 143, 169, 180
Petrie, F., 17
Petronium (fortaleza de São Pedro), 85
Peutinger, Tábua de, 124
Pfeiffer, R., 72, 162, 183
Pimentel, F., 73
Píndaro, lírico, 69
Píndaro, tirano, 57
Píon (actual Panayir Dagi), 57
Pirâmides do Egipto, 7, 15-36, 58, 82, 138, 143, 148, 156, 157, 165, 170, 173, 175, 176, 182, 187, 188, 191, 192, 209, 210, 211, 222, 223, 225-227, 229, 231
Pirítoo, 201
Pisa, 69, 200, 206
Pítio, 89

ÍNDICE ONOMÁSTICO

Pítis, 89, 191
Píton, 162
Platão, 71, 76, 134, 135
Plínio, o Antigo, 8, 16-18, 22, 25, 28-31, 33, 62, 63, 76, 82, 83, 86, 88, 89, 95-98, 101, 105, 120, 145, 189, 226, 231-233
Plutarco, 75, 96, 135, 199
Poemas Homéricos, 73, 75
Políbio, 75, 76, 97, 171
Policleto, 98, 228, 235
Poliistor, Alexandre, 192
Poliziano, Angelo Ambrogini, 130, 148, 223, 229, 231-233, 237
Pomey, P., 120
Poséidon, 73, 120, 202, 205, 206
Posidipo, 116
Prado, Museu do, 90
Praxíteles, 89, 205, 228, 229, 235, 237
Price, M. J., 111
Priene, 89
Probst, G. B., 104
Proconésia, 171
Prometeu, 74, 201
Proteu, 114, 116
Próxeno, 159
Ps.-Beda, o Venerável, 130, 145, 146, 215, 219, 227, 231, 232, 233, 234
Ptolomeu I Sóter, 43, 96, 97, 101, 112, 113, 116, 117, 119, 193, 221
Ptolomeu II Filadelfo, 113, 116, 117
Ptolomeu III Evergeta, 97
Qait-Bey, 119, 121, 124
Quéfren, vide Khafré, 15, 158, 159, 174, 187

Queirós, Eça de, 22
Quémis o Menfita, 173
Quéops, vide Khufu, 15, 156, 158, 159, 187
Quérsifron, 59, 172, 173, 184, 193
Quet, M. H., 119
Quinn, J. D., 41
Quintiliano, 77
Quios, 83

Ramalho, A. C., 204, 252
Rampsínito, 156
Ravena, 137, 193
Ré, 35
Réattu, Museu, 104
Reddé, M., 120, 121
Reia, 70, 179
Reincke, G., 118
Rembrandt, 90
Rênfis, 173
Rhoicos, 59
Richter, G., 75
Rio de Janeiro, 101
Robertson, D. S., 60, 61, 146
Rocha Pereira, M. H., 67, 203, 252
Rodes, 7, 58, 82, 83, 85, 93-105, 112, 115, 136, 138, 143-146, 148, 164, 167, 181, 185, 187, 189, 211, 214, 219, 220, 222-229, 232
Ródios, 95-98, 101, 104, 105, 167, 185
Rodópis, 32, 159, 176, 188, 192
Rodrigues, N. S., 39, 181, 195, 252
Roma, 18, 50, 52, 81, 99, 109, 117, 120, 22, 123, 133, 137-139, 141, 145-148, 195, 199, 210, 211, 218--220, 222, 226-229, 232, 233, 235, 252

Romanos, 16, 20, 21, 22, 28, 31, 34, 35, 52, 122, 134, 138, 145, 182, 185
Romer, J. e Romer, E., 48-50
Roxana, 111
Rufino, 226, 233

Safo, 188
Sakara, 16, 19, 22
Salamina, 201
Sálmacis, 84, 172
Salomão, Templo de, 130, 131, 142, 144, 213, 227, 234
Samos, 59, 60, 172, 192
Sanchéz Terry, M. A., 119
Sardes, 161, 228, 236
Sargão de Acad, 41, 51
Sarpédon, 228, 236
Sátiro, 89
Sauneron, S., 125
Schmidt, J., 119
Schrader, C., 157
Sekhemkhet, 20
Selene, 73, 202, 228, 235
Selinunte, 160
Semíramis, 47, 52, 138, 139, 169, 173, 176-180, 182, 211, 222
Senaqueribe, 42
Séneca, 134, 251
Seneferu, 15, 21
Septímio Severo, 35
Serapeum, 35
Seti I, 31
Shamash, 46
Sicília, 17, 26, 101, 217, 218, 227
Sídon, 58, 95, 118, 143, 147, 170, 228, 231, 232, 236
Sileno, 172

Silva, M. F., 47, 156, 252, 253
Simão Pedro da Galileia, 52
Simaquia de Delos, 82
Sinope, 203
Sintra, 123
Sipar, 45
Síria, 41, 42, 173, 198
Smith, monte, 100
Soares, C. L., 159, 253
Sócrates, 134
Sol, vide Hélios
Solimão II, 103
Sóstrato de Cnidos, 115-117, 119, 186, 193, 206
Stadelmann, R., 22, 32
Stewart, A., 75
Suetónio Tranquilo, C., 101, 122, 199, 249

Tales de Mileto, 30, 134, 192
Tall-e-Takht, 138
Tarraconense, 77
Tebanos, 197
Tebas, 17, 30, 47, 148, 175, 209, 222, 226-229, 233, 236
Télamon, 101
Teodectes, 207
Teodorico, 137, 139, 146
Teodoro, arquitecto, 69, 172
Teodósio I, 70
Teofrasto, 161, 253
Teopompo, 207
Terão, 69
Teseu, 73, 74, 201, 202
Thévet, André, 193
Tiana, 145, 146, 220, 227, 234
Ticiano, Júlio, 218
Tiglat-Pileser I, 49

ÍNDICE ONOMÁSTICO

Tigre, 45, 48
Timeu de Tauroménio, 135, 184
Timóteo, 89, 172, 190, 191
Tirésias, 197
Tito, imperador, 18
Trajano, Coluna de, 123
Trapp, V. W., 9
Tura, 30
Turcos, 103
Turquia, 85

Ulisses, 110
Úpis, 161
Urash, 46

Valério Máximo, 75, 189
Van Heemskerck, Maerten, 8, 103, 104
Vedder, U., 100
Vegécio, 123
Vénus, 172, 250
Verdi, G., 52
Virgílio, Públio, 217

Vitrúvio, 60, 82, 84, 86, 89, 99, 140, 171

Waywell, G. B., 86, 88
Weber, B., 8, 101
Wheeler, M., 121
Wiseman, D. J., 49-51

Xenofonte, 45, 51, 159, 160

Yalouris, N., 99

Zababa, 46
Zanes, 70
Zenão, filósofo, 134
Zenão, imperador, 137
Zenodoro, 101
Zeus, 7, 58, 67-77, 101, 116, 120, 138, 143, 147, 160, 162, 163, 166, 167, 170, 171, 178-183, 189, 190, 199-206, 211, 225-229, 232, 235-237
Zivie-Coche, C., 32

Índice Geral

APRESENTAÇÃO 7

PRIMEIRA PARTE
AS MARAVILHAS DO MUNDO ANTIGO

1. Luís Manuel de Araújo, «As Pirâmides do Egipto» 13
2. Nuno Simões Rodrigues, «As Maravilhas de Babilónia» 39
3. José Ribeiro Ferreira, «O Artemísion de Éfeso» 55
4. Maria Helena da Rocha Pereira, «O Zeus de Olímpia» 67
5. Rui Morais, «Mausoléu, um monumento para a eternidade» 79
6. Luísa de Nazaré Ferreira, «O Colosso de Rodes
   e a sua recepção na cultura ocidental» 93
7. Delfim Ferreira Leão e Vasco Gil Mantas,
   «O Farol de Alexandria» 107
8. Paula Barata Dias, «Das Maravilhas aos Milagres.
   Testemunhos cristãos sobre os *Mirabilia Mundi*» 127

SEGUNDA PARTE
ANTOLOGIA DE FONTES

1. Fontes gregas e latinas 155
   Heródoto de Halicarnasso 155

Xenofonte 159

Teofrasto 161

Calímaco 161

Fílon de Bizâncio 164

Laterculi Alexandrini 170

Antípatro de Sídon 170

Políbio 171

Vitrúvio 171

Diodoro Sículo 173

Tito Lívio 181

C. Júlio Higino 181

Estrabão 182

Valério Máximo 189

Plínio, o Antigo 189

Flávio Josefo 194

Marco Valério Marcial 195

S. Lucas 196

Pompónio Mela 197

Quinto Cúrcio Rufo 198

C. Suetónio Tranquilo 199

Plutarco de Queroneia 199

Pausânias 199

Luciano de Samósata 203

Aulo Gélio 206

Arriano 207

Lactâncio 208

Gregório de Nazianzo 209

Amiano Marcelino 210

Flávio Magno Aurélio Cassiodoro 210

Gregório de Tours 211

Ps.-Beda, o Venerável 219

Isidoro de Sevilha 221

Ciríaco Pizzicolli de Ancona 222

Angelo Ambrogini Poliziano 223

Epigrama anónimo da *Antologia Palatina* (6.171) 224

2. Listas de maravilhas (séc. III a.C. - XVI) 225

3. Maravilhas mais citadas (séc. III a.C. - XVI) 231

BIBLIOGRAFIA 239
    Edições, traduções e comentários 239
    Estudos 241

ILUSTRAÇÕES 247

AUTORES E COLABORADORES 249

ÍNDICE ONOMÁSTICO 255

ÍNDICE GERAL 269